未来

月成立的有限责任公司，位于北京市海淀区，注册资本8000万元，员工
湖南、广东等地设立8个分公司，并下设50余个业务部，运营网络遍布

车物流、零部件物流、客运业务等为核心业务格局，已发展成为国内领先
行业物流业务，为供应商、主机厂、经销商、服务商和终端用户提供整体

理体系ISO 9001、职业健康安全体系OHSAS 18001、环境管理体系
业十大影响力品牌”，连续7年蝉联“全国先进物流企业”“中国物流
学研基地”“汽车物流行业特别突出贡献企业”“中国物流社会责任
80余项。

实现“智领科技、信赖服务、卓越效益”的品牌价值，通过管理与技术
领导企业。

客服电话：4008865156
公司地址：北京市海淀区丰秀中路1号
联系电话：010-58710733

行有道·达天下
Your Wish · Our Ways

中都物流有限公司简介

- 5A级物流企业
- 成立于2008年1月8日
- 为北汽集团所属北汽鹏龙和首钢集团所属首钢国际共同投资设立
- 注册资金4.5亿元
- 目前共有10个下属公司，建立汽车物流基地，总面积2000亩
- 2016年实现营业收入47亿元，位列中国物流企业50强第38位
- 职工1500余人
- 基地：北京、株洲、黄骅、增城、重庆、沧州、景德镇、镇江
- 铁路规划始发站：北京、沧州、莱西、镇江、株洲、广州
- 海港：天津港、上海港、广州港
- 内河港：重庆港
- 集装箱区域：广西、福建
- 前置库：济南、郑州、西安、武汉、广州

行天下 长久远

合作伙伴

北京长久物流股份有限公司（简称“长久物流”）涵盖汽车供应链中的整车物流、零部件物流、国际物流、二手车物流及仓储业务，为汽车行业提供专业的物流规划、运输、仓储、配送等相关服务。

长久物流先后与长安民生物流、奇瑞汽车、大连港、哈尔滨铁路局等多家国内知名企业成立合资公司，建立了深层战略合作关系。

The business scope of Beijing Changjiu Logistics Co.,Ltd.(hereafter known as Changjiu Logistics)includes logistics services of unit vehicles,automobile sparte parts,used cars,international logistics and warehousing services; we also provide auto-related professional logistics planning,tuansportation,warehousing and delivery services.

Changjiu logistics has established strategic partnerships and set up joint ventures with well-known enterprises both home and abroad,such as Chang An Minsheng APLL logistics,Chery,Dalian Harbor,Harbin Railway Bureau.

股票代码：603569

智领

北京福田智科物流有限公司是经北京市工商行政管理局批准，于20
2000余人，年营业额近20亿元。公司以北京为管理中心，分别在北京、
全国各地。

公司自成立以来，始终坚持管理、机制、科技创新，形成了整车物流
的物流企业。面向全国，立足汽车产业，深挖汽车产业链物流价值，拓展
物流解决方案。

作为国家“AAAAA级综合服务型物流企业”，先后通过了国际质
ISO 14001认证，“国家高新技术企业”认证，并先后被评为“中国汽车
百强企业”， 被行业授予“中国物流文化建设示范基地”“中国物流
贡献奖”“汽车物流行业创新奖”“汽车整车物流KPI标杆企业”等荣

高效联通，成就价值。公司以“专业、睿智、真诚、可信赖”的品牌
的持续创新，到2020年，公司经营规模实现突破，成为品质卓越的智慧

中都物流竭诚为汽车工厂提供全方位、一体化的供应链解决方案

中都物流拥有从事汽车和钢铁物流的核心资源和关键业务，业务范围涉及**汽车整车物流、生产物流、售后物流、钢铁物流、国际货代物流、物流金融**等方面，具备完整的第三方物流(3PL)功能和能力，并正在以此为基础拓展第四方物流(4PL)业务。

物流金融业务介绍

专业第三方质押监管

围绕主机厂、金融机构、汽车经销店之间的融资合作而开展

拓展创新开展延伸业务

以第三方质押监管业务作为基石，开展“区域集中监管库”“库存金融”“汇票延期”“个人消费信贷代核”“二手车监管”等业务

汽车金融全流程管控

深入与各方金融机构合作，利用公司信息化管控资源优势，为汽车金融质押监管各方提供安全、高效、便捷的全流程管控

概况

东风车城物流股份有限公司是东风汽车公司下属核心物流企业，创立于1993年，总部位于广东省深圳市。经过二十多年的快速发展，公司已初步形成以整车物流运输为主、零部件物流运输为辅的经营格局，与国内多家知名物流企业建立有战略合作伙伴关系，在国内汽车物流行业具有较高知名度。

业务范畴

公司主要业务包括整车物流及仓储，汽车零部件运输及仓储，集装箱运输，铁运、水运货物代理，商用车与普通货物运输，零部件生产及销售等，是一家具有综合实力的集团型物流企业。主要服务客户包括东风日产、东风乘用车、东风本田、神龙汽车、东风裕隆、东风悦达起亚、东风雷诺、东风柳汽等。

智慧物流　改变生活

物流资源

公司目前整车仓储面积达110万平方米，室内零部件仓储面积达30万平方米，拥有普通货车、特种货车、海关监管车、轿运车、叉车及正面吊等各类型运输设备设施上千余台。

目前，公司在全国建有十二大物流基地（惠州、广州、十堰、襄阳、武汉、郑州、盐城、杭州、大连、成都、常州、烟台），并设有八大驻外办事处（新疆、北京、保定、兰州、昆明、上海、福州、重庆）。已经建立覆盖全国南北纵横、东西贯通的公路、铁路、水路联运物流运输网络，年运输能力超过150万台。

成为国内领先的汽车物流综合解决方案提供商

采购物流

多式联运，循环取货，JIT配送，降低库存

流通加工

自动化装配，同步供给服务

生产物流

排序上线，AGV无人供给

销售物流

专业智能化管理，协同全网络布局，共同仓储，协同配送

逆向物流

利用网络和返空，搭载货物

水平事业

致力于为客户提供一体化解决方案

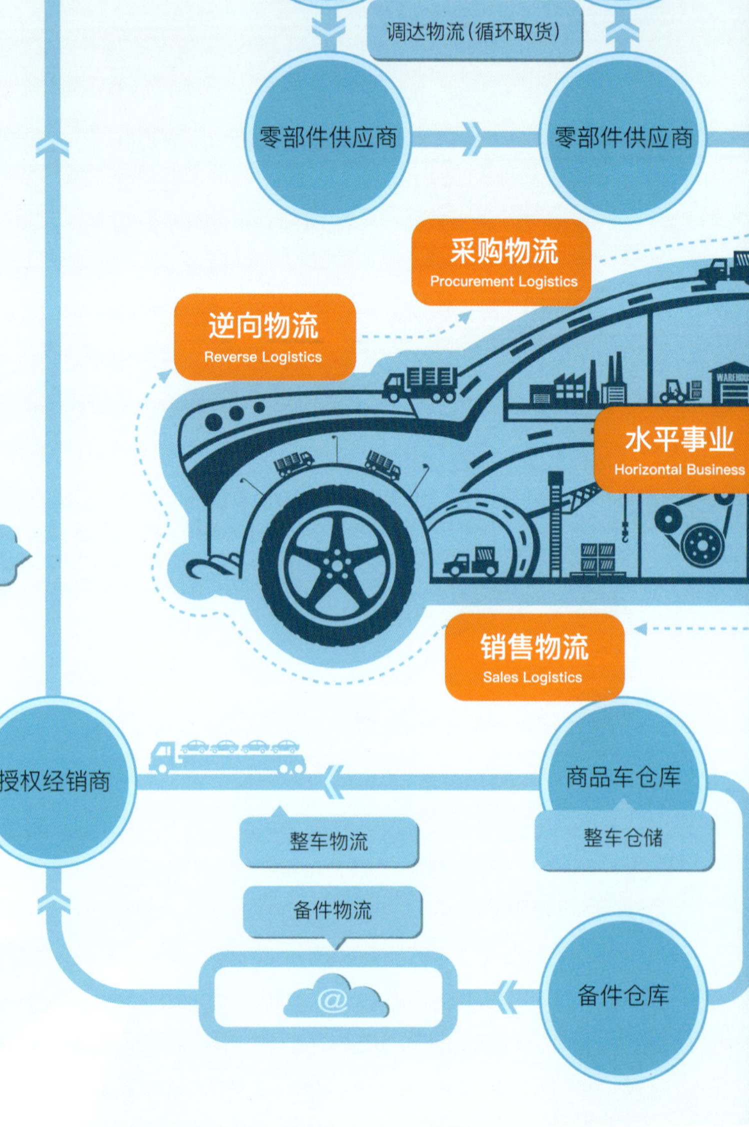

风流十五载 同心创未来

一体化的供应链生态圈

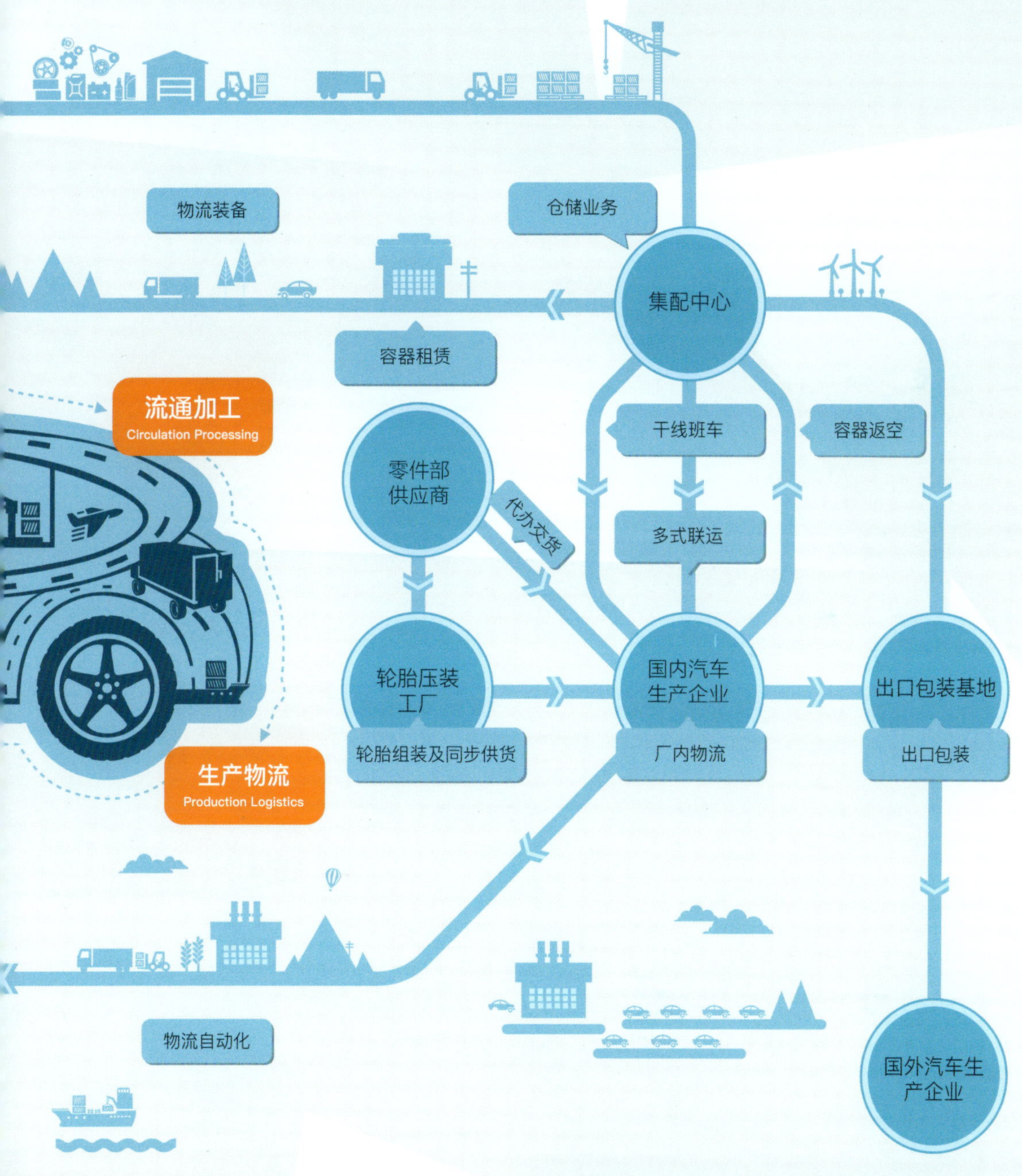

FSL 风神物流

专业·服务·共创价值

重庆长安民生物流股份有限公司（简称“长安民生”）是一家专业汽车供应链物流综合服务商，公司成立于 2001 年 8 月，注册资本 1.62 亿元 。2006 年 2 月在香港联交所创业板上市，2013 年 7 月在香港联交所主板上市，主板股票代码为 01292，是国内第一家境外上市的汽车物流企业，主要股东为中国长安汽车集团股份有限公司、民生实业（集团）有限公司、新加坡美集物流有限公司。

长安民生与世界 500 强企业南方集团、长安汽车、长安福特、宝钢、德国舍弗勒、博世、伟巴斯特、法国米其林、南京金龙、美国固特异等国内外近千家汽车制造商、原材料供应商及零部件供应商建立了长期合作关系，为客户提供全方位的供应链物流一体化服务，具备强大的物流综合服务能力。现在全国设有10家分公司、6家子公司、6家合资公司，拥有员工7000余人，2016年实现营业收入68亿元。

长安民生将继续致力于以全价值链服务整合物流平台，为客户提供全套物流解决方案，努力成为世界一流的汽车供应链物流综合服务商。

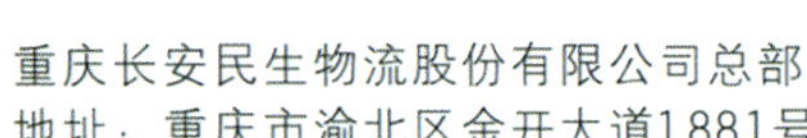
重庆长安民生物流股份有限公司总部
地址：重庆市渝北区金开大道1881号
电话：023-88795600

Established in August-2001 with a registered capital of 162 millions RMB, CMAL, listed at the main board (ticker: 01292) in the Stock Exchange of Hongkong in 2006, is a professional and comprehensive service provider of automotive supply chain and China's first auto logistics service provider listed abroad with such main stockholders as Changan Auto, Minsheng Shipping and APL Logistics.

CMAL has long-term cooperative relationship with such top 500 global companies as South Logistics, Changan Auto, Changan Ford, Baosteel, Schaeffler, Bosch, Webasto, Michelin, Goodyear and many others and provide powerful logistical service in an integration of supply chain. CMAL also established, 10 branches, 6 subsidiary corporations, 6 joint-venture corporations with a total staff of 7,000 persons across the country, and is now striding for a total revenue of 10 billions RMB.

我们最大得快乐就是帮助客户提升竞争力

Company INTRODUCTION

上海元初国际物流

元初国际物流是一家富有激情的企业，多年来从没停下过创新的脚步，以智能化物流为方向，为客户提供基于信息技术的供应链解决方案。我们是上海贸易单一窗口试点成功的企业，并于2017年获得上海自贸区制度创新十大样板企业称号。

Origin Deserve Your Trust

元初国际，值得信赖

01

外贸代理
进口通关

03

保税仓储
全国配送

06

汽车
文化

05

汽车后
服务

Origin International: Bridge And Ties Between China And World

元初国际——中国和世界得桥梁和纽带

天津精英供应链管理有限公司

Company Introduction

天津精英供应链管理有限公司（以下简称EVL）是一家提供专业的一站式物流服务和供应链解决方案的公司。

自2003年起，EVL致力于从事专业的企业物流服务，我们的客户来自不同领域，如高科技产品、奢侈品、车辆以及化学品行业。

在汽车物流领域，我公司总进出口操作量已经超过 **58万台**，其中高端品牌车 **10000 台**，其他行业客户总操作量累计超过 **600万件**。

天津 Tianjin EVL总部 —— 上海 Shanghai 办事处 —— 广州 Guangzhou 办事处 —— …

在中国区设立天津、上海、广州三个办事处

EVL GC Divisions

SERVICE WE PROVIDE

我们的服务

仓库租赁

供应链解决方案

022—58775999

www.evlc.com.cn

CONTACT US

新欧曼 ETX 中置轴轿运车技术参数

车型	欧曼 ETX 中置轴轿运车		新欧曼ETX 中置轴轿运车	
驱动	4×2	6×2	4×2	6×2
公告型号	BJ5183TCL-AA	BJ5203TCL-AA	BJ5183TCL-AB	BJ5253TCL-AA
驾驶室	ETX-2490 宽体车身		新 ETX-2490 宽体车身	
主车尺寸（mm^3）	12000×2550×3860	11580×2550×3900	12000×2550×3900	12000×2550×3900
轴距（mm）	6800	1860+4800	6800，7000	2000+5000
总质量（kg）	18000	20400	18000	25000
发动机	ISD270 50	ISD270 50	ISG320 50	ISG320 50 ISG360 50
最大扭矩（Nm/r/min）	970		1500	
排放标准	国五		国五 / 京五	
排量（L）	7		11	
气缸	直列六缸			
发动机形式	电控高压共轨，涡轮增压中冷			
变速箱	法士特 8 挡		法士特 10 挡	
后桥	435 后桥		440 后桥	
悬架	前后板簧	前后板簧	前板簧后气囊	前后板簧
油箱（L）	450 铝合金	450 铝合金	450 铝合金	450 铝合金
速比	4.875，4.444	4.875，4.444	4.111，3.7	4.111，3.7
轮胎	315/60R22.5 295/60R22.5	275/70R22.5 315/60R22.5 295/60R22.5	315/60R22.5 295/60R22.5	315/60R22.5 295/60R22.5

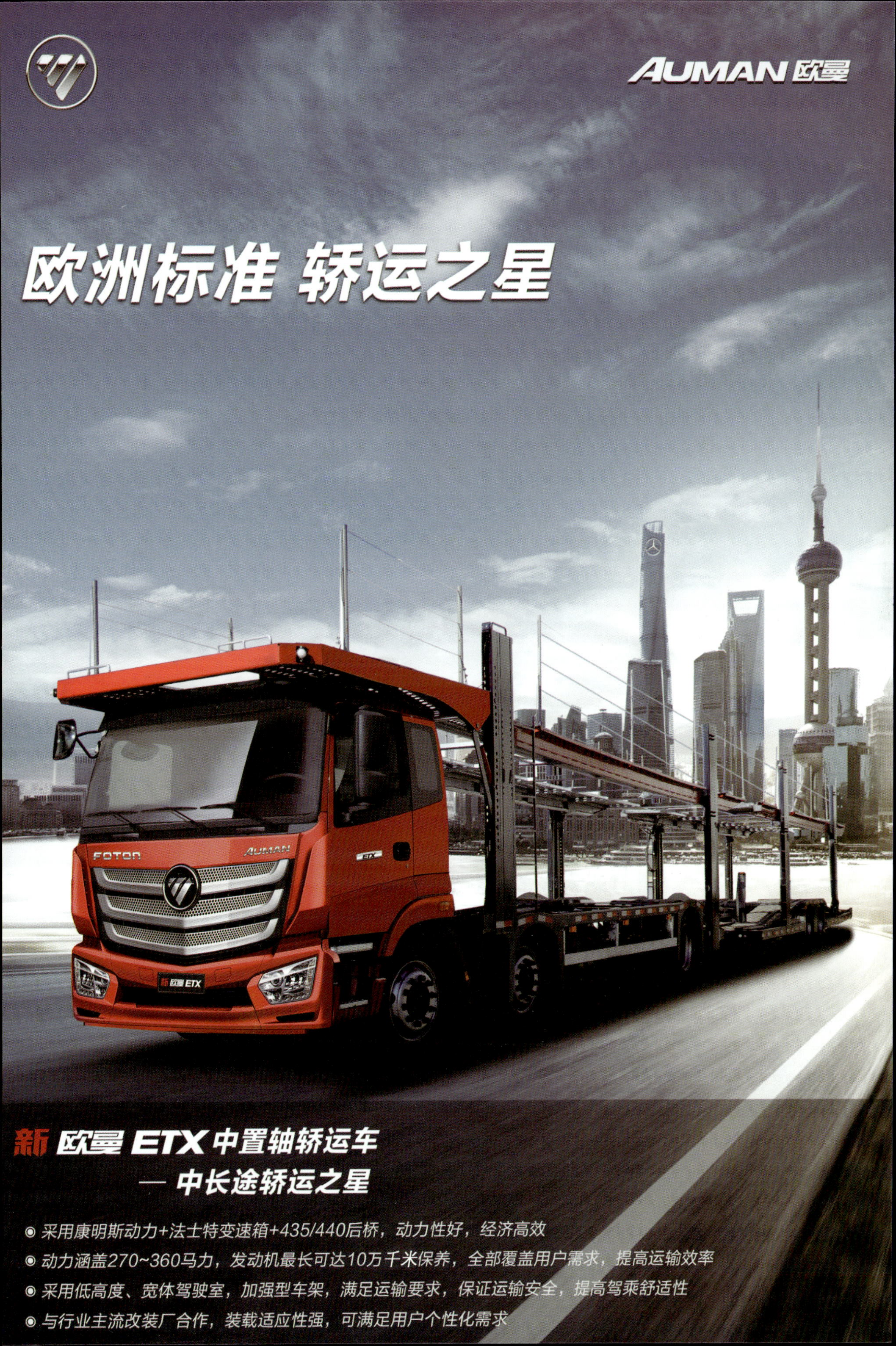
AUMAN 欧曼
欧洲标准 轿运之星
FOTON
AUMAN
新 欧曼 ETX 中置轴轿运车
— 中长途轿运之星
◉ 采用康明斯动力+法士特变速箱+435/440后桥，动力性好，经济高效
◉ 动力涵盖270~360马力，发动机最长可达10万千米保养，全部覆盖用户需求，提高运输效率
◉ 采用低高度、宽体驾驶室，加强型车架，满足运输要求，保证运输安全，提高驾乘舒适性
◉ 与行业主流改装厂合作，装载适应性强，可满足用户个性化需求

烟台港滚装物流有限公司

烟台港商品车滚装码头位于烟台港东港区（芝罘湾港区），毗邻烟台火车站，与烟台港保税港区相距约2千米，同三高速直通港内。地理位置得天独厚，交通环境便捷畅通。公司现有堆场面积60万平方米，均为水泥硬化地面，设有2万平方米室内综合服务配套区可提供洗车、PI检测、新能源充电等多种增值服务，铁路专用线直通商品车堆场，码头另预留有5万平方米备用场地。港口拥有滚装专用滚装泊位8个，最大泊位水深 14米，单个泊位长度230 米。公司始终坚持以“零货损、零货差、优质、高效”为目标，为国内外汽车厂商及物流商提供商品车及零部件物流一体化服务。

烟台港滚装物流有限公司

隶属于烟台港股份有限公司，公司依托港口资源与区位优势开展内外贸商品车物流业务。烟台港地处“烟台—大连黄金水道”南端，辐射东北、华北、华东、华南等重要经济区域，可为全国汽车生产商以及物流商提供商品车装卸、仓储、保税、分拨、中转等多种物流服务。港口设施齐全，具备水路、公路、铁路、集装箱装卸能力，是山东半岛乃至全国重要的综合性商品车物流基地。烟台港现已开通烟台至大连、天津、上海、广州、宁波等多条内贸滚装航线，以及烟台至南美、东南亚、北美东、北美西、北非、中东等外贸滚装航线，为上汽通用、上汽大众、上汽荣威、东风日产、吉利汽车、奇瑞汽车、福特、雪铁龙、广汽本田、广汽传祺、长安汽车、中国重汽、中国一汽、斗山机械、雷沃重工、通用五菱、舒驰客车、中通客车、金龙客车、北奔重卡、卡特彼勒等众多内外贸汽车生产商提供物流服务。2017年烟台港发运内外贸商品车30余万台，目前已成为中国乃至东北亚地区重要的商品车物流枢纽港。

Professional

Automotive Logistics service provider

专业汽车制造行业物流服务提供商

嘉进物流
COMPANY PROFILE

上海嘉进物流专注汽车制造物流服务，拥有超过10年的行业经验，并于2008年起陆续通过“ISO 9001”质量体系认证、“ISO 14000”环境管理体系认证以及“OHSAS 18000”职业健康安全管理体系认证。

公司以“一流物流企业”为目标，凭借严谨的运作体系和完善的服务网络，竭诚为品牌汽车企业提供采购、生产、售后运输及仓储服务，并为客户提供持续改善的物流优化方案。

同时吸引了众多物流专业、信息技术方面的人才加入公司，公司团队严格执行标准化和信息化管理作业，保障客户企业的日常生产。上海嘉进物流正在以广阔前瞻的视野，更加深远开放的战略，持续发展壮大……

智能物流和精益供应链

INTELLIGENT LOGISTICS & LEAN SUPPLY CHAIN

物流解决方案 Logistics Solution

汽车物流 Automotive

工业品物流
Industrial Products Logistics

零售和快消品物流
Retail & FMCG Logistics

高科技产品物流
High-Tech Products Logistics

电动货车运营 Electric Truck Operators

车辆租赁
Vehicle Leasing

充电桩运营
Charging Pile Carriers

车辆维修
Electric Vehicle Maintenance

在线跟踪和支付
Online Tracing and Payment

包装解决方案 Package Solution

包装解决方案
Packaging Solutions

设备定制化设计与采购
Equipment Custom Design and Procurement

- 托盘 Pallet
- 周转箱Reused Container
- 食品保温箱 Food Thermal Insulation Box

设备租赁
Equipment Leasing

设备运营与维修
Equipment Operation and Maintenance

多式联运 Intermodal Transport

公路干线
Trunk Road

空运
Air Transport

铁路干线
Railway Lines

电动车城市配送
Electric Vehicle Urban Distribution

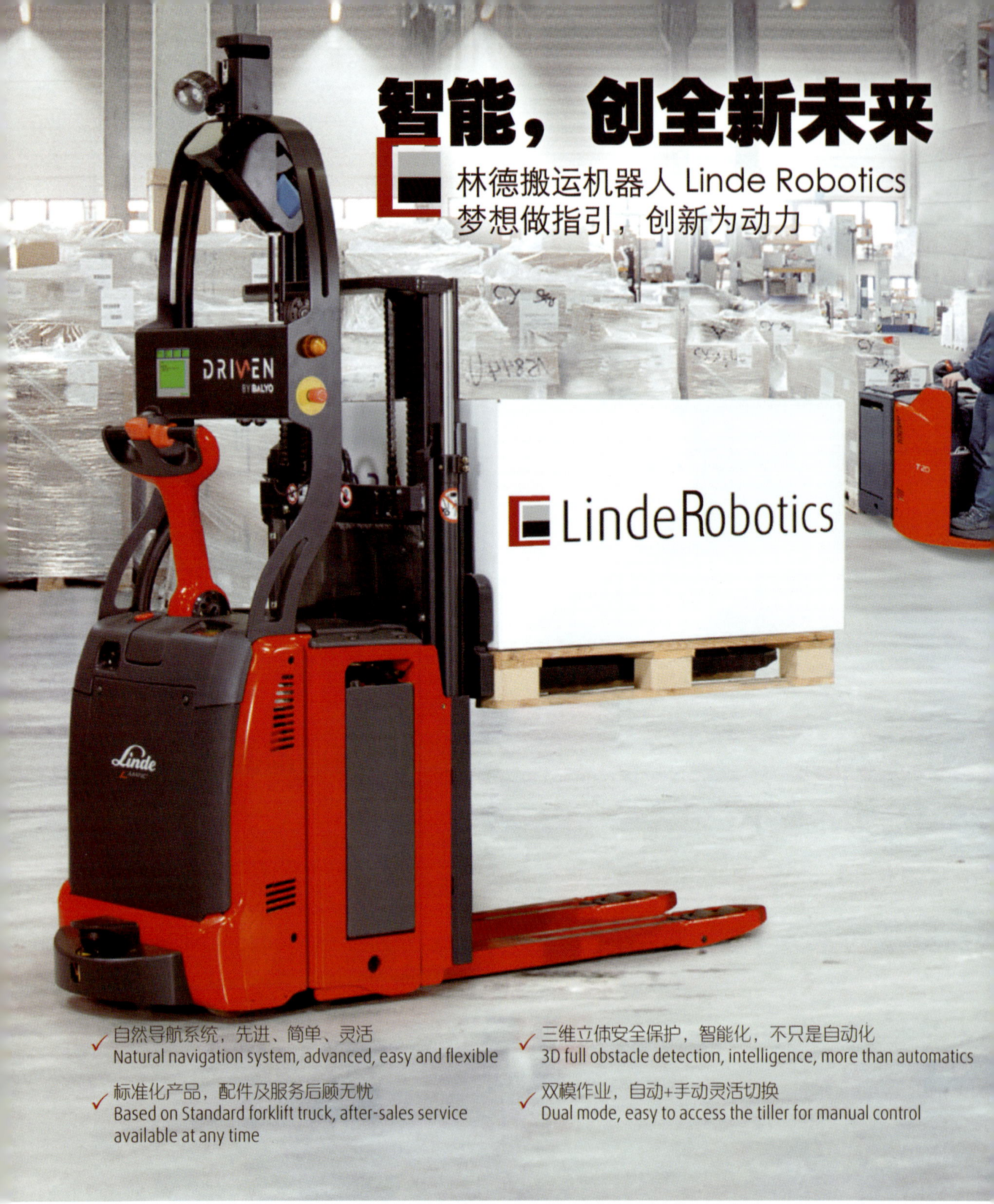
智能，创全新未来
林德搬运机器人 Linde Robotics
梦想做指引，创新为动力
DRIVEN
BY BALYO
Linde
LindeRobotics
自然导航系统，先进、简单、灵活
Natural navigation system, advanced, easy and flexible
标准化产品，配件及服务后顾无忧
Based on Standard forklift truck, after-sales service available at any time
三维立体安全保护，智能化，不只是自动化
3D full obstacle detection, intelligence, more than automatics
双模作业，自动+手动灵活切换
Dual mode, easy to access the tiller for manual control

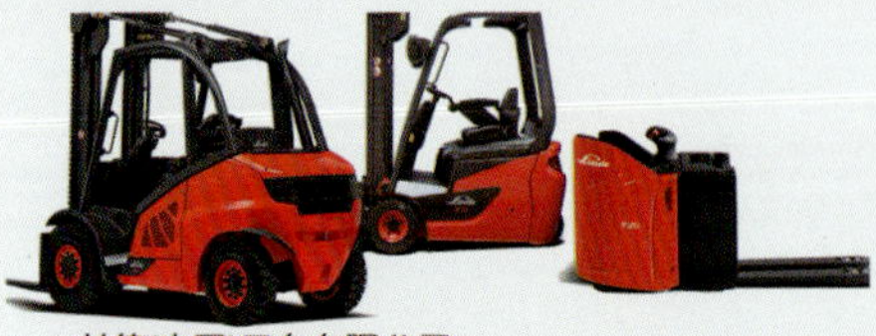

中国汽车物流发展报告

China Automotive Logistics Development Report

(2017)

中国物流与采购联合会汽车物流分会

China Automotive Logistics Association of CFLP

中国财富出版社

图书在版编目（CIP）数据

中国汽车物流发展报告. 2017 / 中国物流与采购联合会汽车物流分会编. —北京：中国财富出版社，2017. 11

ISBN 978 - 7 - 5047 - 4823 - 2

Ⅰ. ①中…　Ⅱ. ①中…　Ⅲ. ①汽车工业—物流—产业发展—研究报告—中国—2017　Ⅳ. ①F407. 471. 6

中国版本图书馆 CIP 数据核字（2017）第 302588 号

策划编辑　惠　婳　　**责任编辑**　邢有涛　黄正丽

责任印制　石　雷　　**责任校对**　杨小静　　**责任发行**　敬　东

出版发行　中国财富出版社

社　　址　北京市丰台区南四环西路 188 号 5 区 20 楼　　**邮政编码**　100070

电　　话　010 - 52227588 转 2048/2028（发行部）　　010 - 52227588 转 307（总编室）

010 - 68589540（读者服务部）　　010 - 52227588 转 305（质检部）

网　　址　http://www.cfpress.com.cn

经　　销　新华书店

印　　刷　中国农业出版社印刷厂

书　　号　ISBN 978 - 7 - 5047 - 4823 - 2/F · 2845

开　　本　787mm × 1092mm　1/16　　**版　　次**　2017 年 12 月第 1 版

印　　张　16. 75　**彩　插**　24 面　　**印　　次**　2017 年 12 月第 1 次印刷

字　　数　378 千字　　**定　　价**　180. 00 元

《中国汽车物流发展报告》
（2017）

编　委　会

李　伟　辽宁华通物流有限公司
李延春　吉林省长久实业集团有限公司
李艳东　中国物流与采购联合会汽车物流分会
杨　凯　北京拙诚智慧创新投资管理有限公司
杨咸平　芜湖奇瑞物流有限公司
杨晓宇　长春市峻德物流有限公司
邱红阳　重庆中集汽车物流股份有限公司
闵　杰　中都物流有限公司
沈　平　安徽江汽物流有限公司
张　萌　长春一汽国际物流有限公司
张　蔚　法国劳尔公司
张秋文　东风车城物流股份有限公司
张晓东　北京交通大学交通运输学院
张爱国　深圳长航滚装物流有限公司
陈　钢　中世国际物流有限公司
陈旭中　捷富凯国际物流（中国）有限公司
陈兹武　北京一点致远科技有限公司
季建华　上海交通大学中美物流研究院
钟志勇　风神物流有限公司
段恒永　中国重汽集团销售公司
俞伟娜　哈弗物流有限公司
姜　君　一汽丰田汽车销售有限公司
祝建华　中联物流（中国）有限公司
徐涵博　同方环球（天津）物流有限公司
黄影明　上海元初国际物流有限公司
崔洪金　天津安达集团股份有限公司
隋　军　中远海运集装箱运输有限公司
蒋　晖　武汉东本储运有限公司
景世民　北京福田智科物流有限公司
程明光　中企永联数据交换技术有限公司
谢世康　重庆长安民生物流股份有限公司
谢德安　林德（中国）叉车有限公司
漆小岗　南昌江铃集团实顺物流有限责任公司
Alexandre Lion　乔达国际货运（中国）有限公司

《中国汽车物流发展报告》
（2017）

编　辑　部

主　　编：左新宇

副 主 编：宋夏虹　张晋姝（执行）

编辑人员：王　萌　夏　轩　冯　拓　恩腾飞　胡　静

联系方式：

中国物流与采购联合会汽车物流分会

汽车物流网：www. auto56. org

电　　话：18518669270　18518669252

邮　　箱：qichewuliu@ auto56. org

地　　址：北京市西城区月坛北街26号恒华国际C座1508房间

前 言

2016年，我国汽车物流业保持着健康、稳定、持续的发展态势，总体运行缓中趋稳、稳中向好，市场运行环境良好，物流发展模式多样，物流服务不断转型升级，汽车物流技术提升备受关注。为此，中国物流与采购联合会汽车物流分会牵头编写了《中国汽车物流发展报告（2017）》，主要反映了2016—2017年我国汽车物流发展特点、面临问题及发展趋势，全面总结行业发展现状，探索未来发展方向。

2016年是我国汽车物流行业发生重要转变的一年，也是具有挑战性的一年，主要表现为三个方面：一是汽车整车物流行业结束了近十年“双排车”运输的违规现象，在国家主管部门车辆运输车治理的政策下，汽车整车物流行业由原先低价竞争模式逐步向高质量的物流服务转变，行业更加注重资源整合、运输组织优化、设施设备改进带来的运输效率提升，铁路、水路运输比例明显提升，以多式联运为载体的综合运输体系得到进一步完善；二是汽车物流向汽车产业链上下游继续延伸，向相关专业物流领域及跨界领域横向拓展，同时汽车物流各环节服务的专业化、精细化程度不断提升；三是汽车物流发展更加注重技术创新与应用，不断使用新技术、新装备，基于互联网建立汽车物流服务平台，提供新的服务方式，拓展新的业务模式。2017年，车辆运输车治理工作仍将持续，全行业4万辆不合规车辆运输车将逐步淘汰，整车物流市场将步入合规运营的时代；铁路、水路运输将持续发展，运输市场份额将逐步增加；汽车销售渠道变化将会改变汽车物流发展模式……汽车物流行业在新的一年中将迎接新的挑战和机遇，读者可从报告里看到整个行业新的变化和趋势。

本报告共分为五篇：一是综合报告篇，内容涉及我国汽车物流总体发展环境、发展现状以及发展趋势；二是行业统计篇，中国物流与采购联合会（简称中物联）汽车物流分会组织发放了调查问卷并整理分析，形成零部件入厂物流、整车物流、售后服务备件物流统计调查结果；三是专题报告篇，深入分析行业重点、热点内容，形成专题报告，特别是针对车辆运输车治理工作，行业内部分汽车整车物流企业从各自的角度分析了整车物流发展现状及应对治理工作采取的方案措施，为整车物流行业发展提供了充分的借鉴与参考；四是创新成果篇，收录了2016年企业汽车物流创新成果获奖项目；五是资料汇编篇，内容包括重要的行业文件和法规、标准。

本报告梳理了汽车物流行业年度情况，全景展示年度行业发展，供读者参考和借鉴。由于编者水平有限，内容难免有疏漏之处，敬请广大读者批评指正。

编委会

2017年10月

目 录 CONTENTS

综合报告篇

第一章　中国汽车物流发展环境分析 …… 3

第一节　中国汽车物流发展的外部环境 …… 3

第二节　中国汽车物流发展的产业环境分析 …… 10

第二章　2016—2017 年中国汽车物流发展趋势分析 …… 17

第一节　2016—2017 年中国汽车物流发展概述 …… 17

第二节　中国汽车物流发展趋势分析 …… 24

行业统计篇

第三章　我国汽车零部件入厂物流统计调查分析 …… 31

第一节　零部件入厂物流业务规模及成本情况 …… 31

第二节　零部件入厂物流业务效率情况 …… 33

第三节　零部件入厂物流业务质量情况 …… 35

第四章　我国整车物流统计调查分析 …… 39

第一节　整车物流业务规模及成本情况 …… 39

第二节　整车物流业务效率情况 …… 41

第三节　整车物流业务质量情况 …… 43

第五章　我国汽车售后备件物流统计调查分析 …… 45

第一节　售后备件物流业务规模及成本情况 …… 45

第二节　售后备件物流业务效率情况 …… 46

第三节　售后备件物流业务质量情况 …… 48

专题报告篇

第六章　我国汽车整车物流公路运输发展情况 …… 55
第一节　安吉物流汽车整车物流发展情况 …… 55
第二节　长久物流汽车整车物流发展情况 …… 60
第三节　长安民生物流汽车整车物流发展情况 …… 66
第四节　东风车城物流汽车整车物流发展情况 …… 74
第五节　中都物流汽车整车物流发展情况 …… 80
第六节　哈弗物流汽车整车物流发展情况 …… 85
第七节　江汽物流商用车物流发展情况 …… 91

第七章　我国汽车整车物流铁水运输发展情况 …… 98
第一节　我国铁路整车物流铁路运输发展情况 …… 98
第二节　我国铁路汽车国际运输发展情况 …… 102
第三节　我国汽车物流铁路运输发展趋势 …… 103
第四节　我国汽车整车物流水路运输发展情况 …… 104
第五节　我国汽车整车物流滚装运输发展情况 …… 109
第六节　我国整车物流滚装码头发展情况 …… 114

第八章　我国汽车零部件物流发展情况 …… 121
第一节　汽车与汽车零部件行业概况 …… 121
第二节　我国汽车零部件物流现状 …… 122
第三节　汽车零部件行业物流发展方向 …… 125

第九章　我国汽车售后服务备件物流发展情况 …… 129
第一节　我国汽车售后备件物流发展环境分析 …… 129
第二节　我国汽车售后服务备件物流发展现状 …… 131
第三节　2017 年我国汽车售后服务备件物流发展展望 …… 133
第四节　“互联网 +”下的售后物流服务模式 …… 135
第五节　汽车售后服务备件物流管理实例 …… 139

第十章　我国汽车进出口物流发展情况 …… 143
第一节　我国汽车进出口发展基本情况 …… 143

第二节 中国汽车出口物流发展情况 …… 146

创新成果篇

第十一章 汽车零部件入厂物流创新成果 …… 155
第一节 汽车物流自动化解决方案 …… 155
第二节 基于混线生产的排序拣选优化项目 …… 161
第三节 智能配载与线路优化系统 …… 163
第四节 汽车零部件企业的最优供应商布局研究和应用 …… 166
第五节 欧洲货物运输到中国：空/海运转铁路直运 …… 169
第六节 降低 EOP 车型物资库存之包装应对 …… 170

第十二章 汽车整车物流创新成果 …… 176
第一节 汽车整车物流全网智能化移动互联网平台 …… 176
第二节 VLM 商品车公铁联运物流信息系统 V2.0 …… 179
第三节 构建多元化仓储基地 …… 181
第四节 长安福特整车物流智能化解决方案 …… 184
第五节 共享经济时代——整车物流新模式 …… 187
第六节 万金油汽车物流移动业务管理平台项目介绍 …… 189
第七节 中联物流商品车运输的末端本地化智能配送 …… 191
第八节 缩短商品车平均发运周期项目 …… 195
第九节 整车生产及出口物流一体化管理系统 …… 196
第十节 东风日产整车物流在途可视化信息平台 …… 200
第十一节 商品车光伏仓库应用分析 …… 203
第十二节 基于物流建模的整车物流规划工具应用 …… 206

第十三章 汽车售后物流创新成果 …… 216
第一节 实现全体系、全过程控制的备品包装信息系统建设 …… 216
第二节 新终端营销模式下的物流运营平台 …… 220

第十四章 汽车物流综合类创新成果 …… 225
第一节 数据监控体系建设项目 …… 225
第二节 第三方物流企业物流品质管理体系建立及信息化实现 …… 232

第三节　长久物流 OTM 运输管理系统 …… 235
第四节　物流自动化及智能物流新技术在汽车物流领域的应用 …… 240
第五节　可拆卸物流箱——捷特箱 …… 243
第六节　汽车零部件包装管理精确度问题解决方案 …… 244

资料汇编篇

第十五章　汽车物流行业重要文件汇编 …… 249
2016 年全国物流运行情况通报 …… 249
交通运输部办公厅　公安部办公厅　工业和信息化部办公厅
关于做好车辆运输车第二阶段治理工作的通知 …… 251

综合报告篇

第一章　中国汽车物流发展环境分析

第一节　中国汽车物流发展的外部环境

一、经济环境

2016年，世界经济复苏依然缓慢且不均衡，国际贸易和投资疲弱，增长动力不足，全球生产率降低、创新受阻，世界经济仍处于“低增长”状态。在世界经济不景气的大背景下，中国经济仍保持稳定增长，总体趋势良好。2016年是我国全面建成小康社会决胜阶段的开局之年，也是推进供给侧结构性改革的攻坚之年，坚持引领经济发展新常态，坚持全面深化改革，坚持创新驱动发展，加快经济发展方式转变和经济结构调整，经济运行保持在合理区间，为各行各业提供了很好的经济环境。

（一）国民经济保持平稳增长

2012—2016年，我国国内生产总值保持中高速的平稳增长。2016年，我国经济运行平稳，全年国内生产总值增速6.7%左右，与年初预期目标一致。这一速度符合经济发展新常态下速度变化、结构优化、动力转换的基本特征，为我国由上中等收入阶段向高收入阶段迈进打下了坚实基础，为提高经济增长质量、促进经济结构优化、推进节能减排提供了良好的宏观经济环境和条件。2016年，全年国内生产总值（GDP）744127亿元，比上年增长6.7%。其中，第一产业增加值63671亿元，增长3.3%；第二产业增加值296236亿元，增长6.1%；第三产业增加值384221亿元，增长7.8%。第一产业增加值占国内生产总值的比重为8.6%，第二产业增加值比重为39.8%，第三产业增加值比重为51.6%，比上年提高1.4个百分点。全年人均国内生产总值53980元，比上年增长6.1%。全年国民总收入742352亿元，比上年增长6.9%。如图1－1所示。

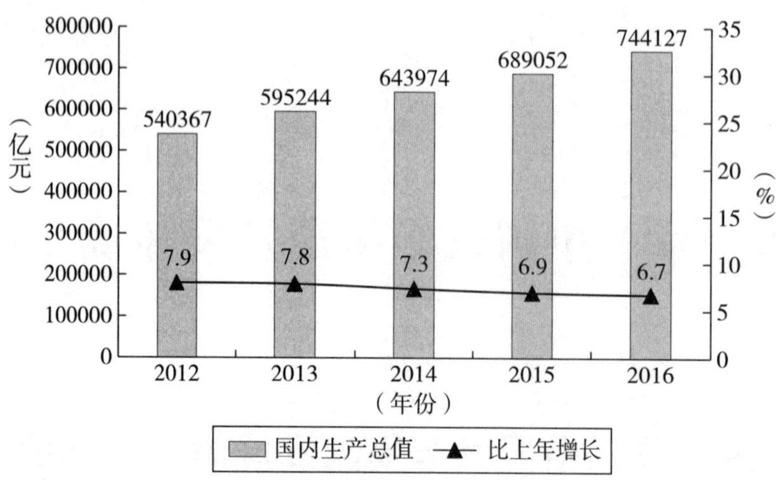

图1－1　2012—2016年国内生产总值及其增长速度

资料来源：2016年国民经济和社会发展统计公报。

产业结构持续优化，结构性衰退和结构性繁荣并存。2016年全年，第三产业占GDP的比重达到51.6%，较上年同期提高1.1个百分点，高于第二产业近12个百分点。工业内部结构调整加快，现代服务业发展速度加快，内部结构调整加快，与先进制造业融合也在加快。如图1－2所示。

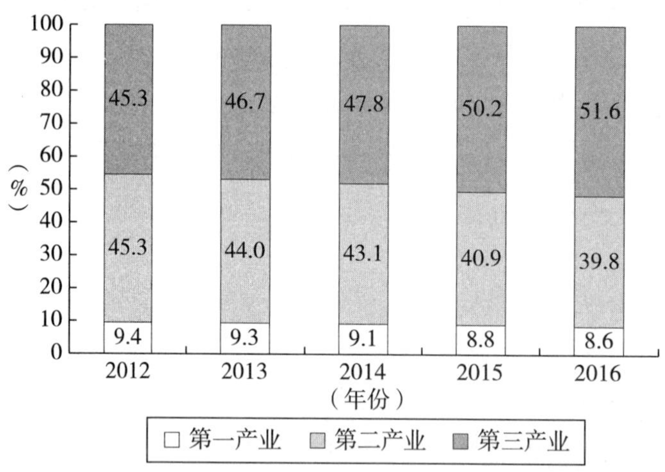

图1－2　2012—2016年三次产业增加值占国内生产总值比重

资料来源：2016年国民经济和社会发展统计公报。

（二）工业发展稳步前行

2016年，全年全部工业增加值247860亿元，比上年增长6.0%。规模以上工业增加值增长6.0%。如图1－3所示。

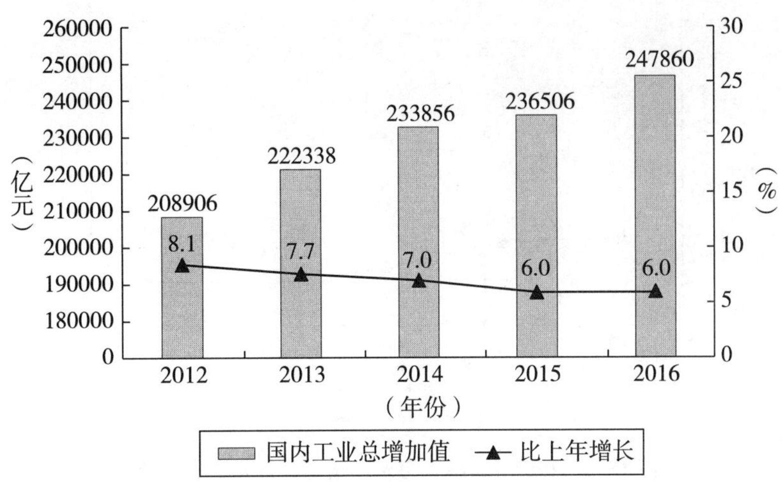

图 1－3 2012—2016 年全部工业总增加值及其增长速度

资料来源：2016 年国民经济和社会发展统计公报。

全年规模以上工业中，农副食品加工业增加值比上年增长 6.1%，纺织业增长 5.5%，化学原料和化学制品制造业增长 7.7%，非金属矿物制品业增长 6.5%，黑色金属冶炼和压延加工业下降 1.7%，通用设备制造业增长 5.9%，专用设备制造业增长 6.7%，汽车制造业增长 15.5%，电气机械和器材制造业增长 8.5%，计算机、通信和其他电子设备制造业增长 10.0%，电力、热力生产和供应业增长 4.8%。

二、物流行业总体发展情况

2016 年，我国物流业全面贯彻党中央、国务院决策部署，坚持新发展理念，以推进供给侧结构性改革为主线，总体运行缓中趋稳、稳中向好，实现了“十三五”良好开局。

（一）总体运行态势趋稳提质

2016 年，全国社会物流总额 229.7 万亿元，按可比价格计算，比上年增长 6.1%，增速比上年提高 0.3 个百分点。分季度看，第一季度 50.7 万亿元，增长 6.0%，提高 0.4 个百分点；上半年 107.0 万亿元，增长 6.2%，提高 0.5 个百分点；前三季度 167.4 万亿元，增长 6.1%，提高 0.3 个百分点；全年社会物流总额呈现稳中有升的发展态势。如图 1－4 所示。

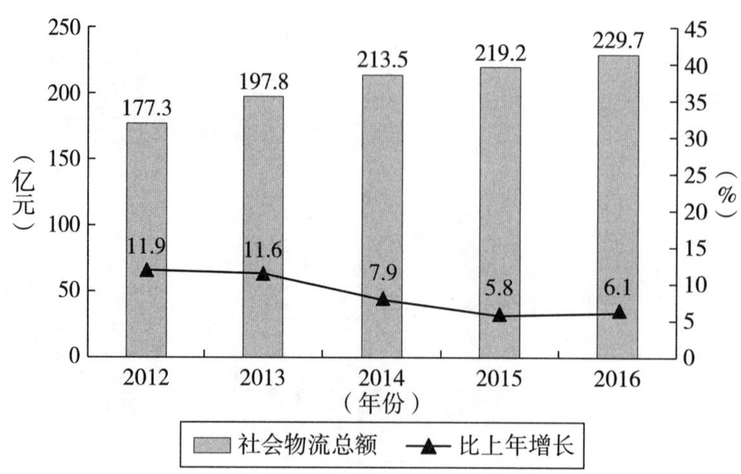

图 1－4　2012—2016 年社会物流总额及其增长速度

资料来源：全国物流运行情况通报。

（二）社会物流总费用低速增长

2016 年，社会物流总费用 11.1 万亿元，比上年增长 2.9%，增速虽比上年提高 0.1 个百分点，但明显低于社会物流总额、GDP 增速，与上年持平。其中，运输费用 6.0 万亿元，增长 3.3%，提高 0.2 个百分点；保管费用 3.7 万亿元，增长 1.3%，回落 0.3 个百分点；管理费用 1.4 万亿元，增长 5.6%，提高 0.6 个百分点。如表 1－1 所示。

表 1－1　　2016 年社会物流总费用构成及其增长速度

费用类型	绝对值（万亿元）	同比增长（%）	在社会物流总费用中所占比重（%）
运输费用	6.0	3.3	54.1
保管费用	3.7	1.3	33.3
管理费用	1.4	5.6	12.6

资料来源：全国物流运行情况通报。

2016 年，社会物流总费用与 GDP 的比率为 14.9%，比上年下降 1.1 个百分点。社会物流总费用与 GDP 的比率首次降至 15% 以内，物流运行质量和效益稳步提升。

（三）市场供需结构深度调整

2016 年，从需求看，工业品物流中，高技术产业和装备制造业物流需求进入较快增长区间，工业品物流总额 214.0 万亿元，按可比价格计算，比上年增长 6.0%，增速比上年回落 0.1 个百分点；进口货物物流总额 10.5 万亿元，增长 7.4%，提高 7.2 个百分点；再生资源物流总额0.9万亿元，增长7.5%，回落11.5个百分点；农产品物流总额3.6万亿元，增长3.1%，回落0.8个百分点；与消费相关的单位与居民物品物流总额0.7万亿元，增长42.8%，提高7.3个百分点。“双十一”期间，中国电商物流指数上升为213.5点，比上年增加49点，如表1－2所示。与电商消费相关的快递业务量和业务收入全年完成313.5亿件和4005亿元，分别增长51.7%和44.6%。随着消费升级和食品安全受到关注，冷链物流市场需求将达2200亿元，同比增长22.3%。消费领域物流需求个性化、品牌化趋势明显。

表1－2　　2015年社会物流总额构成及其增长速度

构成类型	绝对值（万亿元）	同比增长（%）	在社会物流总费用中所占比重（%）
工业品物流总额	214.0	6.0	93.1
进口货物物流总额	10.5	7.4	4.6
再生资源物流总额	0.9	7.5	0.4
农产品物流总额	3.6	3.1	1.6
单位与居民物品物流总额	0.7	42.8	0.3

资料来源：全国物流运行情况通报。

从供给看，调结构、去运力力度加大，供给质量有所改善。受新标准GB 1589（《汽车、挂车及汽车列车外廓尺寸、轴荷及质量限值》）修订出台和新一轮公路治超新政影响，公路货运市场去运力步伐加快。2016年9月以来，大型货车超重行为得到有效遏制，套牌车、非标车辆逐步退出市场，过低的运价出现合理回归。中国公路物流运价指数9月以后持续回升，12月上升到106.8点，比上年同期增长15.3%。中国公路货运效率指数连续6个月处于高位运行，车辆平均运输里程和运输时间持续提升。公路运量向铁路运输转移，下半年铁路货运止跌回稳，国家铁路发送货物26.5亿吨，连续5个月实现正增长。受韩进海运破产影响，国际航运市场供给过剩局面有所缓解，航运价格企稳回升。12月30日，中国出口集装箱综合运价指数为951.66点，较年初上涨224.75点。物流企业规模化、集约化发展，A级物流企业超过4000家。

（四）发展方式加快变革创新

一是兼并重组、联盟合作案例增多。中国远洋运输总公司与中国海运总公司重组成立中国远洋海运集团有限公司，实现船队综合运力、干散货自有船队运力、油轮运力、杂货特种船队运力等多项世界第一。中储股份成为英国HB集团的控股股东，进入海外大宗商品期货交割仓库业务领域。战略联盟、加盟合作走向深化，安得物流与苏宁达成战略合作，共享全国范围网络资源。铁路总公司与海尔集团战略合作，开行海尔电器特需专列。菜鸟网络牵头成立“菜鸟联盟”，整合电商快递业务版图。货运市场加盟模式加快推进，德邦物流签约加盟事业部合伙人突破5000家，卡行天下加盟网点和线路超过1万家。

二是跨界融合、平台整合，经营模式不断创新。快递、快运、整车等细分物流市场互相渗透，市场边界渐趋模糊。物流园区从物业管理走向仓干配市场运营，传化物流、林安物流相继推出相关货运产品。顺丰冷运食品陆运干线网启动，发力冷运全链条供应链市场。远成物流进入快递快运、冷链、供应链、地产等领域，打造卓越综合物流服务品牌。各类企业深入推进平台战略，平台型企业整合提升，自营类企业向社会开放仓配网络。一批互联网平台企业在全年资本遇冷的大背景下，加快商业模式迭代，积极向线下延伸，强化货源组织和服务体验，线上线下深度融合。

三是供应链全链条服务升级。一批物流企业融入制造、商贸企业供应链，开展供应商管理库存、物流仓配一体化、供应链金融等业务，优化供应链协作关系。海航物流60亿美元收购美国英迈国际，布局全球供应链市场。招商局物流集团计划投资6亿元在无锡建设物流供应链集成服务项目。日日顺物流发布大件物流解决方案，提供仓储配送安装全程无断点服务，制定供应链服务新标杆。

四是物流企业结缘资本市场。长久物流、宝湾物流、圆通速递、申通快递等一批快递、物流企业相继登陆A股市场；德利得物流、亚风快运、易流科技、安捷供应链等一批创新企业跻身“新三板”；卡行天下、运满满、货车帮、天地汇等一批新兴企业吸引新一轮融资；平安银行、复星集团、红杉资本等金融机构加大对物流业的投入，各类资本加快进入物流市场。

（五）“互联网+”高效物流深入推进

2016年7月，国务院总理李克强主持召开国务院常务会议，部署推进“互联网+”高效物流。一年来，以“互联网+”高效物流为标志的“智慧物流”加速起步，催生了一批新模式、新企业、新业态。

一是“互联网+高效运输”。自2014年下半年以来，在货运市场上出现了一批像“互联网+车货匹配”“互联网+货运经纪”“互联网+甩挂运输”“互联网+合同物流”等“互联网+”创新模式，涌现了一批像运满满、货车帮、卡行天下、正广通等“互联网+”代表性企业。传统企业积极触网，如传化物流打造“物流+互联网+金融”的方式，构建中国智能公路物流网络运营系统；中国物资储运总公司依托自身资源优势，上线“中储智运”。从2016年12月起，交通运输部启动无车承运人试点工作，探索公路货运模式转型。

二是“互联网＋智能仓储”。智能仓储在快递、电商、冷链、医药等高端细分领域快速推进。例如，京东商城、苏宁物流、顺丰控股等企业积极开发全自动仓储系统，使用智能仓储机器人，开展无人机配送，充分利用仓储信息，优化订单管理，大幅提高仓储作业机械化、自动化和信息化水平。

三是“互联网＋便捷配送”。一批关注末端配送的平台型企业，如日日顺、速派得、云鸟配送等，搭建城市配送运力池，开展共同配送、集中配送、智能配送等模式，致力于解决“最后一公里”痛点。快递物流企业加强末端节点改造，全国布放智能快件箱累计超过10万组。随着本地生活服务的需要，美团、百度、饿了么等推出即时配送模式，共享经济模式在物流业试水。

四是“互联网＋智慧物流”。货物跟踪定位、无线射频识别、电子数据交换、可视化技术、移动信息服务和位置服务等一批新兴技术在物流行业得到广泛应用，全国道路货运车辆公共平台入网车辆突破400万台。越来越多的企业将物联网、云计算、大数据等新技术作为企业战略重点。例如，菜鸟网络陆续推出物流预警雷达、大数据分单路由、四级地址库等数据服务，引领智慧物流发展趋势。百度也在打造“物流＋互联网＋大数据”三位一体的智慧物流云平台。

（六）积极服务国家发展战略

一是围绕“一带一路”倡议，布局物流服务网络。国家发布《中欧班列建设发展规划（2016—2020年）》，全面部署未来5年中欧班列建设发展任务。全国十余条中欧国际班列抱团发展，合力打造中欧班列统一品牌。中欧班列全年开行1702列，同比增长109%。物流业配合“一带一路”倡议，加大网点建设与网络布局。招商局集团实施“雁型出海”模式，全球运营港口超过30个，布局“一带一路”沿线国家。中国加入国际公路运输公约，便利沿线国家过境通关。

二是服务长江经济带、京津冀协同发展战略。国家发展和改革委从信息共享、多式联运、创新驱动等方面加快长江经济带航运中心建设。交通运输部主持召开推动长江经济带交通运输发展部省联席第一次会议，力争把全流域打造成黄金水道，高水平、高起点建设综合立体交通走廊。河北、天津积极承接北京物流服务，打造京津冀一体化物流服务圈。

三是物流基础设施短板受到重视。国务院办公厅转发《营造良好市场环境　推动交通物流融合发展实施方案》，构建交通物流融合发展新体系。交通运输部等18个部门发布《关于进一步鼓励开展多式联运工作的通知》，提出构建高效顺畅的多式联运系统。铁路总公司正在全国建设208个铁路物流基地。由国家发展和改革委、国土资源部、住房和城乡建设部委托中国物流与采购联合会评定的首批29家示范物流园区名单发布。交通运输部办公厅与国家发展改革委办公厅联合公布第一批 16 个多式联运示范工程项目名单。湖北鄂州国际快递货运枢纽建设纳入民用机场布局规划，顺丰航空机队规模达到 36 架。

四是国际物流网络建设提速。中远海运、嘉里物流等物流企业收购境外物流企业和资产，加强国际网点布局，加快国际化发展步伐。一批快递电商企业与境外邮政快递企业实施战略合作，加大海外仓投资建设，开发国际线路，支持自身国际化发展。有关部门和地方政府出台政策支持鼓励跨境电商企业建设海外仓。

五是农村物流体系加紧建设。交通运输部下发《关于进一步加强农村物流网络节点体系建设的通知》，要求加快推进农村物流县、乡、村三级网络节点体系建设。一批电商和物流企业加大农村网络布局，智能物流模式广泛应用。快递、交通、农业、供销、商贸企业共同构建农村物流配送网络，建设“工业品下乡”和“农产品进城”双向流通渠道。

六是相关规划、政策密集出台。2016 年，国务院及有关部门贯彻落实《物流业发展中长期规划（2014—2020 年）》，就交通物流融合发展、“互联网 + 高效物流”、多式联运、电子商务物流、服务型制造、节能环保、物流业补短板和降本增效等出台了一系列政策措施，各地政府部门贯彻落实国家政策，出台相关配套政策措施。全年对行业影响较大的政策包括：“营改增”试点全面扩围，无运输工具承运业务和道路通行服务开票资格获得承认；车型标准化工作有序推进，为期一年的新一轮治超工作开展，车辆运输车治理取得成效；无车承运人试点启动，一批试点企业名单发布；商贸物流标准化试点推进，标准化托盘扩大使用范围；快递市场清理整顿工作开展，寄递物流渠道安全要求升级；全国现代物流工作部际联席会议积极发挥协调作用，支持物流业发展的部门间合力有所加强，物流业政策环境持续改善。

第二节　中国汽车物流发展的产业环境分析

一、中国汽车产业总体发展概况

（一）中国汽车产业产销情况

汽车行业作为我国经济发展的支柱型产业之一，近些年一直保持稳定增长态势，2016 年，我国汽车产品结构调整和更新步伐持续加快，汽车行业产销量均保持了高速增长态势。据中国汽车工业协会统计数据显示，2016 年，汽车产销 2811.88 万辆和

2802.82 万辆，同比增长 14.46% 和 13.65%，增幅比上年提升 11.21 个百分点和 8.97 个百分点，2009—2016 年我国汽车年产销量及其增长速度如图 1－5 所示。

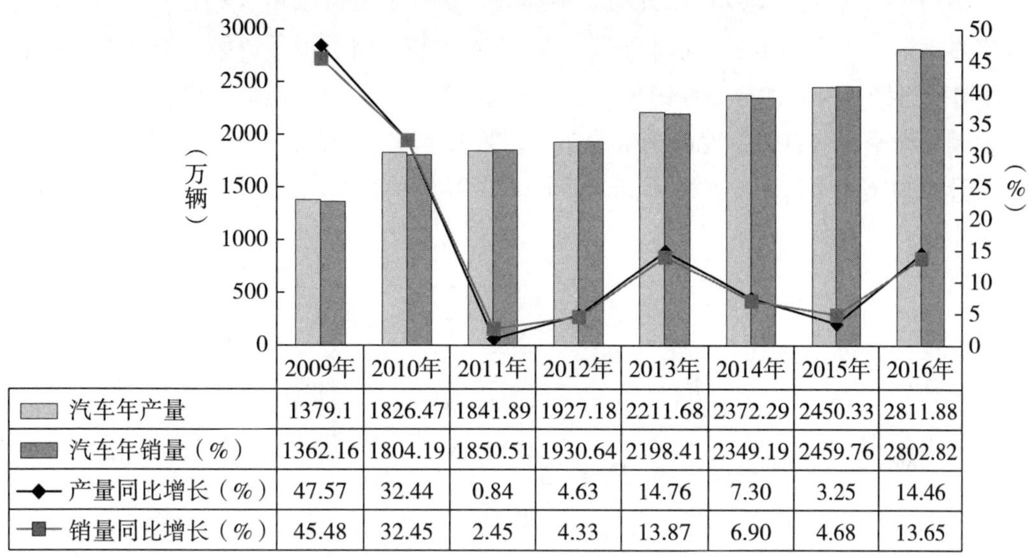

	2009年	2010年	2011年	2012年	2013年	2014年	2015年	2016年
汽车年产量	1379.1	1826.47	1841.89	1927.18	2211.68	2372.29	2450.33	2811.88
汽车年销量（%）	1362.16	1804.19	1850.51	1930.64	2198.41	2349.19	2459.76	2802.82
产量同比增长（%）	47.57	32.44	0.84	4.63	14.76	7.30	3.25	14.46
销量同比增长（%）	45.48	32.45	2.45	4.33	13.87	6.90	4.68	13.65

图 1－5　2009—2016 年我国汽车年产销量及其增长速度

资料来源：汽车工业协会。

2016 年是“十三五”的开局之年，在整体经济供给侧改革、产品结构调整的背景下，中国汽车产销量实现了近三年久违的两位数增长。“十二五”期间，中国汽车市场除 2013 年达到 13.9% 的增长，其他各年均在个位数徘徊，其中，2011 年只增长了 2.5%，为增长率最低的年份。进入“十三五”以来，各主机厂不仅纷纷加大产品投入，优化产品结构，更是对汽车生态体系有了更理性的认识与规划，除少数系别或品类有增长率下滑或销量下滑外，其余板块均取得增长。

汽车市场的增长与国家政策密不可分，如购置税减半政策等因素均对相关市场的增长起到推进作用。从 2017 年 1 月开始，消费者购置 1.6 升及以下排量的乘用车按 7.5% 的税率征收车辆购置税。自 2018 年 1 月 1 日起，恢复 10% 的法定税率，所以 2016 年汽车市场出现了销售高潮。

2016 年，汽车销量排名前十位的企业集团销量合计约为 2476 万辆，同比增长 12.9%，低于行业增速 0.8 个百分点。占汽车销售总量的 88.3%，与上年同期相比下降 0.6 个百分点。销售排名前十位的企业集团分别是上汽、东风、一汽、长安、北汽、广汽、长城、吉利、华晨和奇瑞，分别销售 647.16 万辆、427.67 万辆、310.57 万辆、306.34 万辆、284.67 万辆、164.92 万辆、107.45 万辆、79.92 万辆、77.44 万辆、69.85 万辆。

（二）中国汽车市场总体情况

2016 年汽车市场呈现出低开高走的趋势，基本上是持续增长的走势。从季度走势来看，第一季度汽车运行基本平稳，与 2105 年相比略有增长；第二季度中，4 月、5 月增长趋势不明显，与 3 月销售持平，6 月汽车销量大幅度提高；第三季度是 2016 年的销售旺季，一直保持着高销量的态势；第四季度开始回落。全年销售态势强劲，据统计，2016 年国内汽车总需求达到 2830 万辆，同比增长 13.1%，如图 1－6 所示。

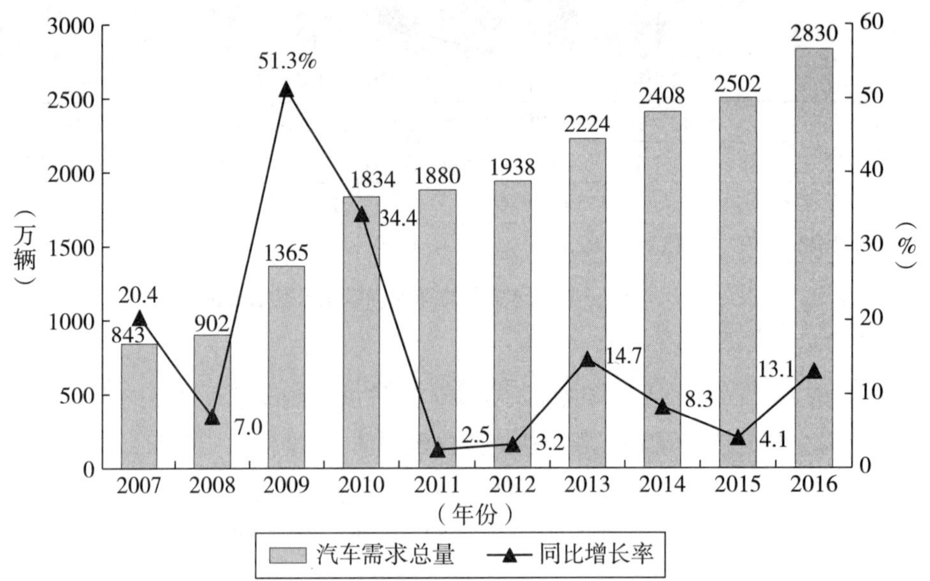

图 1－6　2007—2016 年我国汽车年需求量及其增长速度

注：全年汽车市场需求＝总销量－出口量＋进口量。

积累多年的汽车消费需求在 2016 年得以集中释放，经销商盈利状况改善，全年经销商盈利、持平、亏损三者比例约为 4∶4∶2，1.6 升及以下排量乘用车购置税减半征收政策刺激作用明显。

（三）中国汽车保有量总体情况

截至 2016 年年底，全国民用汽车保有量 19440 万辆（包括三轮汽车和低速货车 881 万辆），比上年年末增长 12.8%，其中私人汽车保有量 16559 万辆，增长 15.0%。民用轿车保有量 10876 万辆，增长 14.4%，其中私人轿车 10152 万辆，增长 15.5%。

随着群众生活水平的不断提升，汽车刚性需求保持旺盛，汽车保有量保持迅猛增长趋势，2016 年新注册登记的汽车达 2752 万辆，保有量净增 2212 万辆，均为历史最高水平。汽车占机动车的比率持续提高，近五年占比从 50.39% 提高到 65.97%。全国有 49 个城市的汽车保有量超过百万辆，18 个城市超 200 万辆，6 个城市超 300 万辆。其中汽车保有量超过 200 万辆的 18 个城市依次是北京、成都、重庆、上海、深圳、苏州、天津、郑州、西安、杭州、武汉、广州、石家庄、东莞、南京、青岛、宁波、佛山。

私家车总量达 1.46 亿辆，每百户家庭拥有 36 辆。2016 年，小型载客汽车达 1.6 亿辆，其中，以个人名义登记的小型载客汽车（私家车）达到 1.46 亿辆，占小型载客汽车的 92.60%。与 2015 年相比，私家车增加 2208 万辆，增长 15.08%。全国平均每百户家庭拥有 36 辆私家车，成都、深圳、苏州等城市每百户家庭拥有私家车超过 70 辆。如图 1 -7 所示。

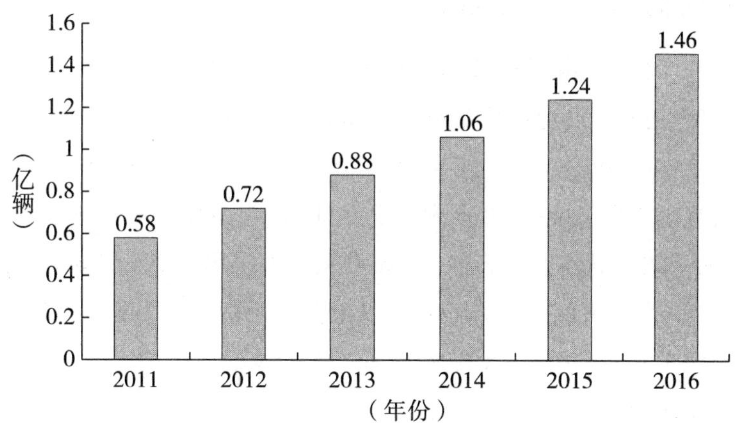

图 1 -7　2012—2016 年私家车保有量情况

资料来源：公安部交通管理局统计数据。

二、乘用车与商用车产业发展概况

2016 年，乘用车产销分别完成约 2442.1 万辆和 2437.7 万辆，比上年同期分别增长 15.5% 和 14.9%，增速高于汽车总体 1.0% 和 1.2%，其快速增长对于汽车产销增长起到关键作用；商用车产销分别完成约 369.8 万辆和 365.1 万辆，与上年同期相比产销分别增长了 8% 和 5.8%，增幅进一步提高，分车型产销情况看，客车产销比上年同期分别下降 7.4% 和 8.7%，货车产销比上年同期分别增长了 11.2% 和 8.8%，货车 3 月起产销持续上升，拉动作用明显。乘用车和商用车销量市场份额如图 1 -8 所示。

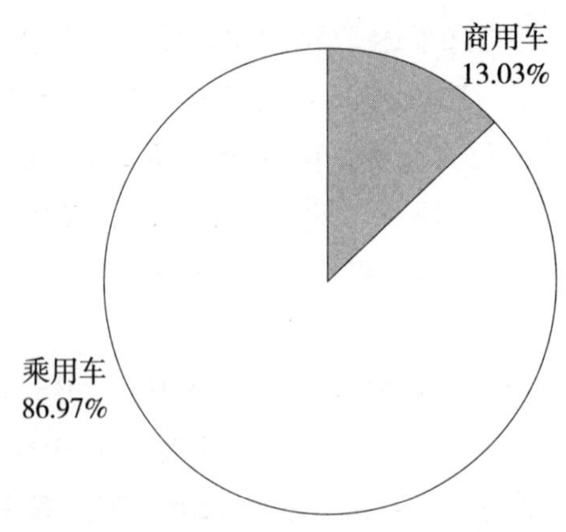

图 1-8　2016 年我国乘用车、商用车销量市场份额

资料来源：中国汽车工业协会。

（一）中国乘用车产业发展概况

2016 年，中国乘用车市场增长速度明显下降，分车型来看，基本型乘用车（轿车）销售 1214.99 万辆，同比增长 3.44%；运动型多用途乘用车（SUV）销售 904.70 万辆，同比增长 44.59%；多功能乘用车（MPV）销售 249.65 万辆，同比增长 18.38%；交叉型乘用车销售 68.35 万辆，同比下降 37.81%。

2016 年，受购置税优惠政策影响，1.6 升及以下乘用车销售 1760.7 万辆，比同期增长 21.4%，占乘用车销量比重为 72.2%，比上年同期提高 3.6 个百分点。对乘用车销量的贡献度为 97.9%。2014—2016 年各月 1.6 升及以下乘用车销量占乘用车销量的比重，如图 1-9 所示。

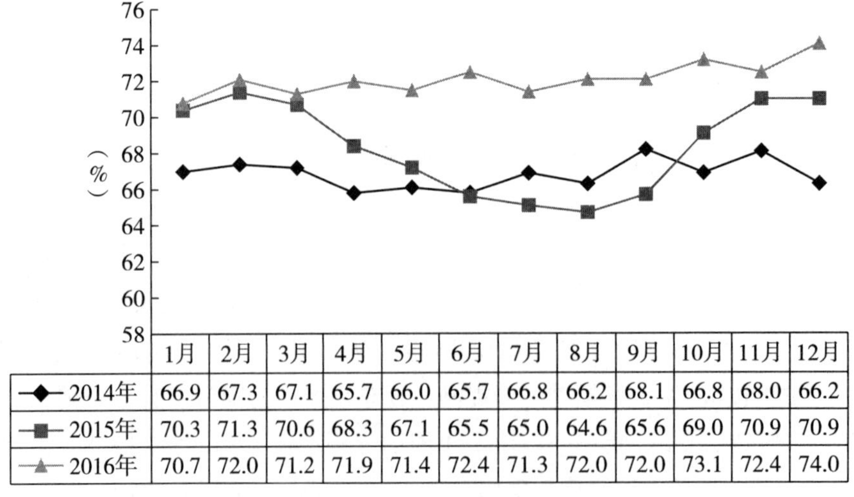

	1月	2月	3月	4月	5月	6月	7月	8月	9月	10月	11月	12月
2014年	66.9	67.3	67.1	65.7	66.0	65.7	66.8	66.2	68.1	66.8	68.0	66.2
2015年	70.3	71.3	70.6	68.3	67.1	65.5	65.0	64.6	65.6	69.0	70.9	70.9
2016年	70.7	72.0	71.2	71.9	71.4	72.4	71.3	72.0	72.0	73.1	72.4	74.0

图 1-9　2014—2016 年各月 1.6 升及以下乘用车销量占乘用车销量的比重

资料来源：汽车工业协会。

2016年，中国自主品牌乘用车销量首次超过千万辆，共销售1052.9万辆，同比增长20.5%，占乘用车销售总量的43.2%，占有率比上年同期提升2个百分点。如表1-3所示。

表1-3　2016年中国自主品牌乘用车占比情况

车型	销量（万辆）	占比（%）
自主品牌乘用车	1052.9	43.2
自主品牌轿车	234	19.3
自主品牌 SUV	526.8	58.2
自主品牌 MVP	223.8	89.6

资料来源：汽车工业协会。

（二）中国商用车产业发展概况

2016年，客车产销54.69万辆和54.34万辆，同比下降7.44%和8.73%。其中，大型客车产销9.02万辆和9.04万辆，同比增长5.23%和6.91%；中型客车产销9.90万辆和9.94万辆，同比增长26.60%和26.07%；轻型客车产销35.77万辆和35.36万辆，同比下降16.22%和18.14%。如图1-10所示。

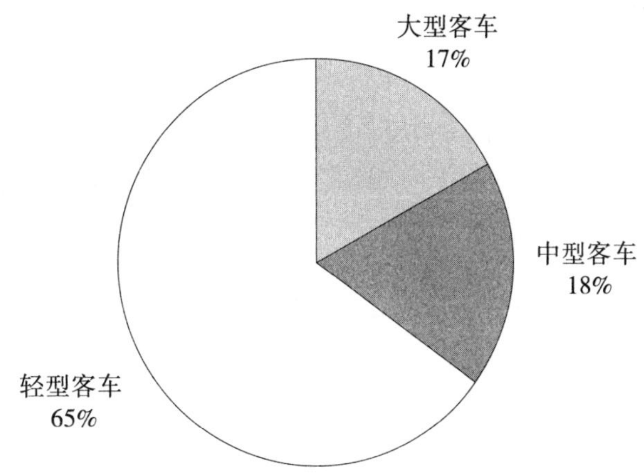

图1-10　2016年客车销量分类别占比情况

2016年，货车产销315.11万辆和310.79万辆，同比增长11.23%和8.82%。其中，重型货车产销74.14万辆和73.29万辆，同比增长38.29%和33.08%；中型货车产销23.14万辆和22.91万辆，同比增长13.43%和14.29%；轻型货车产销155.02万辆和153.98万辆，同比下降0.23%和1.20%；微型货车产销62.82万辆和60.61万辆，同比增长16.51%和10.96%。如图1-11所示。

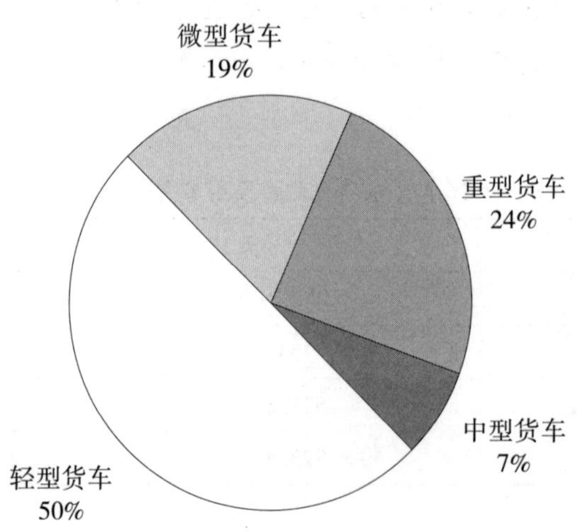

图 1－11　2016 年货车销量分类别占比情况

其中，商用车排名前十的企业是北汽福田、东风汽车、江淮股份、上汽通用五菱、一汽集团、江铃控股、中国重型、重庆力帆、长安汽车、金杯汽车，销量分别为 48.09 万辆、44.37 万辆、27.08 万辆、26.28 万辆、23.95 万辆、23.49 万辆、19.99 万辆、17.89 万辆、16.02 万辆、12.26 万辆，10 家企业 2015 年共销售 259.42 万辆，占 2016 年商用车总销量的 71.05%。

第二章　2016—2017 年中国汽车物流发展趋势分析

第一节　2016—2017 年中国汽车物流发展概述

2016 年是我国汽车物流市场转变的一年，主要表现为三个方面：一是行业结束了近十年“双排车”运输的违规现象，汽车整车物流行业由原先低价竞争模式逐步向高质量的物流服务转变，行业更加注重资源整合、运输组织优化、设施设备改进带来的运输效率提升，铁路、水路运输比例明显提升，以多式联运为载体的综合运输体系进一步完善；二是汽车物流向汽车产业链上下游不断延伸，向相关专业物流领域及跨界领域横向拓展，同时汽车物流各环节服务的专业化、精细化程度不断提升；三是汽车物流发展更加注重技术创新与应用，不断使用新技术、新装备，基于互联网建立汽车物流服务平台，提供新的服务方式，拓展新的业务模式。

一、汽车物流市场保持高速增长态势

汽车行业作为我国经济发展的支柱型产业之一，近些年一直保持稳定增长态势。2016 年，我国汽车产品结构调整和更新步伐持续加快，汽车行业产销量均保持了高速增长态势。

汽车产销市场快速增长直接影响了汽车物流的快速发展，汽车物流沿着零部件供应商物流、入厂物流、整车物流、售后服务备件物流等产业链的上下游纵向拓展，各环节物流发展快速。

二、整车物流行业逐渐规范运行

“全行业违规”“超限超载”一直以来是汽车整车物流行业的“顽疾”，“双排车”成为汽车整车物流运输的主要工具，车辆违规运输导致了车辆安全性差、违规运输罚款成本高、带路费情况普遍、运输价格过低等一系列问题，严重影响并制约了汽车整

车物流行业的发展。2016 年是行业转折的一年，8 月 18 日交通运输部、国家发展和改革委员会（简称国家发展改革委）、工业和信息化部、公安部、国家质量监督检验检疫总局联合印发了《车辆运输车治理工作方案》（交办运〔2016〕107 号），方案中明确了车辆运输车的治理思路、目标及路径，与以往治超不同的是，此次车辆运输车治理突出特点是“多部门协调，分阶段治理”，文件由交通、公安、工信、发改、质检五部门联合印发，通过“双排”变“单排”，“单排”变“合规”的路径，利用 1 年 9 个月的时间逐步淘汰不合规的车辆，自 2016 年 9 月 21 日治超开始以来，基本杜绝了“双排车”上路运行，汽车整车物流行业的“顽疾”慢慢改善，虽然在治理过程中，仍存在不按过渡期执法、带路人员威胁、交带路费上路等个别现象，但整车物流运营环境得以改善，整车物流行业总体发展趋势良好。

全行业通过治理，整车物流行业发生了巨大的变化，主要表现在以下四个方面。一是运输装备更加先进，原有的合规车型——六位半挂车，单次运输量小、运输效率低，不能满足市场的需求，新国标中增加中置轴车辆运输车这一新车型，能够有效提高运输效率，目前多家专用车厂已经研发了中置轴车辆运输车，陆续完成相关公告，已面向市场广泛销售；二是运输效率不断提升，车辆运输车的单车运输效率下降了近 30%，为了弥补单次运力造成的运力损失，企业通过调整运输组织来增加运输效率，单车平均月运输里程有所增加；三是运输价格回归合理，由于原有的车辆运输车采取超限运输方式，成本混乱不清，因此形成整车物流合作价格扭曲，公路运价低至 0.8 元/车·公里，治超后，全行业运输价格上涨，恢复到合理运输价格；四是铁路和水运能力进一步释放，综合运输体系不断发展。

三、综合运输体系建设更加深化

随着治超工作的顺利进行，公路的运输价格不断上涨，铁路和水运的优势不断显现，物流企业迫切需要通过采用多式联运、循环运输等组织模式来降低物流成本，综合运输体系建设这一年发展迅速。

（一）汽车物流铁路运输发展情况

中铁特货是全国铁路专业从事汽车物流业务的主体，对全国铁路汽车运输物流业务实行统一管理、统一组织、统一运作。2016 年完成汽车整车运输量 291.6 万辆，较 2015 年增长 52.8%，增加 3000 辆铁路商品车运输专用车辆，全国建有 35 个整车物流基地，占地面积达到 223 万平方米，可同时存储 11 万辆车。铁路运输效率也不断提升，2016 年整车运输周转时间为 11.2 天，相比 2015 年提高 23.8%。如图 2－1 所示。

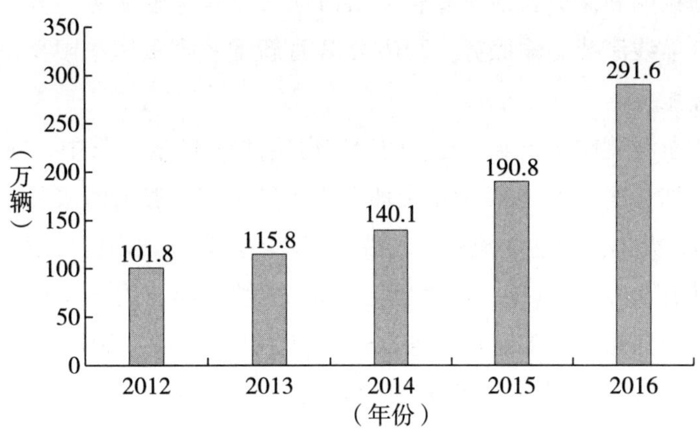

图 2-1 2012—2016 年我国汽车整车铁路运输量

资料来源：中铁特货运输有限责任公司。

铁路运输发展迅速，铁路具有安全、环保、大批量的运输特点，相对于公路来说，在 500 公里以上的中长距离运输上具有很大的优势。同时，铁路运输也在不断地创新，中铁特货采取了多种多样的铁路运输模式，主要有站到站、站到店、站到库、厂到店等模式，可根据不同需求进行选择。其中，铁路汽车整车“库前移”模式是中铁特货公司和各主机厂、物流公司合作中最成功的一种物流运作模式，在整体物流运作上将双方的优势发挥到了极致，具有提高周转速度、产品调拨快捷、物流运输灵活、物流成本降低等诸多优势。

（二）汽车物流水路滚装运输发展情况

汽车整车水路运输主要采用滚装运输的模式，目前全国沿海沿江已经成熟开展商品车整车滚装水运业务的港口有：大连港、天津港、烟台港、上海港、广州港、海口港、重庆港、武汉港、芜湖港、南京港等，我国滚装码头布局初步成形，呈现出沿海沿江进出口岸滚装码头为主，其他内陆进口口岸为辅的格局。

2016 年有 2 个滚装码头投入使用，一个是江苏盐城大丰港，于 2016 年 1 月由中甫（上海）航运有限公司的“世源”轮顺利圆满完成大丰港汽车滚装码头开港首航任务。大丰港汽车滚装码头包括一个 7 万总吨滚装泊位，年商品车吞吐能力 40 万台；二是宁波 - 舟山港梅西汽车滚装码头，于 2016 年 8 月正式启用，在这之前韩国 EUKOR 海运、中甫航运、安盛船务等均在该码头做过内外贸小批量运输。

2016 年，我国滚装运量约为 250 万辆，其中，江运发运量约 95 万辆，海运发运量约 155 万辆，汽车滚装运输占比较去年上涨 3%。我国沿海沿江主要从事内贸滚装运输的企业并不多，其中，中甫航运、安盛船务主要提供沿江及沿海航线滚装运输服务；

中远航运、中海汽船和深圳长航主要提供沿海航线滚装运输服务；武汉长航、民生物流主要提供沿江航线滚装运输服务。2016 年 8 月新增一家重庆华阳嘉川船务，提供沿江航线滚装运输服务。

目前国内内贸滚装航运企业运营中的滚装海船共有 34 艘，其中，安盛船务有 11 艘沿海滚装船、深圳长航有 13 艘沿海滚装船、中远航运有 5 艘沿海滚装船、中甫航运有 4 艘沿海滚装船、大丰港悦达物流有 1 艘沿海滚装船。目前国内内贸滚装航运企业运营中的滚装江船共有 39 艘，其中，民生物流运营 17 艘江船、武汉长航运营 11 艘江船、安盛船务运营 7 艘江船、华阳嘉川船务运营 4 艘江船。其中，2016 年国内内贸滚装运输船共计新增 11 艘，我国水运市场发展十分迅速。

（三）汽车物流集装箱运输发展情况

集装箱是多式联运的主要载体，由于汽车产品的特殊性，目前国内使用汽车集装箱运输并不广泛。中海集研发了海运集装箱运输汽车，采用汽车支架对乘用车进行装载加固，放入集装箱中进行运输。目前汽车支架可适于 40 英尺高箱和 40 英尺标准集装箱，最大可装运 4 辆汽车，20 英尺标准集装箱最大装运 2 辆汽车，集装箱箱体加宽和对车架的改进以装运更多的车辆是研究热点。集装箱运输可以有效解决汽车物流多式联运过程中乘用车装载的次数，减少货损，提高运输质量，同时将汽车作为普通货物运输，减少了公铁水等专用运输装备的研发，有利于推动多式联运的发展。

四、整车后市场物流越来越受到关注

在整车物流新领域方面，关注点主要体现在个人在用车物流、二手车物流、报废汽车物流等方面。

个人在用车物流是指由于个人旅游和探亲等情况产生的异地用车物流需求，随着人们对生活质量要求的提高，人们对于旅程舒适度的要求也越来越高，异地用车的需求也较为旺盛，个人车辆的物流需求会逐渐增加，目前整车物流企业已经开始关注这一领域，实现个人用户异地使用私家车的需求。

二手车物流是由二手车异地销售引起的，由于各地限购政策不同、区域间汽车保有量不同、消费水平存在差异等因素，异地销售二手车已经成为市场趋势，据中国汽车流通协会的数据统计，2016 年全年二手车交易量同比增长 10.33%，达到 1039 万辆，市场增长带来的是旺盛的物流需求，如图 2 – 2 所示。

伴随着我国汽车保有量的不断增加，报废汽车量将不断增加，报废汽车的回收和再利用成为业内讨论的热点话题，同样，回收物流领域也更加值得关注。

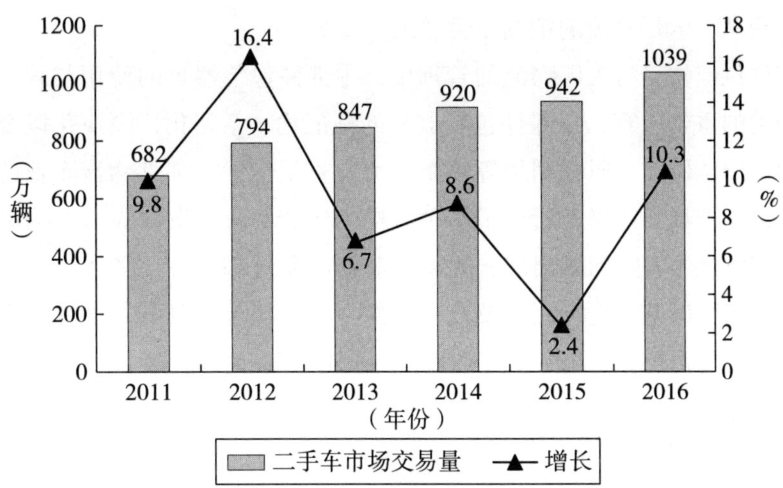

图 2-2 2011—2016 年我国二手车市场交易量情况

资料来源：中国汽车流通协会。

五、汽车零部件物流市场备受关注

从供应链的角度来看，目前汽车物流主要分为零部件供应商物流、零部件入厂物流、整车物流、售后服务备件物流。其中，零部件供应商物流、零部件入厂物流、售后服务备件物流属于汽车零部件物流，上游正从零部件入厂物流向汽车零部件供应商的管理上延，下游从主机厂售后服务备件物流向更广义的维修保养和美容等后市场物流服务延长。零部件物流的发展备受企业、行业的关注。

（一）零部件供应商物流

汽车零部件供应物流对于主机厂的正常生产与下游零部件物流环节都有着决定和牵制的作用，在整个供应链物流中有着十分重要的作用。目前全球排名前一百名的零部件供应商中，有 80% 都选择在国内开展业务，对我国零部件产业发展起到利好作用，同时也给中国自主零部件生产企业造成了巨大的压力。零部件供应商物流需求十分巨大，但是运作方式相对松散，外资企业、合资企业、本土企业在零部件供应方面有各自的体系，合作发展与资源共享能力不足，今后可以通过利用公共信息平台等方式，实现不同企业间的物流资源整合，从而有效提高零部件供应效率，降低物流成本。

（二）零部件入厂物流

零部件入厂物流是与主机厂生产最密切相关的物流环节，汽车零部件入厂物流要领先于其他行业的生产物流环节，配合主机厂订单式、JIT（Just in Time，即时生产模式）等生产模式，入厂物流的精细化管理尤为重要。

在零部件供应物流与入厂物流的管理中，零部件包装器具的使用与管理是与物流成本息息相关的重要内容，零部件包装器具的标准化、系列化、模块化以及包装器具的循环使用、清洗保养、回收利用等多个方面一直是困扰零部件物流企业的难点。专业的第三方包装器具企业探索研究了多种多样的包装解决方案，为汽车物流企业提供服务，从汽车物流的实际问题出发，提供包装器具租赁和管理服务，包装器具的第三方管理模式不仅可以避免主机厂以及汽车零部件企业包装器具的一次性投入，还能提供更加专业，更加系统化的包装器具管理，减少遗失率和报废率。

（三）售后服务备件物流

截至2016年年底，全国汽车保有量达1.94亿辆，新注册量和年增量均达到历史最高水平，其中私家车保有量达到1.46亿辆。汽车保有量保持迅猛增长趋势，2016年新注册登记的汽车达2752万辆，保有量净增2212万辆，均为历史最高水平。汽车保有量的不断增加带来的问题是汽车后市场服务需要进一步完善，汽车售后服务备件物流是后市场物流服务中的核心板块，越来越受到重视。同时，汽车美容、保养、维修等带来的物流机遇是汽车物流行业需要抓住的重要领域，以售后服务备件物流为核心的汽车后市场物流成为各汽车物流企业关注的重点板块，未来具有巨大的发展潜力。

六、汽车物流企业业务不断拓展创新

汽车物流领域的领军企业在原有业务的基础上不断向整个汽车产业链上下游延伸，依托互联网发展新的业务模式，发展跨界领域，积极布局和拓展国际市场，对推动行业发展起到了至关重要的作用。

在海外业务拓展方面，安吉物流在泰国成立海外分公司，主要经营进出口、入厂、整车、售后四个物流业务，运作仓储面积达到2.76万平方米，运输线路覆盖全泰国地区；长久物流于2014年3月成立了德国长久全资子公司，经营“哈欧国际货运班列”，2016年2月27日，新增“哈俄铁路线”，由此扩大了国际物流的运输规模。

在依托互联网开展新业务模式方面，安吉物流推出了“车好运App（Application，手机软件）”，为社会车辆提供高效的车辆托运平台，所服务的对象涵盖二手车、租赁车、商务用车、旅游用车等所有类型的车辆，全面满足物流公司、中小企业及个人的长途整车运输需求；长安民生物流推出“e车运”，是一个O2O（Online to Offline，线上到线下）汽车托运电商服务平台，通过此平台提供整车物流、零部件仓储配送、取货物流、多式联运、国际货代、售后物流、KD件（汽车散件）包装、出口加工及报税物流、其他增值服务等汽车和供应链物流一体化服务。

汽车物流企业业务的不断发展积极地推动了整个行业的进步，2016 年，长久物流作为首家在国内 A 股上市的企业，代表着汽车物流行业也逐步向资本市场靠近，未来汽车物流企业的发展会越来越好。

七、汽车物流标准不断完善

（一）车辆运输车相关标准出台，中置轴车辆运输车合法化

2016 年 7 月 26 日由工业和信息化部组织全国汽车标准化技术委员会修订的强制性国家标准《汽车、挂车及汽车列车外廓尺寸、轴荷及质量限值》（GB 1589—2016）由质检总局、国家标准委正式批准发布。GB 1589 中对车辆运输挂车的长度和宽度进行了调整，半挂车的长度增加为 13.7 米，宽度为 2.55 米，此次标准引入了新的车型——中置轴车辆运输列车，此车型在国外被普遍应用，可以有效提高车辆装载率，提升车辆运输效率。

国家标准《车辆运输车通用技术条件》（GB/T 26774—2016）也同时发布。此标准对于车辆运输车的通用技术做了明确规定，对于车辆通用交换性有具体要求。车辆标准的出台为汽车整车物流行业技术装备的提升起到了至关重要的作用。

（二）汽车物流行业标准体系继续完善

在全国物流标准化技术委员会的推动下，汽车物流分会和上海海通码头、北京交通大学牵头的《汽车整车出口物流标识规范》国家标准进入报批阶段。《乘用车物流质损判定及处理规范》《乘用车运输服务规范》《乘用车水路运输服务规范》《乘用车仓储服务规范》四项行业标准进行修订，预计 2017 年发布。

（三）组建汽车物流团体标准化工作组

根据《中国物流与采购联合会团体标准管理办法》（物联标字〔2015〕107 号）文件要求，经联合会领导批准，汽车物流分会牵头组建了汽车物流团体标准化工作组，标准化工作组由来自零部件物流、整车物流、标准制定等多个领域的企业、高校、协会专家构成，陆续开展团体标准制定工作。

八、行业研究工作进一步深入

汽车物流行业的研究包括行业数据统计、政策研究解读、企业项目研究、行业报告发布等多个方面，全面分析、研究、总结行业中发展遇到的问题，探索创新发展。

（一）汽车物流政策研究不断深入

由汽车物流分会组织，通过专家解读、研究分析积极推动汽车物流相关政策的实施与宣传。2016 年，汽车物流分会发布了《关于车辆运输车治理过渡期有关事宜的指导意见》，帮助企业更好地理解过渡期运行政策；同时，针对车辆运输车全行业超限超载导致的运输成本混乱不清问题，制定了影响整车物流公路运输成本和价格的指标体系，供企业参考。

（二）行业数据统计工作持续开展

自 2015 年开始，为了解汽车物流行业发展现状，分析行业发展中遇见的问题，汽车物流分会开展了汽车物流企业统计指标的调查活动，得到了包括汽车物流企业总体情况、零部件物流业务、整车物流业务、售后服务备件物流业务 4 个板块共 126 项指标的调研数据，并进行了数据分析和系统总结，帮助企业对标，为评选行业标杆企业提供依据。

（三）行业权威报告持续发布

2016 年下半年，汽车物流分会发布了《中国汽车物流发展报告（2016）》，报告中涵盖了汽车物流调查报告、专题报告、创新报告等部分，对汽车物流年度的总结和发展有重要的意义。同时，发布“全国整车物流多式联运节点及仓储资源分布图”，图中标注了全国汽车物流整车仓储资源，为汽车主机企业全国布局、仓储选址、寻求优质物流合作伙伴提供规划参考，同时也推动物流企业在整车物流主营业务基础上发展其他增值业务。

（四）企业创新研究不断开展

2016 年，各汽车物流企业在行业创新方面进一步探索，在汽车整车物流、零部件入厂物流、售后服务备件物流、综合类 4 个方面涌现出 36 个优秀创新项目。

第二节　中国汽车物流发展趋势分析

一、整车物流行业治超带来的影响将持续

2017 年，车辆运输车治理工作还将持续，第二阶段的治理工作对于行业的影响会

更大，此阶段开始，整车物流企业要按照比例进行不合规车辆运输车的更新置换，其带来的影响主要体现在以下三个方面：一是车辆更新置换需求量大，新国标出台以后，汽车物流企业普遍会考虑使用中置轴车辆运输车替代原有半挂车，中置轴车辆运输车经过工信部汽车公告以及交通部燃油公告后陆续量产，但是也有企业表示中置轴车辆运输车的成本高于半挂车，会继续使用合规半挂车，2017 年汽车物流行业的车辆置换将对卡车市场销售起到了促进作用；二是车辆装载高度问题仍旧存在，车辆运输车采用双层装载的模式，对于 SUV、微型面包车（简称微面）等较大乘用车车型来说，双层装载后高度要超过车辆限值 4 米，不符合上路运行的法规要求，这可能会成为新的罚款点，这一隐患将给治理工作的落实带来新的困难；三是物流成本将继续上升，2017 年整车物流市场将有 60% 的不合规车辆运输车恢复到标准车型，其单车运输量减少了一半，物流成本将随之上升，需要主机厂、物流总包商、承运商共同应对成本带来的压力。

二、综合运输体系建设将进一步完善

随着治理工作的开展，整车公路运输将会发生重大变化，以公路运输为主的长途干线运输量将会逐步转变为以铁、水干线运输为主的多式联运模式。据了解，中铁特货为了满足市场发展需要，正在积极投入商品车运输专用车型的生产，预计 2017 年增加 7000 辆专用车，总保有量达到 2 万辆，运能将提高至 500 万辆，较 2016 年同比增长 72%，铁路运输装备的大量投入，使得能够充分运用铁路运力，提高铁路的使用率。汽车物流铁路和水路运输量占比的不断提升，能够充分降低物流成本，综合利用社会资源，对于汽车物流行业发展起到积极的作用。

三、整车后市场物流将成为新的业务增长点

汽车产销量逐年增加，汽车整车物流在新车物流领域已经发展得较为成熟，未来将会进一步规范运营，而现存车辆的物流需求将逐渐扩大，主要有两方面的趋势：一是个人在用车和二手车市场将成为整车物流的重要板块，目前我国汽车保有量已经达到 1.94 亿辆，2016 年，二手车与新车的出售比例为 1∶2.7，而发达国家成熟市场的比例为 1∶1，我国的二手车市场还有很大的进步空间，同时，国家限迁政策的逐渐放开无疑会加速二手车的发展速度，这对于整车物流来说都是新的业务增长；二是报废汽车物流问题将会凸显，我国 2002 年年底汽车保有量仅有 2000 多万辆，近 15 年汽车产业飞速发展，汽车报废回收问题也将会凸显，同时带来的是汽车整车回收物流如何做

好市场保障问题，这一问题将会成为行业未来探讨的热点，汽车物流企业也要做好应对市场变化的准备，把握住发展机遇。

四、技术创新将会改变汽车物流原有的运作模式

在德国工业4.0和《中国制造2025》的发展大潮下，我国新技术、新装备已经应用到了各行各业，这些新技术将会直接影响汽车物流行业的创新发展。通过物联网、大数据、云计算、人工智能等信息新科技，对汽车物流运行过程中的运行状况进行检测，在定位跟踪、实时监控、危险预警、紧急处理、数据统计分析等方面提供技术保证；智能机器人、自动导引技术、可穿戴设备、语音及体感识别、智能分拣等技术装备的研发与应用对于汽车零部件物流仓储与分拣发展起到了重要作用；货运车辆的大型化、轻量化、标准化等运输装备技术提高了汽车物流产品质量保障，提高了物流效率。对于汽车物流企业来说，不断创新发展才是企业的生存之道，日新月异的市场对于汽车物流企业来说充满了机遇与挑战，但是总的来说机遇大于挑战，汽车物流企业应在原有运营网络和运作模式的基础上，结合应用新技术，不断拓展业务模式，保持汽车物流企业的竞争力。

五、电商模式将逐渐影响汽车物流行业变革

基于互联网的电子商务、移动互联等模式对传统行业产生着方方面面的影响，信息化手段的广泛应用加速了社会发展的进程，消费者已经不再满足于传统的流通渠道，汽车销售及汽车物流作为传统行业必然也会受到影响，商流的变化直接影响物流的变化，新的商业环境将会影响物流的发展方向，汽车物流作为汽车行业生产、销售的服务支撑环节，需要适应新的商业发展模式，推陈出新，提高客户的体验感受，开创新的物流服务模式，通过利用移动互联技术开发手机客户终端，将实体线下业务转变为终端线上业务，满足不同用户的个性化需求；通过建立电子商务平台，实现汽车零配件线上销售与线下配送的有机结合。商业模式的变革对于汽车物流企业来说机遇大于挑战，是汽车物流转型升级的助推器。

六、新能源汽车发展将改变汽车物流原有格局

经过十多年的发展，我国围绕汽车生产企业形成的汽车物流产业格局已经形成，物流总包企业、承运商、技术服务企业已形成了相对稳定的格局，但是新能源汽车的

快速发展，将会改变原有物流市场格局。一是新能源汽车零部件具有特殊性，电池等新型零部件的物流供应和保障将改变原有零部件物流的运作模式；二是对新能源汽车的仓储、运输，要更加注重防水防潮，还要充分考虑充电桩的设置，原有大型客车采用的地跑模式已经不适用于新能源客车，新的运输装备和运输方式有待研究。

七、资源快速整合将助力行业发展

随着汽车物流市场的不断增长和政策环境的越加规范，汽车物流企业需要利用行业资源的整合来提高整体物流效益，物流企业间合作、与上下游合作、跨界合作将助力全社会资源快速整合，行业资源的综合利用、跨界资源的有力补充，将会有效推动行业转型升级，降本增效。

总而言之，随着社会环境和政策环境的不断改变，汽车物流行业正在发生着巨大的转变。汽车物流行业同样需要进行供给侧结构性改革，改变原有不合规的运作方式，合理应用新技术、新科技，整合全社会全行业资源，有效降低物流成本。希望汽车物流行业在新的一年中继续迎接时代的挑战和机遇，引领我国物流行业继续快速发展和进步。

行业统计篇

第三章 我国汽车零部件入厂物流统计调查分析

为了解汽车物流行业发展现状，分析行业发展中遇见的问题，进一步优化汽车物流行业发展结构，推动公、铁、水综合运输体系建设，提升零部件、整车至售后服务备件物流的供应链管理水平，汽车物流分会2017年开展了汽车物流企业统计指标的调查活动。从企业基本信息、企业总体情况、业务规模情况、业务效益情况、业务成本情况、业务效率情况及业务质量情况等方面对相关企业进行了问卷调查，并根据样本数据采集情况，分别从零部件入厂物流业务规模、零部件入厂物流业务成本、零部件入厂物流业务效率、零部件入厂物流业务质量四个方面进行统计分析，供行业参考。

第一节 零部件入厂物流业务规模及成本情况

一、零部件入厂物流业务规模情况

（一）运输业务情况

在零部件入厂物流业务中，企业采用公路运输的比例较高，样本数据显示，零部件入厂物流运输业务公路运输比例占运输总量的近90%。其中，有65%的企业只采用公路运输方式，公路运输比例为100%；有90%的企业以公路运输作为主要运输方式，公路运输占比在50%以上；有少数企业以航空、水运为主要运输方式进行零部件运输业务。

零部件物流的铁路运输比例仍较低，零部件入厂物流运输业务铁路运输比例占运输总量的1%；在水路运输方面，零部件入厂物流运输业务水路运输比例占运输总量的7%左右；在航空运输方面，零部件入厂物流运输业务航空运输比例占运输总量的6%左右。零部件入厂物流运输业务各运输方式占比情况如图3－1所示。

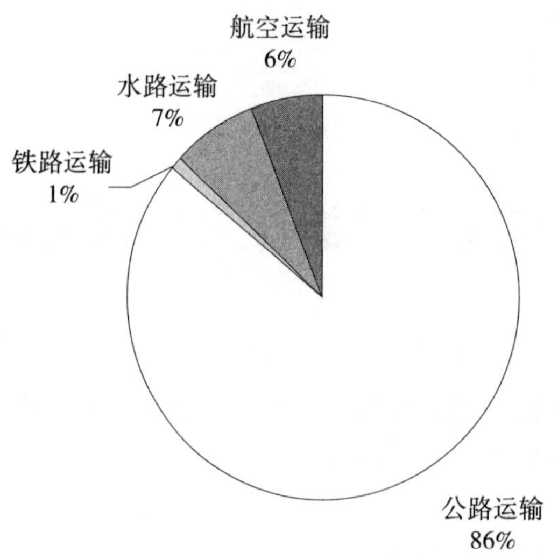

图3－1　零部件入厂物流运输业务各运输方式占比情况

其中，汽车物流企业零部件入厂物流运输业务中自营占45%，外包零部件入厂物流运输业务占55%；自有车辆数量与租赁车辆数量的比例约为1∶3。

（二）仓储业务情况

根据调查结果显示，汽车物流企业零部件自有仓储面积占36%，租用仓储面积占64%，如图3－2所示。

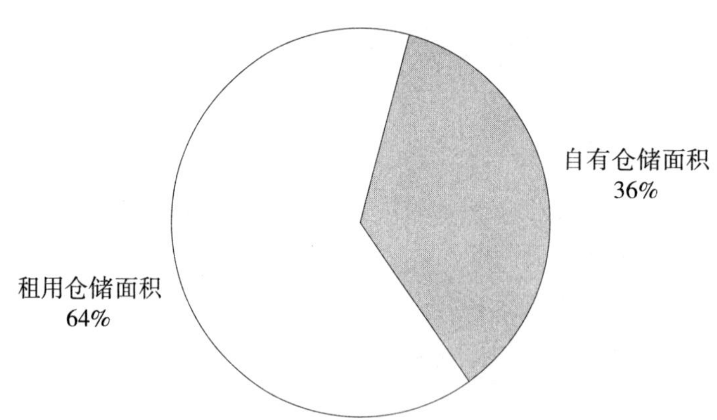

图3－2　零部件入厂物流仓储业务比例情况

其中，自有仓储方面，约有25%的企业，其自有仓储面积比重大于80%；约有63%的企业，其自有仓储面积比重小于30%；分别有6%的企业，其自有仓储面积比重在60%～80%或30%～60%。租用仓储方面，约有31%的企业，其租用仓储面积比重小于30%；约有38%的企业，其租用仓储面积比重大于80%；约有31%的企业，其租用仓储面积比重在30%～80%。根据2015—2017年的调查数据显示，企业自有仓储面积占比有减少的趋势，租用仓储面积占比有所增加。

二、零部件入厂物流业务成本情况

根据样本数据分析，零部件入厂物流业务成本占比情况如图3－3所示，运输成本占总成本的54%，仓储成本、配送成本、信息及相关服务成本分别占总成本的10%，包装成本、装卸搬运成本、物流管理成本分别占5%，保险成本等其他成本占1%。

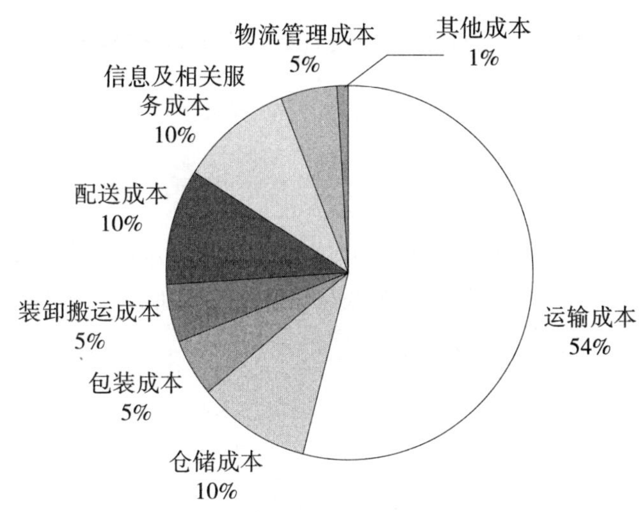

图3－3 零部件入厂物流业务成本占比情况

第二节 零部件入厂物流业务效率情况

一、调度及时率

零部件入厂物流业务调度及时率平均为98.8%。其中，约70%的样本企业零部件入厂物流企业其调度及时率为100%；约有76%的企业其调度及时率在平均值之上。具体分布情况如图3－4所示。

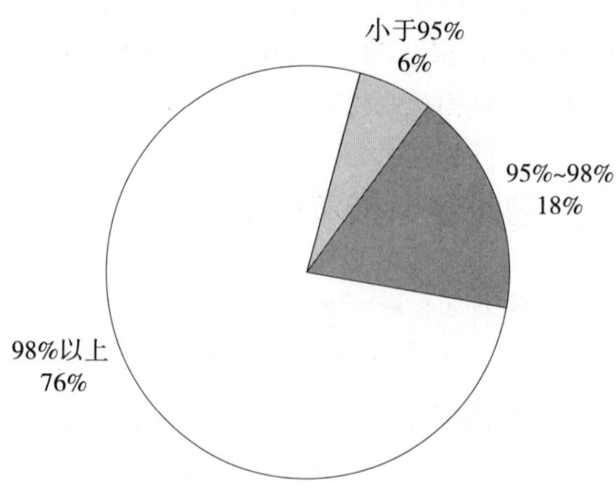

图 3－4　零部件入厂物流调度及时率样本分布情况

二、交付及时率

零部件入厂物流业务交付及时率平均为 98%。其中，约有 47% 的样本企业其交付及时率在 99% 以上；约有 48% 的样本企业其交付及时率在 95% ~99% 范围内；仅约有 5% 的企业其交付及时率小于 95%，如图 3－5 所示。

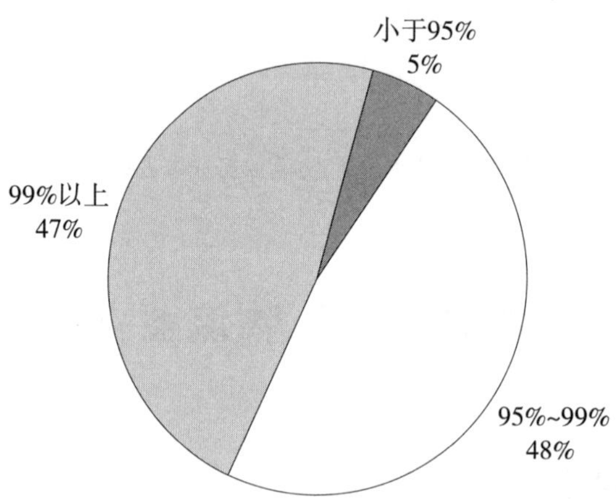

图 3－5　零部件入厂物流交付及时率样本分布情况

三、仓容利用率

零部件入厂物流业务仓容利用率平均为 82%。其中，约有 1/3 的样本企业其仓容利用率高于 95%；约有 2/3 的零部件入厂物流企业其仓容利用率在 95% 以下。

四、运输设备装载率

零部件入厂物流业务运输设备装载率平均为76%。其中，约有90%以上的样本企业其运输设备装载率小于95%，运输设备的利用率仍有待提高。

第三节　零部件入厂物流业务质量情况

一、订单准时率

零部件入厂物流业务订单准时率平均为97%。其中，约有63%的样本企业其订单准时率在99%以上；约有21%的样本企业其订单准时率在95%～99%；约有16%的企业其订单准时率小于95%，如图3－6所示。

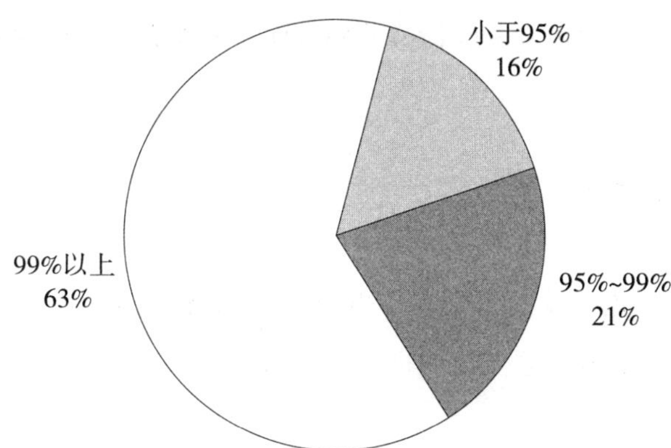

图3－6　零部件入厂物流订单准时率样本分布情况

二、运输货损率与运输货差率

零部件入厂物流业务运输货损率平均为0.3%。其中，约有74%的样本企业其运输货损率小于0.1%；约有10%的企业其运输货损率在0.1%～0.5%；有16%的零部件入厂物流企业其运输货损率在0.5%以上，如图3－7所示。

零部件入厂物流业务运输货差率方面，所有零部件入厂物流企业的运输货差率平均为0.07%，95%以上的样本企业运输货差率低于0.1%。

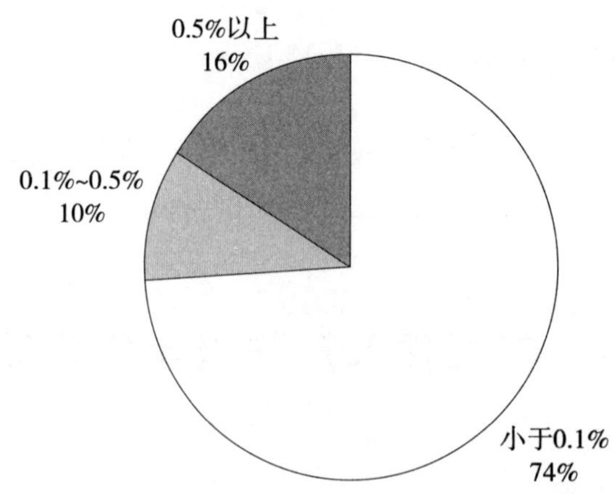

图 3-7　零部件入厂物流运输货损率样本分布情况

三、仓储货损率与仓储货差率

零部件入厂物流业务仓储货损率平均为 0.05%，90% 以上的样本企业仓储货损率在 1% 以下；零部件入厂物流业务仓储货差率方面，样本企业仓储货差率都小于 0.1%，平均为 0.03%。

四、包装破损率

零部件入厂物流业务包装破损率平均为 1%，调查样本中，仅有一家企业包装破损率在 0.5% 以上，大多数样本企业此项指标小于 0.5%。

五、仓储库位摆放准确率

零部件入厂物流业务仓储库位摆放准确率平均为 99.7%。其中，约有 92% 的样本企业其仓储库位摆放准确率在 99% 以上。

六、先进先出执行率

零部件入厂物流业务先进先出执行率平均为 99%。其中，约有 77% 的样本企业其先进先出执行率在 99% 以上；约有 15% 的样本企业其先进先出执行率在 95% ~99%；约有 8% 的企业其先进先出执行率小于 95%，如图 3-8 所示。

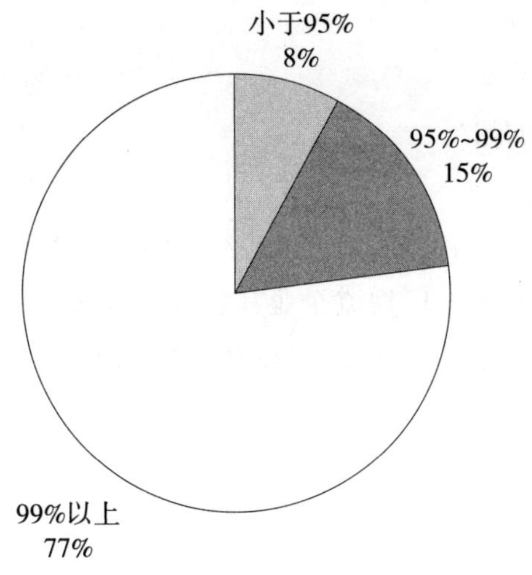

图 3-8 零部件入厂物流先进先出执行率样本分布情况

七、账实符合率

零部件入厂物流业务账实符合率平均为 99.6%。其中，约有 70% 的样本企业其账实符合率在 99% 以上；约有 18% 的企业其账实符合率在 98% ~99%，约有 12% 的企业其账实符合率小于 98%，如图 3-9 所示。

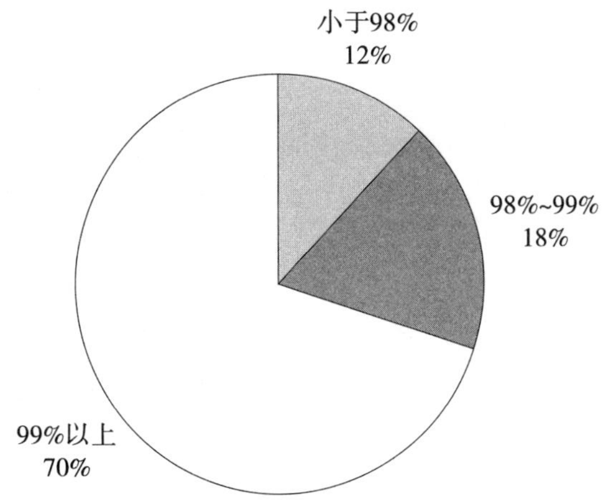

图 3-9 零部件入厂物流账实符合率样本分布情况

八、流通加工完好率

零部件入厂物流业务流通加工完好率平均为 99.8%，所有样本企业其流通加工完好率均在 99% 以上。

九、物流停线时间

零部件入厂物流业务物流停线时间方面，约有 84% 的样本企业其物流停线时间在 2 小时以内；约有 8% 的零部件入厂物流企业其物流停线时间在 2 ~ 10 小时以内；约有 8% 的零部件入厂物流企业其物流停线时间在 10 小时以上。

第四章　我国整车物流统计调查分析

第一节　整车物流业务规模及成本情况

一、整车物流业务规模情况

（一）运输业务情况

在整车物流业务中，企业采用公路运输的比例较高，样本数据显示，整车物流运输业务公路运输比例占运输总量的81%。其中，有50%以上的样本企业采用公路运输方式比例超过90%。

整车物流的铁路运输比例仍较低，整车物流铁路运输比例占运输总量的9%；在水路运输方面，整车物流水路运输比例占运输总量的10%左右；整车物流业务仍以公路运输为主，铁路和水路运输比例还有待提升，如图4－1所示。

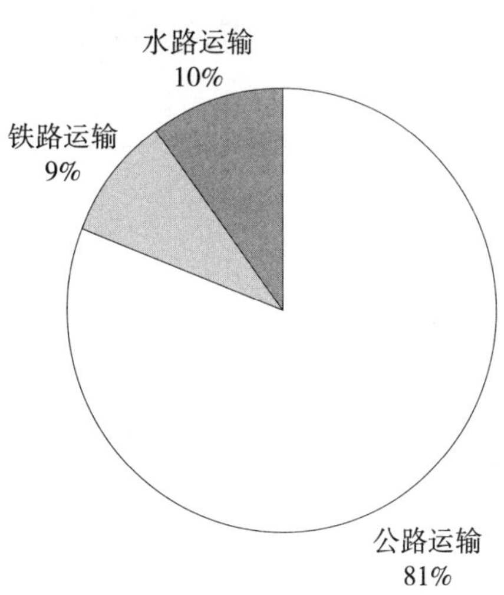

图4－1　整车物流运输业务占比情况

其中，汽车物流企业整车物流运输业务中自营占30%，外包占70%。

（二）仓储业务情况

根据调查结果显示，汽车物流企业整车仓储自有资源占43%，租用仓储资源占57%，如图4－2所示。

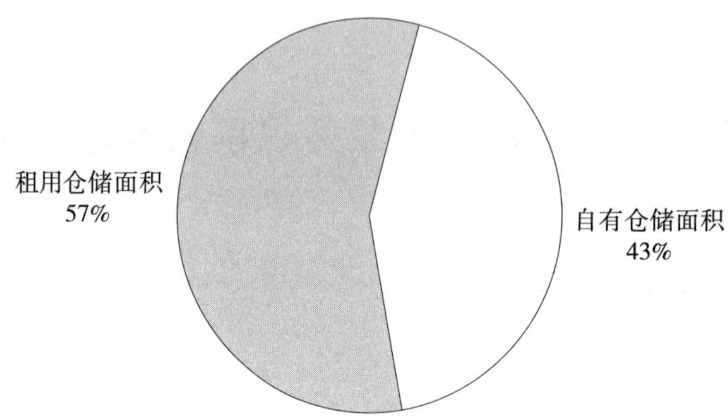

图4－2　整车业务自有仓库面积的比例情况

自有仓储方面，约有50%的样本企业，其自有仓储面积比重小于30%；约有33%的样本企业，其自有仓储面积比重大于80%。租用仓储方面，约有42%的样本企业，其租用仓储面积比重大于80%。

（三）运输装备情况

整车物流运输装备分为公路运输装备、铁路运输装备、水路运输装备，主要以车辆运输车、铁路专用车和滚装船为主。

被调查的样本企业平均拥有车辆运输车数为3000辆，其中自有车辆占比为28%，租用或者合作车辆占比为72%。

二、整车物流业务成本情况

根据样本数据分析，整车物流业务成本占比情况如图4－3所示，整车物流业务成本主要以运输成本为主，运输成本占总成本的88%，仓储成本占总成本的5%，物流管理成本占总成本的3%，装卸搬运成本占总成本的1.5%。

调查样本显示，自2016年9月21日治超后，整车物流业务成本平均上涨29%。

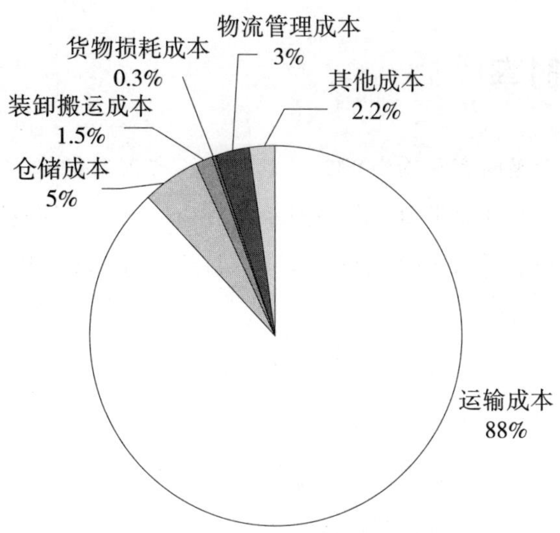

图4－3　整车物流业务成本占比情况

第二节　整车物流业务效率情况

一、调度及时率

整车物流业务调度及时率平均为98%。其中，约有43%的样本企业其调度及时率在99%以上；约有14%的企业其调度及时率在98%～99%；约有21%的企业其调度及时率在95%～98%；约有22%的企业其调度及时率小于95%，如图4－4所示。

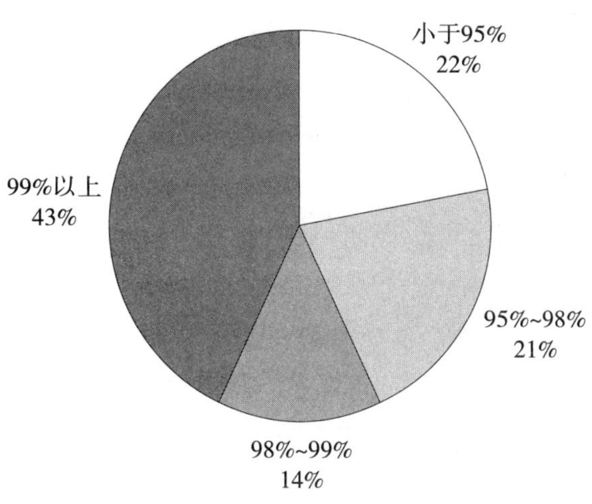

图4－4　整车物流调度及时率样本分布情况

二、订单及时率

整车物流业务订单及时率平均为90%。其中，约有20%的样本企业其订单及时率在99%以上；约有20%的样本企业其订单及时率在98%～99%；约有27%的样本企业其订单及时率在95%～98%；约有33%的样本企业其订单及时率小于95%，如图4－5所示。

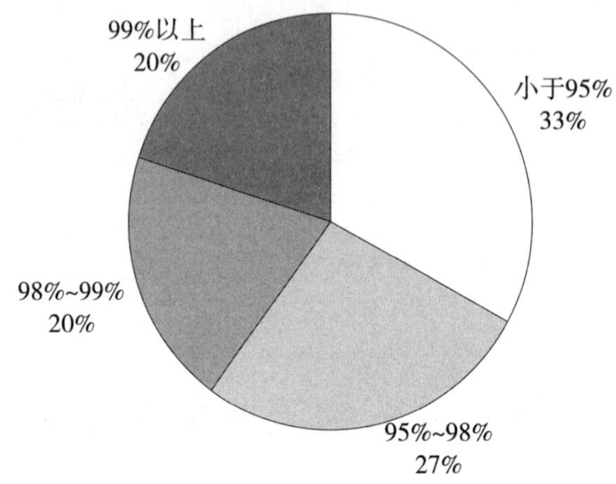

图4－5　整车物流订单及时率样本分布情况

三、车船利用率

整车物流业务车船利用率平均为77%。其中，约有56%的样本企业其车船利用率小于95%；约有11%的企业其车船利用率在95%～99%；约有33%的企业其车船利用率在99%以上，如图4－6所示。

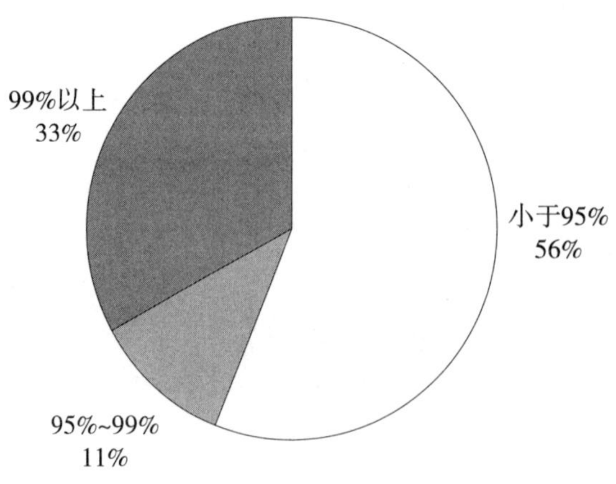

图4－6　整车物流车船利用率样本分布情况

四、运输设备装载率

整车物流业务运输设备装载率平均为 92%。其中，约有 50% 的样本企业其运输设备装载率在 99% 以上；约有 33% 的样本企业其运输设备装载率在 95% 以下；约有 17% 的样本企业其运输设备装载率在 95% ~99%，如图 4-7 所示。

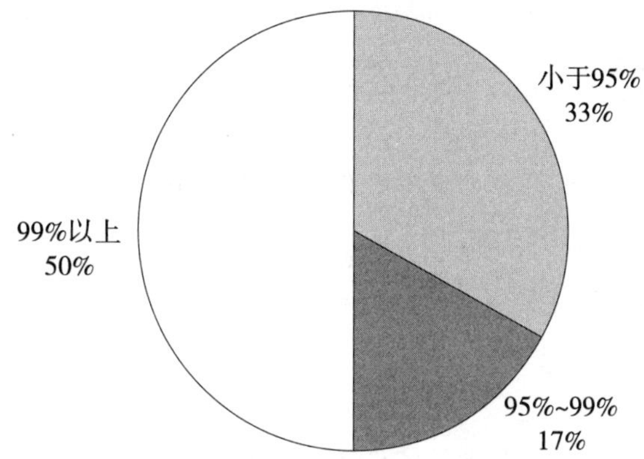

图 4-7　整车物流运输设备装载率样本分布情况

第三节　整车物流业务质量情况

一、订单准时率

整车物流业务订单准时率平均为 95%。其中，约有 15% 的整车物流企业其订单准时率在 99% 以上；约有 46% 的样本企业其订单准时率在 95% ~99%；约有 39% 的整车物流企业其订单准时率小于 95%，如图 4-8 所示。

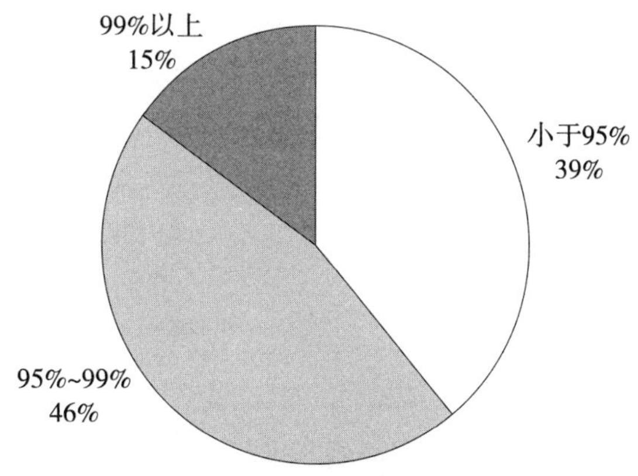

图 4-8　整车物流订单准时率样本分布情况

二、运输货损率与运输货差率

整车物流业务运输货损率平均为0.5%。其中，约有71%的样本企业其运输货损率小于0.1%；约有14%的企业其运输货损率高于0.5%。绝大部分的样本企业其运输货差率为0，平均小于0.01%。

三、仓储货损率与仓储货差率

仓储方面，绝大部分的样本企业其仓储货损率都小于0.01%，仓储货差率为0。

四、安全事故次数

2016年整车物流业务运输安全事故次数方面，约有50%的样本企业其运输安全事故次数为0；约有25%的企业其运输安全事故次数为1~5次；约有25%的企业其运输安全事故次数为5次以上，如图4-9所示。

2016年整车物流业务仓库安全事故次数方面，约有75%的样本企业其仓储安全事故次数为0；约有12%的企业其仓储安全事故次数为1次；约有13%的企业其仓储安全事故次数为1~5次；没有仓储安全事故超过5次的企业，如图4-10所示。

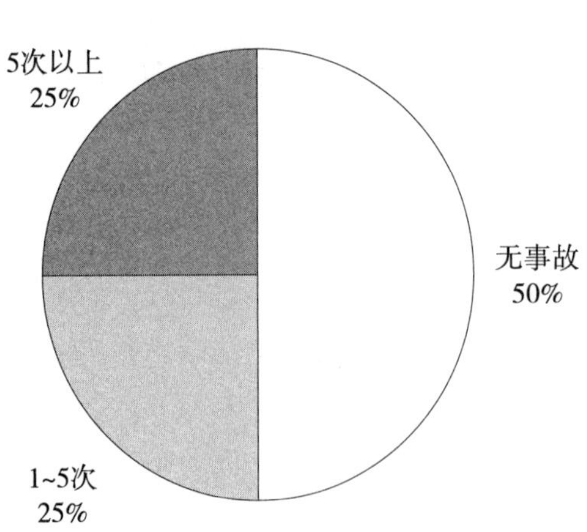

图4-9　2016年整车物流运输安全事故次数样本分布情况

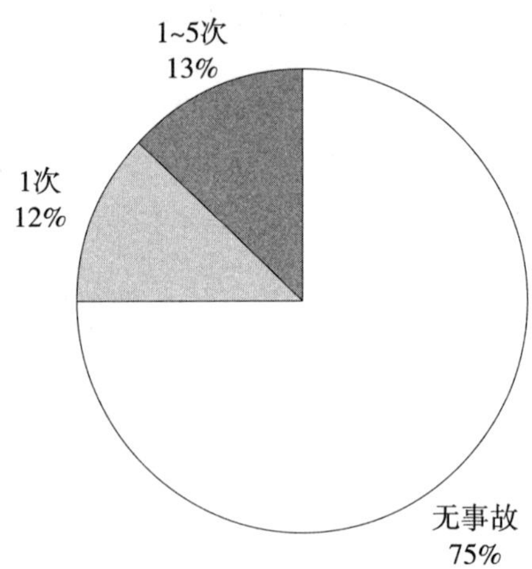

图4-10　2016年整车物流仓储安全事故次数样本分布情况

第五章　我国汽车售后备件物流统计调查分析

第一节　售后备件物流业务规模及成本情况

一、售后备件物流业务规模情况

（一）运输业务情况

在售后备件物流业务中，公路运输比例占运输总量的83%。其中，有65%以上的样本企业采用公路运输方式比例超过90%。售后备件物流的铁路运输比例仍较低，比例占运输总量的4%；在水路运输方面，售后备件物流水路运输比例占运输总量的1%左右；在航空运输方面，售后备件物流航空运输比例占运输总量的10%左右，如图5－1所示。

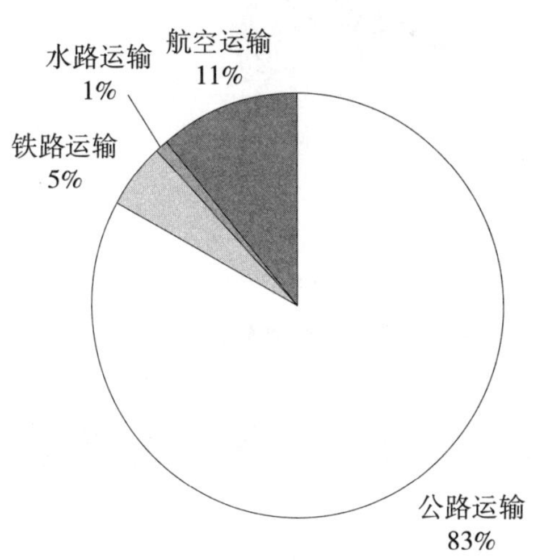

图5－1　售后备件物流运输业务占比情况

其中，汽车物流企业售后备件物流运输业务中自营占34%，外包占66%。

（二）仓储业务情况

根据调查结果显示，汽车物流企业售后备件自有仓储面积占42%，租用仓储面积占58%。

自有仓储方面，约有50%的企业，其自有仓储面积比重小于30%；约有21%的企业，其自有仓储面积比重为30%～80%；约有29%的企业，其自有仓储面积比重大于80%。

租用仓储方面，约有43%的企业，其租用仓储面积比重小于60%；约有21%的企业，其租用仓储面积比重为60%～80%；约有36%的企业，其租用仓储面积比重大于80%。

二、售后备件物流业务成本情况

根据样本数据分析，售后备件物流业务成本占比情况如图5－2所示，运输成本占总成本的52%，仓储成本占总成本的26%，包装成本、物流管理成本分别占总成本的6%，配送成本占总成本的5%，装卸搬运成本、信息及相关服务成本分别占总成本的1%，保险成本等其他成本占总成本的3%。

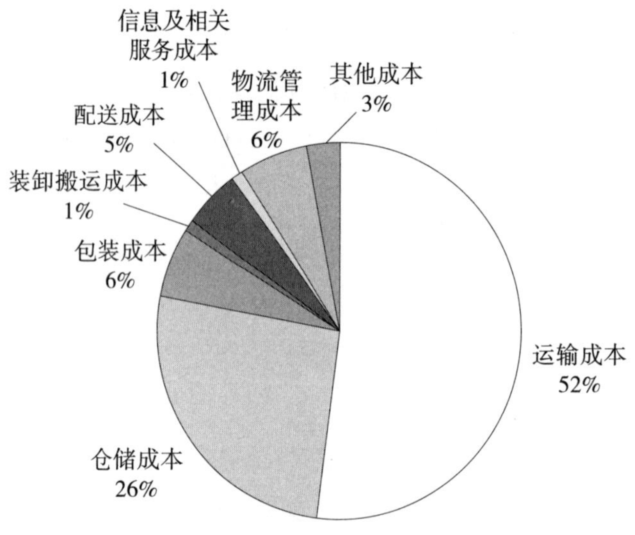

图5－2　售后备件物流业务成本占比情况

第二节　售后备件物流业务效率情况

一、调度及时率

售后备件物流业务调度及时率平均为99.6%。其中，所有样本企业的售后备件物流调度及时率均在 95% 以上，约有 83% 的企业其调度及时率在 99% 以上，如图 5 - 3 所示。

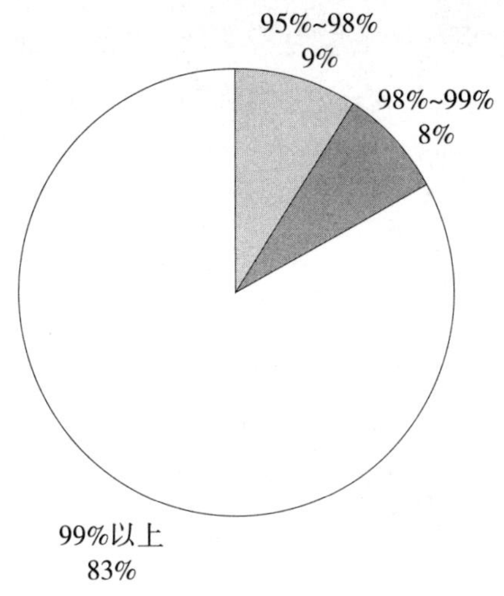

图 5 - 3 售后备件物流调度及时率样本分布情况

二、订单及时率

售后备件物流业务订单及时率平均为 98.7%。其中，约有 60% 的样本企业其订单及时率在 99% 以上；约有 7% 的企业其订单及时率在 98% ~99%；约有 27% 的企业其订单及时率在 95% ~98%；约有 6% 的企业其订单及时率小于 95%，如图 5 - 4 所示。

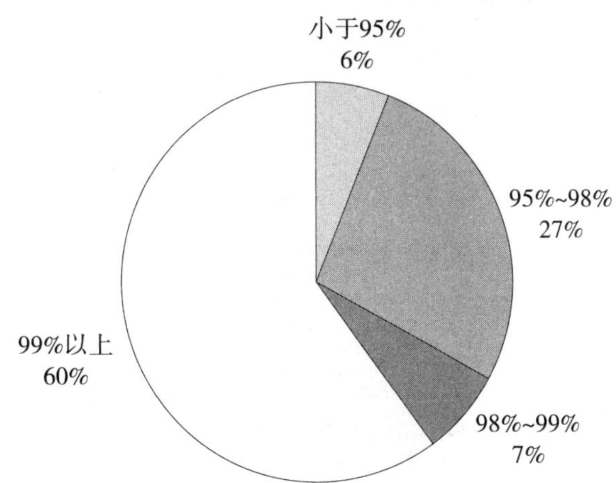

图 5 - 4 售后备件物流企业订单及时率情况

三、仓容利用率

售后备件物流业务仓容利用率平均为 82%。其中，约有 73% 的样本企业其仓容利用率小于 95%；约有 18% 的企业其仓容利用率在 99% 以上；约有 9% 的售后备件物流企业其仓容利用率在 95% ~99%。

四、运输设备装载率

售后备件物流业务运输设备装载率平均为 85%。其中，约有 10% 的样本企业其运输设备装载率在 98% 以上；约有 10% 的企业其运输设备装载率在 95% ~98%；约有 80% 的企业其运输设备装载率小于 95%。

第三节　售后备件物流业务质量情况

一、订单准时率

售后备件物流业务订单准时率平均为 98%。其中，约有 38% 的样本企业其订单准时率在 99% 以上；约有 56% 的企业其订单准时率在 95% ~99%；约有 6% 的企业其订单准时率在 95% 以下，如图 5 –5 所示。

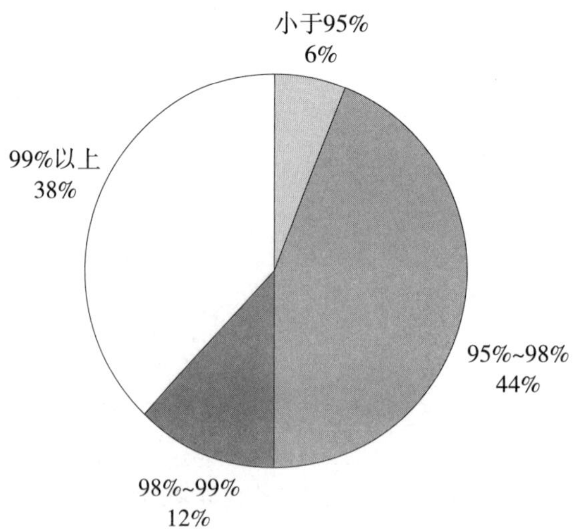

图 5 –5　售后备件物流订单准时率样本分布情况

二、运输货损率与运输货差率

售后备件物流业务运输货损率平均为0.16%。其中，约有85%的样本企业其运输货损率小于0.1%。调查的样本售后备件物流企业其运输货差率均小于0.2%，平均值为0.02%。

三、仓储货损率与仓储货差率

售后备件物流业务仓储货差率平均为0.2%。其中，约有79%的样本企业其仓储货差率小于0.1%；约有14%的售后备件物流企业其仓储货差率在0.1%～0.5%；约有7%的售后备件物流企业其仓储货差率高于0.5%，如图5－6所示。调查的样本售后备件物流企业其仓储货差率平均值为0.02%。

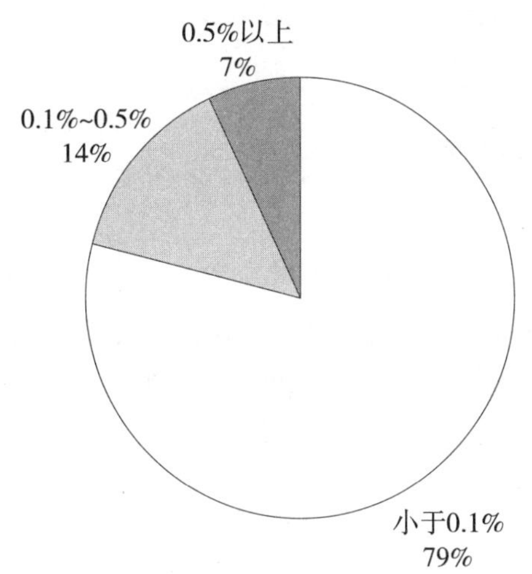

图5－6　售后备件物流仓储货差率样本分布情况

四、包装破损率

售后备件物流业务包装破损率平均为0.8%。其中，约有77%的样本企业其包装破损率小于0.1%；约有15%的售后备件物流企业其包装破损率在0.1%～0.5%；约有8%的售后备件物流企业其包装破损率在0.5%以上，如图5－7所示。

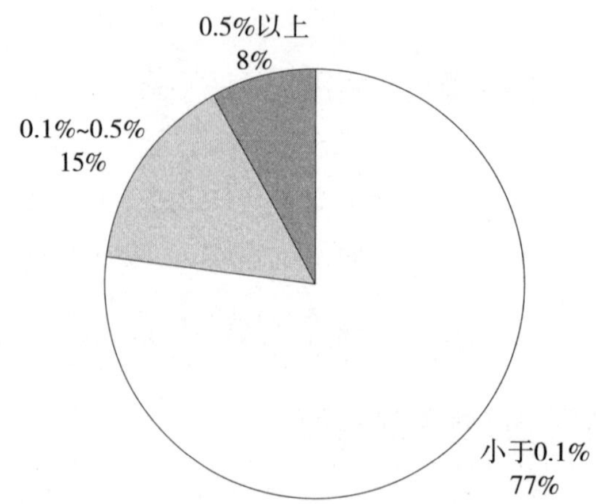

图 5－7　售后备件物流包装破损率样本分布情况

五、仓储库位摆放准确率

售后备件物流业务仓储库位摆放准确率平均为 93%。其中，约有 87.5% 的样本企业其仓储库位摆放准确率在 99% 以上。

六、先进先出执行率

售后备件物流业务先进先出执行率平均为 98%。其中，约有 80% 的样本企业其先进先出执行率在 99% 以上；约有 13% 的企业其先进先出执行率在 95% ～99%；约有 7% 的企业其先进先出执行率小于 95%，如图 5－8 所示。

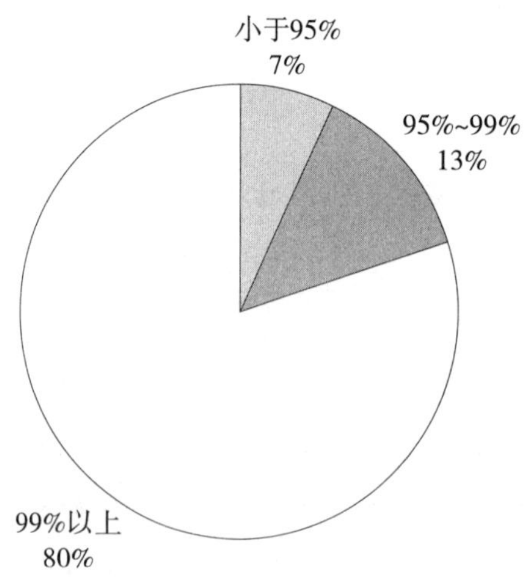

图 5－8　售后备件物流先进先出执行率样本分布情况

七、账实符合率

售后备件物流业务账实符合率平均为99.6%，样本企业的账实符合率在99%以上。

八、流通加工完好率

售后备件物流业务流通加工完好率平均为91%。其中，约有73%的样本企业其流通加工完好率在99%以上；分别有9%的企业其流通加工完好率在98%~99%、95%~98%、小于95%这3个区间内，如图5-9所示。

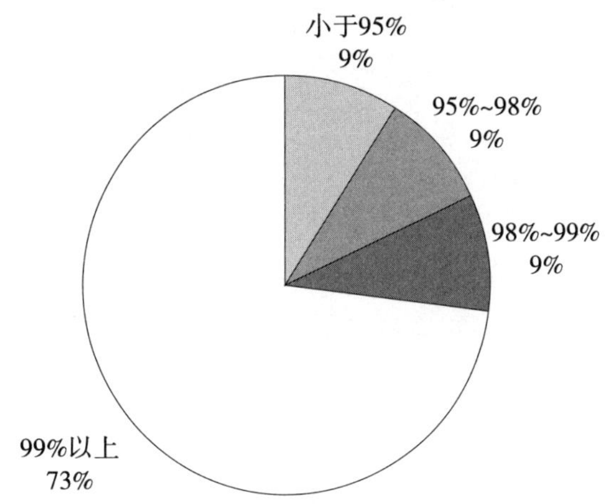

图5-9 售后备件物流流通加工完好率样本分布情况

专题报告篇

第六章　我国汽车整车物流公路运输发展情况

2016年，对于汽车整车物流行业来说是不平凡的一年，充满了挑战。2016年8月18日，交通部、公安部、工信部等五部委下发了《关于开展车辆运输车治理工作的通知》，9月21日起全面启动了车辆运输车治理工作，并完成了“双排车”变“单排车”的第一阶段治理工作。2017年4月，交通部、公安部、工信部又联合下发了《做好车辆运输车第二阶段治理工作的通知》，细化了退出时间节点，强化了执法检查内容，对第二阶段“单排车”变标准车采取了一系列的政策措施。治超工作开展一年以来，全国整车物流企业积极应对，全面配合国家政策要求，制订解决方案，对推动汽车整车物流行业发展做出了卓越的贡献。本章节，全国重点整车物流企业从各自企业经营实际出发，结合行业发展现状特点，对我国整车物流行业现状及发展趋势做了详细的分析，为整车物流行业发展提供了发展思路及方向。

第一节　安吉物流汽车整车物流发展情况

一、积极应对全国车辆运输车治理工作

2016年，根据国家有关部门发布的《车辆运输车治理工作方案》，自9月21日起，全面禁止双排车通行，暂时允许上下单排装载、尾部未伸出货厢的单排车过渡运行。该政策对于传统“以空间换取利润”的整车物流行业影响深远。如何在新政下实现运能的平稳过渡成为了各整车物流企业所面临的巨大难题。

根据年初数据统计，安吉物流单排运力占比约为50%，在不改变公铁水运输结构比例、双排禁行的背景下，公路运能缺口超过120万辆，客户供应链保障面临严峻挑战。

2016年上半年，安吉物流整车事业部成立交通整治好联合工作小组，通过对现有公路运输公司运力进行排查、水铁富余运力的可行性研究、成本变化测算、完成各业

内品牌客户方案，与客户保持积极沟通，告知整治工作对现有物流服务可能带来的各类影响。并提前在8—9月完成铁水新线路试运作，全年铁、水运能分别提升190%、60%，消化公路运能缺口约100万辆。此外，还制订了运力补充计划，核心供方全年新增单排驳运车超过400辆。由于新规实施，又恰逢国家小排量汽车销售政策到期的影响，从9月中旬开始，各主机厂同时增量，客户订单以12月高峰预测的节奏下达。整车物流出现东北运力富余，华中运力紧缺，主力供方碰到罢工事件，水路班期因台风延误，铁路因线路拥挤造成线路停装或限装以及车皮资源紧张等，原有及模拟方案中的运作网络布局被打乱，运作困难多点同时爆发，运能急速消耗，大部分区域告急。面对多重压力，整车事业部及各分区立即进入“奋战百天保障上汽产销”状态，成立921整治运作联合指挥部，整车事业部及下属各分区确保24小时运作，现场及时解决问题。一天两会，早会关注措施落实结果及问题，晚会汇报问题解决措施。为保证客户订单发运，在水路班期紧张、铁路方向受限的情况下，运输方式频繁紧急切换，力求充分利用水铁运能，释放公路运能，以应对客户紧急需求。11月初，客户剩余订单恢复至921公路整治前水平，10—12月整车整体产能提升20%（较1—9月均量），客户供应链安全得到有效保障。

二、努力推动公铁水多式联运发展

在国家公路整治背景下，多式联运在整车物流中扮演的角色将越发重要。通过干线铁水长距离规模化运输、支线标准驳运车“Milk－run”（牛奶取货）敏捷化配送，可充分发挥各运输资源优势，打造顺应时代发展需求的“绿色”物流体系。

安吉物流已提前预判到此轮治限的到来。在“十二五”期间已开始主动求变，在全国布局十几个物流枢纽，为干线使用铁水运输方式做铺垫；于2015年起在全国建设Cross－Dock，通过网点下沉，逐步加强“最后一公里”服务网络覆盖，并实现从B2B向电商、社会车辆等B2C业务的发展。

此外，安吉物流已经在全国完成“T”字形走廊的水运网络布局，通过合资合作的形式把水路网络覆盖至全国主要滚装水运码头。从“十二五”开始，安吉物流便一直践行“大力发展水路”的战略举措，推进海通、武汉、大连等共计7个码头枢纽建设，并自行建造6艘江轮、7艘海轮，2016年更是有2艘江轮、2艘海轮下水，安吉物流还一直注重与航运企业的合作，双方通过共享舱位和航线的方式提高船舶利用率。多管齐下，2016年水路年运能超过100万辆。

2016年，安吉物流还与中铁特货开展数次研讨会，在原有的15个铁路站台基础上新增13个，丰富铁路运输网络来提升铁路运输比例，铁路运输线路从20条增加到80

条，铁路运能提升190%。

随着干支线骨架逐渐壮实、铁水路网络日益完善，是年安吉物流整车事业部制订了多项联运方案，包含沈阳—大连—上海—江浙沪公铁水联运、武汉江海联运等。根据方案设计切换部分线路运作模式，为客户降本约4000万元/年，获得客户广泛好评。

三、不断创新业务模式、物流技术、管理方式

为应对瞬息万变的行业市场，安吉物流致力于“内功修炼”，通过干支线模式推广、社会车辆及B2C业务探索、中置轴及智能立体库研发、运营服务中心构建等创新手段，力争站在行业趋势的前沿，充分抵御外部风险。

（一）构建面向C端的服务能力

为达成公司整车板块“十三五”规划目标，确保安吉物流在新车及社会车辆市场上处于行业领先地位。以下沉物流服务网络、构建二三级枢纽、推广干支线管理模式、形成城市配送能力为实施路径，以全国范围内基本可实现从枢纽到最终客户300千米“一日达”、西北地区可实现从枢纽到最终用户600千米“次日达”为目标，整车事业部开展了干支线模式推广工作。计划于3年内在全国新增约20个物流枢纽。2016年3月18日第一个Cross - Dock在郑州启动运作，每日收发量约为120辆/天，90%的商品车实现当天进库当天出库，支线形成定班化运作，并实现“时刻表”运作模式。对于前端多库拼装及零散订单和超期订单，OTD改善效果显著，延误3天及以上订单由4%下降至0.5%；经销商到店所赔率商品车到店索赔率下降86%。

截至12月底，福清、济南、兰州、北京、昆明、重庆、南沙CDC相继启用，共计形成8个区域物流平台，构成120条干线和127条支线的社会车辆骨干网络，在127个城市实现了“一日达”配送服务。

此外，为向经销商提供一体化物流相关服务，并以整合统筹考虑零部件等业务为目标，安吉物流计划成立社会化网络项目组，旨在加强全国网络布局建设。项目计划未来覆盖城市约160个，建设网点约190个。

（二）探索社会车辆、B2C业务

在合同物流日趋饱和的形势下，整车事业部为提高企业核心竞争力，挖掘市场潜力，拓展业务领域，积极推动新业务模式开展。结合“互联网+物流”的创新思维，以提升客户体验为最终目标，提前抢占C端市场。

目标客户群体主要包括新车经销商、二手车商、租赁公司车、个人用户等。相比

主机厂订单，此类客户订单具备随机性高（不定时）、线路分布广、网点下沉深等特点，且客户对物流时效性要求较高、对价格因素较为敏感。

针对客户的上述特性，2015 年起安吉物流推出了移动端 App“车好运”，正式进入 B2C 市场，为社会私人用户提供定制化汽车物流服务，满足不同客户的个性化需求。2016 年内，“车好运”产品陆续推出更多元化的移动端 App 服务，给予不同场景下的用户更为丰富的汽车物流定制化体验。更新迭代面向用户的“车好运”App，可实现一键下单、在线支付、运输跟踪等操作，便捷又安心；面向司机的“车好运—司机端”App，实现车辆交接无纸化，并为司机提供了贴心的天气信息、地图信息等人性化服务；面向企业内部的“车好运—管理端”App，可以让“车好运”的工作团队得以及时了解用户和司机的满意度等信息，不断优化和提升服务质量。在打造线上“利器”的同时，安吉物流也“编织”着庞大而精细的线下运输网络，依托现有物流枢纽及运输资源，开设近 10000 条城市配送线路，覆盖全国范围，可下沉至六线城市。

此外，伴随上汽集团“智慧互联　车有好运”文化巡展的步伐，“车好运”线下推广活动从集团内企业出发，将互联网汽车物流从线上服务延伸到线下，使用户深刻感受到互联网汽车物流的便捷。为有规律地对产品及服务加以推广传播，“车好运”增设官方微博、官方微信、微信官方订阅号“遇见车好运”三个信息平台，共收获粉丝过万。通过推广，使“车好运”的用户口碑得以塑造，粉丝互动营销产生效果，品牌形象完善提升。

截至 12 月底，“车好运”App 注册用户超 11000 个，订单完成量超 16 万单，整体满意度达到 98%。此外，在与原有大客户一嗨、车置宝、GMAC 完成合同续签后，新增签署“车享”“易车—易销通”“要买车”运输服务协议。

（三）研发物流技术

（1）中置轴轿运车

随着 9 月 21 日公路治超在全国范围的全面实施，超限半挂车无法开展运输作业，中置轴轿运车的装载量较标准半挂车更高，是超限半挂车的替代车型。鉴于国内市场上没有可以直接应用的适用车型，为防御公路限行风险，研发低成本、质量可靠的中置轴轿运车成为公司的迫切需求。中置轴轿运车的开发以低 TCO 为导向，研发装载数量多、轻量化设计、装车效率高、维护费用低的车型。整车事业部联合上依红和海鹏，确定上依红底盘和各改装厂技术方案，完成中置轴底盘和中置轴挂车的产品开发和样车制造，完成试车场 7000 千米可靠性试验，并进行产品公告申报，参加中置轴轿运车各项国家标准 GB 1589、GB/T 26774 的制定与宣贯，积极参与工信部、交通部各种技术咨询与研讨，推动标准向有利于物流企业的角度发展。在北京车展上，安吉物流联合知识产权的短轴距中置轴轿运车广受好评。

除传统中置轴轿运车研发外，安吉物流还进一步着手整零协同中置轴轿运车研发。通过将中置轴轿运车和中置轴货车两种车型部分载货车身重新组合，开发能同时满足整车和零部件运输需求的中置轴运输车，实现整零协同，满足终端配送个性化需求，降低总体配送成本。

（2）智能立体仓库

为提高土地利用率，解决库容缺口，减少临时外借库的租用，降低短驳费用，降低质损率，整车事业部致力于商品车智能立体仓库的研发。组建安吉物流商品车自动化立体库项目小组，完成立体库选型、供应商评估等工作，最后确定在安亭总库建设安吉物流第一个全自动立体化仓库。截至2016年年底，项目已完成相关分析及可行性研究报告。

（3）智能钥匙柜

为替代传统人工管理模式，提升库内商品车钥匙管理的效率、安全性、准确性，安吉物流于2016年起着手智能钥匙柜研发。在引进智能钥匙柜硬件设备的基础上，开发钥匙管理App，包含计划创建、钥匙移交等共计7个功能模块，可实现钥匙自动存取、快速对账等功能，使钥匙管理由人工化转向半自动化，并将钥匙房作业人员压缩至1人，从而大幅降低人力成本。

（四）打造全过程透明化管理平台

随着安吉物流的全国化布局，整车物流网络覆盖范围逐年扩大，离线管理要求越来越高。而现有整车物流过程监控困难，部分关键节点信息滞后或缺失，造成对供应商质量管控较弱，客户投诉较多。基于此，2016年整车成立了全过程透明化项目，打造安吉物流的P2M工作模式，进一步加强实物流和信息流的同步，实现运作管理的实时跟踪、监控和异常处理，提升精益管理能力。2016年实现以下成果：

（1）梳理出共计200多个作业节点，并制定各节点信息采集技术手段及数据接入方式。

（2）设计新模式下的业务流程方案。通过结合RIFD、运输App等新型信息采集技术、社会车辆等新型业务，将整车未来的仓储、运输作业划分为30多个独立的模块。各模块相互串联后可形成针对不同业态、不同品牌的整车作业流程，形成个性化的方案配置。

（3）创新信息系统功能。根据P2M工作理念，在仓库运作环境下，新增手机App功能，为传统运作监管难题提供了解决方案，包括手机端短驳监控、现场调度等。在项目落地过程中，通过项目组成员与现场工作人员的不断沟通和解释，使得先期上线的几个模块得到圆满成功。手机端短驳 App 已经在落地仓库 100% 应用，可以做到对仓库短驳速度的实时监控，解决了客户十多年来对短驳质量的抱怨和投诉，同时，在客户的认可下，短驳 App 还从下线短驳进一步推广至水铁短驳和库内短驳。

（4）进一步推广 RFID 自动扫描。在沈阳、烟台、上海、武汉 VDC 成功完成 RFID 自动扫描项目上线，通过在仓库重要作业节点（如商品车出入库、PDI 等）配备 RFID 自动扫描设备，结合仓储管理系统实现商品车无人值守不停车自动扫描，从而提升作业效率、增强对商品车管控力度。

（5）开发全过程可视化界面，构建面向不同层次用户的应用功能。

（五）构建运营服务中心

2015 年整车事业部以某客户为试点建立运营服务中心，打造“管家式贴身服务”模式。在赢得客户认可，经销商满意度较同期提升 3 个百分点的背景下，2016 年年初业内、业外、社会车辆运营服务中心相继搭建完成，通过“6 + 1”标准化配置，将计划监控、运输控制、特殊订单协调、KPI 分析、仓储运作、质量改进等功能聚合，调整工作方式，减少重复劳动，提升效率。模式的变革带来了服务质量的飞跃。2016 年安吉物流获得了诸多客户颁发的优秀供应商奖。

（安吉汽车物流股份有限公司）

第二节　长久物流汽车整车物流发展情况

“全行业违规”“超限超载”一直是汽车整车物流行业的顽疾，“双排车”为汽车整车物流运输的重要工具，车辆违规运输导致车辆安全性差、违规运输罚款成本高、带路费情况普遍、运输价格过低等一系列问题，严重影响并制约了汽车整车物流行业的发展。

2016 年是行业转折的一年，《车辆运输车治理工作方案》与以往治超不同的是，此次车辆运输车治理突出特点是“多部门协调、分阶段治理”，文件由交通、公安、工信、发改、质检五部门联合印发，通过“双排”变“单排”，“单排”变“合规”的路径，利用 1 年 9 个月的时间逐步淘汰不合规的车辆。自 2016 年 9 月 21 治超以来，一定程度上杜绝了“双排车”上路运行，汽车整车物流行业的“顽疾”慢慢改善，虽然在治理过程中，仍存在不按过渡期执法、带路人员威胁、交带路费上路等个别现象，但整车物流运输环境得以改善，整车物流发展趋势良好。

2017 年是治超的关键之年，4 月 25 日交通运输部办公厅公安部办公厅工业和信息化部办公厅《关于做好车辆运输车第二阶段治理工作的通知》（交办运函〔2017〕546 号），在现有 20%、60% 退出计划的基础上，细化制定 2017 年 9 月 30 日前完成 40%、2018 年 3 月 31 日前完成 80% 的不合规车辆运输挂车的计划。即 2017 年 6 月 30 日、9 月 30 日、2017 年年底和 2018 年 3 月 30 日、6 月 30 日分段按照 20%、40%、60%、80%、100% 的比例淘汰在用不合规车辆运输车。全行业经过逐步的治理，2017 年整车物流行业发生了巨大的改变，主要情况如下。

一、整车物流市场主要情况

（一）整车物流市场运输价格情况

2016 年 921 治理工作开展后，整车物流的整体运能下降了近 40%，同时又处于整车物流行业的传统旺季，市场普遍出现运力短缺的情况。一方面，企业通过调整运输结构增加铁、水的占比，以及调整运输网络来增加运输效率；另一方面，通过价格杠杆刺激运输效率，使单车月运输里程有所提高。从全产业链来看，价格杠杆的初期成本压力主要由各承运商和长久物流这样的运输公司承担，不同线路不同品牌相比于治超前上浮 30% ~80% 不等，市场价格整体趋向于高竞争价格，部分线路出现合作价格扭曲。

2017 年上半年，受运力市场供给关系的调配，整车物流市场运输价格回落，恢复到合理水平。2017 年下半年，随着各淘汰节点治理工作的展开，汽车整车运输工具的淘汰和新工具的使用，使得市场竞争更加激烈，市场价格更加的混乱。初步判断，7—9 月期间，由于供给方运力过剩，运输资源相对较少，运输价格不会如第一阶段淘汰 20% 的比例进行大规模的价格调整，而是将价格上升的压力全部传送至 10—12 月的 40% 的淘汰阶段。

（二）车辆运输车情况

目前，各整车物流企业已经按照第二阶段治理工作的安排，上报了不合规车辆运输车信息及退出计划。据统计，当前录入不合规车辆申报系统的业户为 1649 户，其中，企业约 1200 户、个体约 400 户，录入系统 3.2 万台，预计未录入系统的车辆约为 1.3 万台，全行业车辆运输车总规模预计达 4.5 万台以上。其中，不合规车辆占比约 95%，合规车辆占比约 5%，不合规的“双排车”已经全部过渡到“单排车”。

新国标中增加的中置轴这一新车型，已经得到了市场的反响。具有较大市场风险承担能力的企业如安吉物流、长久物流等，快速响应市场和法规的需求，有序开展中置轴车辆试点工作。预计2017年下半年中置轴车辆实现规模化经营，有效地进行补充运力缺口。

（三）承运商情况

2016年9月21日治超工作开展后，承运商市场竞争加剧，市场变动明显。2017年按照不合规车辆淘汰节点的需求，承运商的生产经营活动将出现投资金额大、现金流增大、管理车辆及司机增多、对上游服务商的依赖程度增强等情况，承运商的经营管理能力、抗风险能力、现金流管理能力、投资管理能力等因素将极大影响承运商的市场份额和生存能力，不能满足市场需求的承运商将可能被兼并整合。2017年承运商的生产经营将明显出现以下特点。

1. 车辆管控能力强的承运商将获竞争优势

车辆管控能力强的承运商将在淘汰竞争中获得竞争优势，管控能力差、不能按期进行车辆更新淘汰的将出现运力缺口。目前整车物流行业的车辆管理模式主要有：工资制管理模式、“大包”制管理模式、挂靠制管理模式。工资制的车辆管理模式，车辆所属完全归承运商自有，车辆淘汰更新过程中责权分配便于协调管控，承运商企业投资发展意愿强烈；“大包”制的车辆管理模式，车辆所属归司机个人所有，司机个人进行车辆淘汰的主观能动性不强，承运商企业投资发展意愿相对保守；挂靠制的车辆管理模式，合同契约管控能力差，挂靠单位的车辆淘汰的积极性不高，大部分保持观望态势。车辆管控能力强的承运商在车辆淘汰治理过程中，管控能力强、灵活性高、具有风险承担能力，将能够在竞争中获得竞争优势。

2. 提前布局的承运商将获竞争优势

据调研数据显示，目前取得相关公告的挂车厂新挂年产能约为3万台，旧挂改造年产能约为1万台。9月30日40%不合规车辆的需要进行淘汰，淘汰占比高、淘汰数量多，需求的合规挂车新车数量约为1.3万台，需改造单排车的数量约为1.6万台。如果集中订单、集中排产，短期内挂车厂产能将不能快速地响应市场需求。对于已经按淘汰节点与挂车厂落实订单、制订好详细上车计划的企业，将在后续竞争中拥有先机，而等待观望的承运商短期内无法及时完成合规挂车更替，造成运力缺口，进而影响其市场份额。

2017年承运商需要及时响应市场需求，合理利用金融杠杆，增大投资占比，提高车辆管控能力，有序推进不合规车辆淘汰工作。

（四）司机情况

车辆运输车治理工作开展后，“双排”变“单排”的车辆运输车数量约增加30%，“单排”变合规车的车辆运输车数量约增加85%。车辆运输车数量增加的同时，对应的是从业司机的需求增加。但受车辆运输车的车身长、载重大、货值高、专业性强等特点影响，车辆运输车始终处于“高危”行业，必须拥有高驾龄和必要的培训才能上岗。在成本透明化下的低整车运输利润空间，已然不是从业司机尤其是年轻司机的首选。从业司机的转化，仍需要一定的过程。从业司机将成为限制企业运力发展的瓶颈之一。

（五）新车型选购情况

为避免车辆集中退出造成运能紧张，各运输企业已经提前制订上车计划，运输车的选型主要出现以下特点。

（1）根据2017年7月中国汽车工业协会汽车行业信息发布会进行中：2017年1—6月乘用车产销1148万辆和1125万辆，同比增长3.2%和1.6%，市场增长态势疲软。2017年6月30日进行的20%淘汰节点，运力市场相对富余，市场新增运力的需求较小，运力淘汰更新主要为将不合规单排车改造为合规的6位车。

（2）投资小、管理成熟的车型受物流企业欢迎。从投资成本角度看，旧车旧挂投资约3万元、旧车新挂约9万元、新车新挂（6位）约30万元、新车新挂（长头轿车7位）约32万元，旧车旧挂、旧车新挂是大部分承运商改造运力的首选。新增运力情况，2017年新上合规车预计6位车占比将达70%、中置轴车辆占比达20%、长头轿运车（7位车）占比达10%，其实中置轴车辆在下半年呈现逐月增多的趋势，反映承运商对新事物的试探接受心理。

（3）装载台数多的车辆将是未来市场运输车辆的主力。中置轴车辆具有安全性能高、装载量多的特点，能够有效提升运输效率。目前多家专用车厂已经研发了中置轴车辆运输车，并陆续完成相关公告。其中长久专用车有限公司成立于2010年，是长久集团的全资子公司，2015年1月获得德国大众授权的改装资质，成为中国大陆地区Caravelle（卡拉维拉）系列汽车改装的唯一授权商。现有滁州、吉林、燕郊三大生产基地，中置轴半挂车年产能15000台，能够给整车物流企业提供中置轴车辆的生产保障。

二、推动整车物流市场发展的主要措施

GB 1589的实施势必对整个行业带来巨大的变化，公路运力回归合规化的同时公路

成本将大幅增加，多式联运模式的应用将逐渐加大。在多式联运的推动下，前置库、中转库的使用会越来越广泛，公路运力将被大量应用在前后端的集港集站、末端配送，干线运输将逐渐被铁路、水运所替代。

（一）做好市场预测

我国汽车销量逐年增加，2016年，我国汽车产销量超过2800万辆，增长率均超过13%，其中，乘用车产销首次超过2400万辆，增幅比上年明显提升，而2017年汽车市场将因政策和大环境影响，预计涨幅放缓至7%，预测达到3000万台，对整车物流挑战与机遇并存。

（二）推动多式联运发展

随着GB 1589标准的持续推进，公路运力统一规范，公路运力储量下降，而装载量的下降、车辆整改和新车入市，导致运输成本直接呈现上涨的趋势，公路运力短缺推动了铁路与水路的发展，干线运输转向铁路和水路（如图6－1所示）。

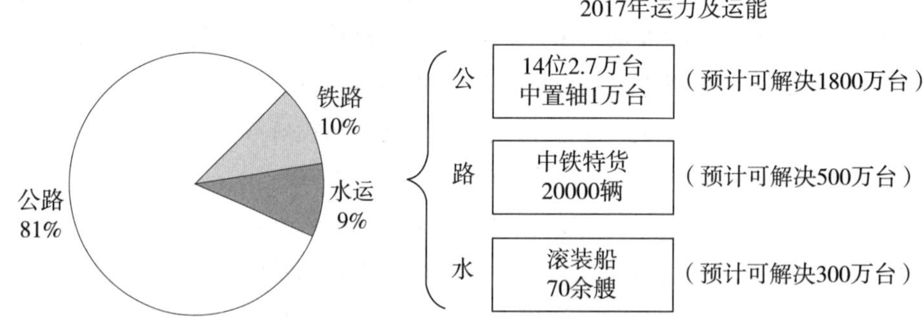

图6－1　公、铁、水运输占比情况

在运输方式上，汽车整车多种运输方式并存，近十年，以公路运输为主，水路运输分为航运和海运，采用滚装运输，少量采用集装运输方式，铁路运输一直以来受运输装备和铁路整体运力的制约，未有大幅度提升。其中公路仍然承运着绝对比例的运输任务，市场占比约80%。按照目前公铁水比例预估2017年发运情，仅能完成约2600万台，难以支撑3000万台的发运任务，必须拓展水铁运能。

2014年6月，国务院就已将多式联运作为物流行业的重点工程，整车物流的多式联运相关港口、货站也都受到国家扶持；“一带一路”成为国家重点经济政策，推动了进出口车商品车的发展，相应的整车物流也需要通过多式联运完成相关的物流支持。

综上，大环境决定着汽车物流多式联运势在必行，对于物流企业和汽车厂商来说是新挑战、新机遇。

长久物流作为第一家 A 股汽车物流公司，是中国最大的第三方汽车物流民营企业，大力发展水运多年，目前有大连、上海、广州、天津、京唐港等 14 个主要操作港口，主要运营线路有大连—上海、广州—上海、天津—上海等 14 条线路，广州—天津的集装箱线路正在运作中，水运路线全国主要区域全覆盖，重点区域全辐射。铁路运输方面，长久和中铁合作，在芜湖、长春、沈阳、西安、北京等多个站点进行业务操作并发展集装箱试运行。通过铁路运输，极大地缓解了公路运力短缺带来的压力。

（三）前置仓、中转库的建设

传统整车物流模式是按照“销售需求—订单下达—物流发运—产品销售”的模式进行的，这种模式最大的缺点就是对于订单不能及时响应，周期较长，也客观上导致了金融成本的增加。前置仓模式的“销售预测—物流发运—长久仓储—订单下达—物流分拨—产品销售”。通过前置仓体系为主机厂降低联运风险，提升订单响应速度。

根据销量预测，将销量的大部分与水路、铁路运力相结合，在满足发运条件和各地刚性销量需求部分后，发往各前置仓，而干线公路运输则作为柔性补充进行发运。各前置仓根据运输网络覆盖辖区内各经销商订单情况优先发运本地库存整车，遇特殊情况，可采用主机厂直发、各前置仓调拨等方式进行应对。

采用前置仓运输模式不仅可以提升订单响应速度，同时由于水铁发运周期相对固定，降低了调度难度；在物流成本方面，受到超限超载的影响，公路运输价格一直处于不符合市场规律，处于低价竞争的状态，未来公路运输价格回归，水路、铁路运输的价格优势将会更加明显。另外，在节能减排方面，水路和铁路的碳排放量对比全公路运输也大幅降低。

（四）加强信息化建设

多种运输方式信息孤立，形成信息孤岛，无法做到集中调度指挥。近年来，我国铁路运输的集中协调管理与基础设施一体化，使得其在运营与服务层面上信息化较为容易实现，但公路与水运运输由于运营和基础设施的分离和分散，信息化建设与使用难以取得成效。并且公、铁、水各种运输方信息管理系统封闭运行，信息资源难以共享，也成为制约多式联运发展的一项因素。多式联运要提升物流运输效率，需要打破信息孤岛，公路运输、铁路部门与船运公司之间要建立信息协调机制，科学安排组织架构和分工，建立全程“一次委托”、运单“一单到底”、结算“一次收取”的多式联运模式。

全网信息化和数据共享，可减少手工录入信息带来的差错，物流资源统一调配，进行路线及运力优化，让订单需求与物流资源实现最佳匹配，同时公司在订单管理、运力统筹、资源调配、作业监控、质量控制、售后服务、财务管理、风险控制、供应商及客户数据库管理等各个环节实现数据化、精细化管理，真正做到了全员实时化操作、作业全程可视化监控、可追溯化管理、闭环式反馈优化。

总而言之，新政实施对行业的影响虽然较大，但机遇和挑战并存，我们要抓住此次机遇，整合整车物流市场，发展多式联运及前置仓等基础建设，并加强自身管理使得整个行业朝着健康的方向发展。

（北京长久物流股份有限公司　张芳）

第三节　长安民生物流汽车整车物流发展情况

一、我国整车物流市场发展现状

（一）整车物流市场规模不断扩大

伴随整车市场的发展，汽车物流市场规模不断攀升，产业业态不断扩容并向汽车后市场延伸，我国整车物流正大步向万亿元时代迈进，市场规模空前。据相关部门预测 2017 年的汽车物流市场规模将达到 8000 亿元以上（如图 6－2 所示）。

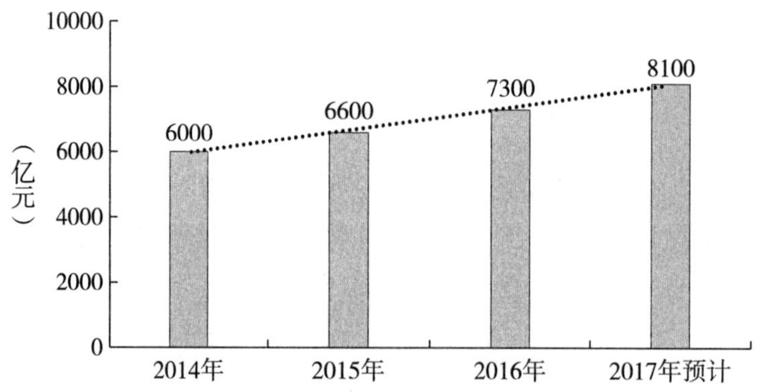

图 6－2　我国汽车物流市场规模

资料来源：公开资料整理所得。

注：测算方法为汽车工业总产值乘以汽车物流费用率 10% 左右。

（二）整车物流企业

巨大的整车物流市场推动了整车物流企业的高速发展，诞生了近千家的整车物流企业和一批规模化的汽车物流企业，如安吉物流、一汽物流、长安民生物流、长久物流及同方环球等，形成了较为显著的规模效应。

目前，受整车企业降本压力的传递，市场价格处于非理性阶段，物流各环节的规范性较差，存在走向“价格战”的危险趋势，传统整车运输企业的利润空间被进一步压缩，行业整合的趋势逐渐明朗。

二、我国整车物流发展面临的问题

（一）商品车业务资源瓶颈，成本压力传递

我国商品车汽车销售增速高于 GDP 的增速，不断的销售促进政策出台，对汽车消费市场的透支日渐明显，在经历了 2016 年的超预期增长后，财政部、国家税务总局联合发布的自 2017 年 1 月 1 日起至 12 月 31 日止，对购置 1.6 升及以下排量的乘用车按减 7.5% 的税率征收车辆购置税，意在降低商品车库存，增强汽车消费活力，但是销量数据显示 2017 年 1—4 月，乘用车累计零售增长 -0.2%，市场的透支可见一斑。商品车市场的趋稳下滑将是市场发展的主流，3000 万辆将是商品车国内市场的体量线，但整车物流企业的数量和商用车投入的体量还在持续增长，其他行业的跨界进入让整车物流企业的核心资源被越来越多的市场主体瓜分，资源池规模扩容可能性较小，另外，物流费用占整车生产总成本 10% 左右，因此也将成为整车企业产业链降本的核心环节，将会敦促整车物流企业由粗放型的转包模式向专业化、精益化方向发展。多因导向整车物流市场的竞争不断加剧，蓝海变红海。

（二）基础资源限制

目前，在干线运输基本上还是以公路为主，铁水干线集成运输的比例较低，行业平均水平约 10%，主要受制于铁路厢源、水路运力、港口等资源的限制，目前主要的汽车滚装码头如大连、天津、上海海通、广州南沙、新沙港等大型专业的汽车滚装码头繁忙程度过高，多数整车物流企业仍然采取公路运输为主或者自建小型滚装码头，其局限性不言而喻。

铁路厢源由中铁特货集中掌控，对于汽车消费典型的淡旺季，淡季散单率较高，铁路组配难致使物流在途时间过长，旺季厢源争夺激烈难以实现厢源的稳定控制，致使整车物流企业对铁水干线运输是“爱恨交加”。

（三）整车物流企业自身问题

1. 网络布局

网络布局的重复性建设：目前大型整车物流企业，为了激烈争夺关键节点几乎是独立开展网络布局，致使站点重复性建设。行业普遍认为对核心站点资源的掌控力决定企业的竞争力，其合理性有待考证，举例来说，武汉作为长江干线的关键节点，各大主机厂及整车物流企业均在其设点，导致各自站点的运营饱和度欠佳，形成为实现预期投资收益相互引流的局面。盲目的建设大而全的站点网络，对于物流成本影响显著。另外，管理幅度的变宽和管理纵深的加长增加了供应链的牛鞭效应，其隐形的物流成本增加难以估量。

2. 资源整合

运力资源协调整合难度大：在运力资源方面，公路承运商同时操作几个主机厂业务，各个主机厂出于对旺季保障的需求会要求承运商准备充沛的运力资源，承运商会重复性地向其客户报备运力致使出现旺季运力，运力仍然成为稀缺资源，运力的不透明性导致每年旺季出现运力争夺大战。主机厂及大型物流企业对运力的联合整合至今没有实质性破冰举措。

业务资源方面的合作规则难以确定，业务资源交换壁垒高：业务资源作为各整车物流企业的核心生命线，在资源交换方面的默认规则为等值交换，等值交换的弊端在于双方的商务价格体系不一致，成本和体量之间的平衡难以协调。暂无行业普遍认同的资源交换准则，导致各整车物流企业在物流路径优化、资源配置等方面局限性较高。

3. 信息化建设

当前信息化建设在整车物流企业已经得到普遍认同。首先，基本使用市场成熟的产品直接实施，导致非客制化开发的系统与业务的兼容性欠佳，存在业务操作需要适应系统的逻辑；其次，一味地追求专业化，整个物流环节由多个信息系统组成，系统之间的集成性差，有接口但是难以解决谁需要适应谁的难题，导致大量的二次开发，其系统本身的专业性被弱化；最后，基本依赖于当前业务进行开发，系统的前瞻性不足，模块化不清晰，系统迭代过快，二次和补充开发除使系统成本上升外，业务需要不断地去适应系统，与提高效率的初衷适得其反。如何解决各个系统之间、系统与业务之间的适应性是普遍存在的问题。

图 6 –3 为未来整车物流信息化建设的框架思路，充分考量了业务与系统、系统与系统之间的兼容和适应性需求。

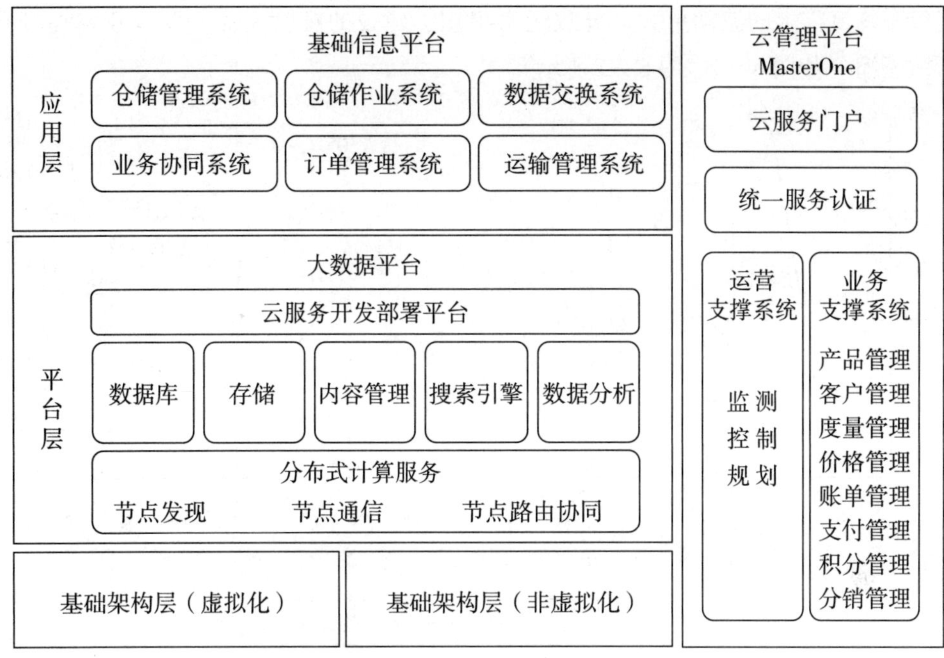

图6－3　整车物流未来集成化的物流信息系统架构

4. 复合型物流人才匮乏

经过人才的培养和政策的支持，物流人才短缺的问题得到了一定的缓解。但是专业对口的物流人才仍然十分匮乏，所以人才仍然是物流业发展的最大瓶颈之一，主要表现为总量规模较小，地域分布不均，专业特色不突出，尤其缺乏具备现代物流观念，熟悉物流运作，同时又通晓相关领域（如机械、IT、互联网）的复合型专业人才和技能人才。因此，作为专业性极强的汽车物流管理人才的缺乏显而易见，汽车物流中高级管理人才尤其缺乏。一个优秀的物流企业，要求管理者必须具备较高的经济学和物流学专业知识和技能，精通物流供应链中的每一门学科，并且具有整体规划水平和现代管理能力。

三、我国整车物流发展趋势

（一）我国整车物流的特点

1. 淡旺季的波动越来越大

我国汽车市场的需求时间段波动较强，除传统的淡旺季波动，受国家及地方政策影响汽车销量环比出现10万元以上的波动，季度波动会出现百万级的波动，如2016年1月至2017年6月的月度销量环比波浮最高出现54.33%的波动，最低仅1%左右的波幅，订单波动致使整车厂商及经销商普遍持有较高的库存，订单引起的“牛鞭效应”

致使整车物流需求的波动更大，导致运力组织、建设的难度增加，发运效率提升空间不断被压缩（如图6－4、图6－5所示）。

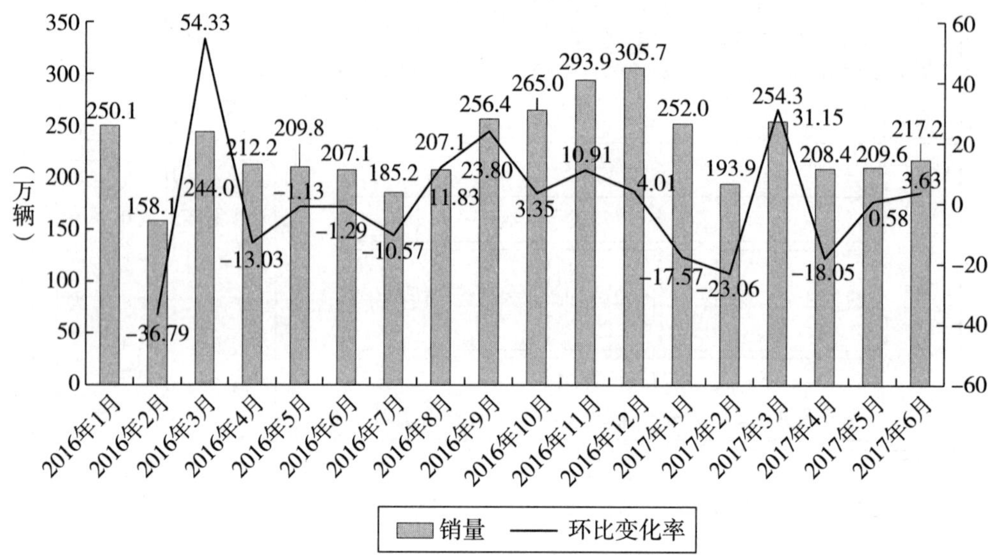

图6－4　2016年1—12月至2017年1—6月月度汽车销量情况

资料来源：公开资料整理。

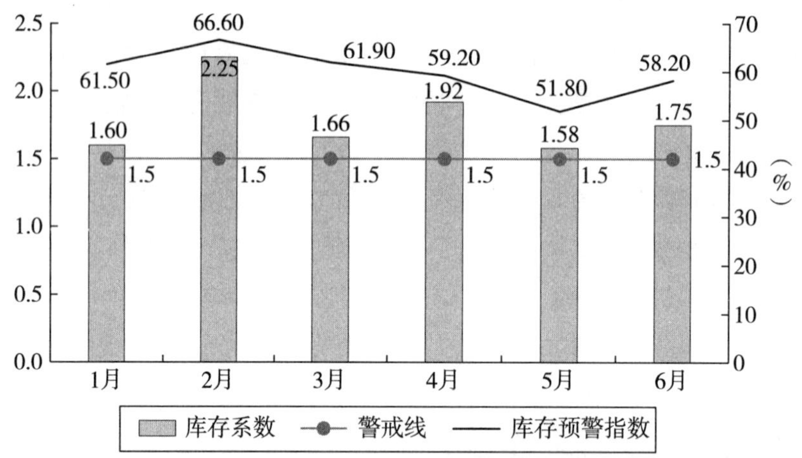

图6－5　2017年1—6月经销商库存预警指数

资料来源：公开资料整理。

注：预警指数以50%作为荣衰线，50%以下均处于合理范围。库存预警指数越高，反映出市场的需求越低，库存压力越大，经营压力和风险越大。

2. 辐射范围广阔

整车物流几乎是以基地为中心，中心辐射至全国各销售区域，运输路径复杂，干线运输较长，几乎规模化的整车企业在全国均有相应的中转库布点。

3. 风险大

商品车属于高价值产品，物流运输产生的质损及事故风险较高，对时效越敏感的订单运输的不可控风险越高，即使在 GB 1589 标准化整车运输工具后，车辆运载的风险可控性依然存在新的不可控因素。

4. 库存资金占压

目前存在于整车物流产业链，主机厂、物流总包方、承运商及经销商等各个节点均存在不同体量的库存，对整个链条的资金占压是相当严重的。

（二）整车物流未来走向

（1）关键运力资源的掌控将会越来越集中在规模化的整车物流运输企业，业务资源会在几个“总包”物流方之间进行交换以满足彼此的线路对流，资源共享的需求。过去分散的运输分包市场会逐渐被与主机厂有血缘关系的“物流大管家”所控制，通过标准的服务体系降低物流运营风险，形成行业定价机制规范整车运输行业的恶性竞争。通过不断地提高物流管理水平，“物流大管家”之间的合作将提供一体化的物流解决方案，直击传统整车物流的痛点——资源利用率低、成本高、运力资源浪费、交叉竞争等问题，通过合作分工实现运力资源的优化配置、仓储资源共享。

（2）公路运输仍然是整车物流企业的主流，GB 1589 出台后公路运输价格上涨 30% ~60%，整车物流企业逐步调整运输结构，增大铁水运输比例，但短时间内难以有较大提升，干线运输两端 500 千米范围内的短驳基本上以公路运输为主，国内较大范围铁水干线是无法覆盖的，公路依然是主要的发运方式，未来以多式联运为主的发运方式将形成公、铁、水三足鼎立的运输模式。

（3）合作大于竞争，整车资源良性发展是目前国内整车物流企业的普遍意识，经历过 2016 年的“9・21”治超及新国标的发布执行，竞争格局逐步转变，价格战模式不但会让企业在价格“红海”中难以生存，经营风险也会不断提高，采取理性的竞合模式是市场发展的必然阶段。

（4）定制化服务，对于汽车物流行业的发展，工业 4.0 主要针对的应用场景是汽车批量化的定制。随着对于汽车行业模块化、供应链一体化的要求越来越高，要求提供服务的企业不仅提供单一的运输服务、仓储服务，还要提供整体解决方案。基于这样的定制化服务，入厂物流（汽车物流行业分为厂前物流、厂后物流），生产直供灵活性的服务；而出厂物流，希望透明化，包括国际物流，能提供终端解决方案。

（5）零散运输。汽车市场的细分，渠道的下沉，定制化生产导致的直接物流需求就是大量的零散单，在主机厂对成本诉求达到一定程度后，会重新审视物流服务质量，提出个性化的要求，以面对“大散单”时代。

（6）数据驱动，资本冲击、跨界融合，整车物流市场将会被外界逐渐打开市场，竞争的核心驱动因素将会由传统的“人 + 车”的竞争模式向“信息流 + 物流”、“信用流+物流”、“数据流+物流”的“互联网+物流”的“生态体系”转变，以数据驱动为核心要素的运作模式将是未来整车物流发展的必然方向，单一的运输模式业态将被颠覆。

四、关于整车物流的几点思考

（一）平台化（互联网+）

整车物流企业向更高阶迈进必须脱离传统的运输服务商这一角色，向综合化发展，健全企业业务生态圈，增加企业增值环节，形成全产业链复合发展向平台化企业转型。目前物流界大势即向综合化的服务平台发展，通过整合资源形成开放式的服务平台。CMAL（长安民生）整车物流运营中心结合这一趋势已全面开展平台化建设，通过建立地网、天网、人网打造整车物流全产业链生态圈服务平台。通过平台整合资源，实现基础资源共享，避免重复建设，提高仓储周转率、车辆重载率等使得物流资源充分“发力”，以平台支撑企业向互联网模式转型升级，摆脱传统粗放型模式，向互联网平台型升级。以“信息流+物流”“信用流+物流”“数据流+物流”“互联网+物流”的“4+”模式构造整车物流平台，集成基础数据、作业数据、协调控制数据为基础的数据平台，形成管理“驾驶室”提供决策支持数据。在平台的支撑下整车物流企业将会在产业链的横向和纵向全面开展业务，弱化对核心业务的依赖程度，开源利润来源（如图6-6所示）。

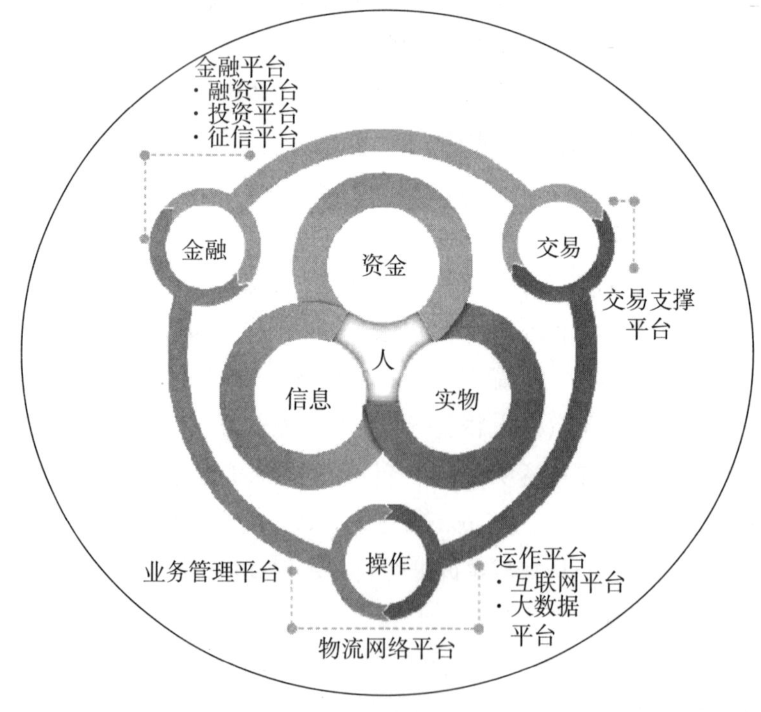

图6-6　整车物流平台化

平台化是物流企业向互联网 + 模式转型的必然路径，形成一站式物流服务平台提供者。如何快速“上网”避免被互联网企业及资本冲击颠覆，是当前整车物流企业持续发展的迫切要求。

（二）多式联运

GB 1589 的实施，单车运能大幅降低，轿运车的单车运能从 16 ~ 24 台下降到 8 ~ 10 台；目前国内整车运输物流依然严重依赖公路运输，铁路、水路联运比例却不足 10%，GB 1589 的实施，势必导致公路运力短缺，运输成本大幅提高，未来在主机厂降本压力传递过程中，物流企业必然会向干线运输 + 公路短驳的多式联运模式发展，集约化运输体系的重要性会更加显现，提高商品车运输的集并规模效应的需求迅猛发展，将出现新一轮对铁水资源的争夺。目前，CMAL 已积极发展水铁干线运输，全面提升整车水铁发运比例，目前已开通铁路五定班列，后期将增加班列数量及线路来实现运输的低成本、集约化（如图 6 – 7 所示）。

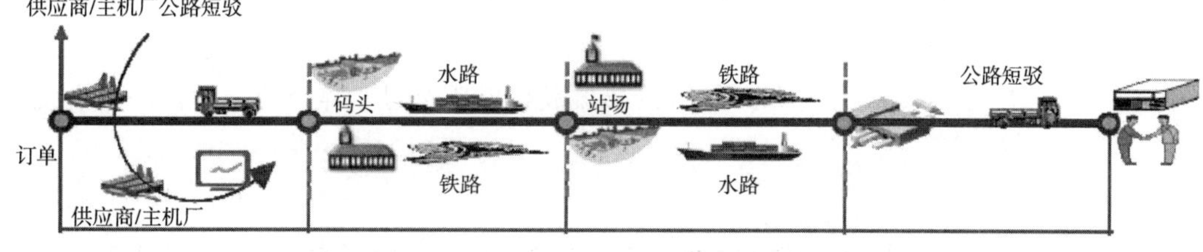

图 6 – 7　干线 + 多式联运模式

GB 1589 政策实施必将改变整车物流行业运输结构，甚至影响到车企布局，从全国汽车产业格局分布来看，具有全国多点布局的车企，更具有多式联运基础，无疑在发运模式上更具灵活性，物流企业亦基于此迎来新的契机，未来整车物流企业将在大型物流站点方向展开竞合，降低整体物流投资和成本。

（三）汽车快递配送模式

首先，汽车销售市场的下沉，消费者感知体验的要求不断提高，传统快递思维模式进入消费者消费思维中，增强商品车销售体验将成为未来整车物流的增值环节之一。其次，汽车超市的发展必然会对物流时效响应的要求提升。针对以上两个迫切需求，整车物流企业必须有针对性地解决商品车“最后一公里”问题，在城市短驳配送市场中角逐。针对这一趋势 CMAL 已全面开展 VTC（Vehicle Terminal Center）建设，用以解决这一迫切的物流需求，VTC 的公路短驳配送，以城市为配送半径约百公里范围，其灵活性能够很好地配合经销商开展汽车销售。

汽车快递模式的成型，将改善传统商品车消费过程客户提车等待时间较长、客户体验感差的问题，让消费者产生愉悦的消费体验，增强车企的市场响应力，也是车企向B2C模式转变的必要物流支撑，整车物流企业需与商品车消费市场保持协同一致，为整车物流各环节客户提供良好的物流感知服务，发展汽车快递模式是大势所趋。

整车物流面临的挑战：①随着汽车市场的竞争加剧，产业链成本压力的传递，整车物流企业近期将面临GB 1589新政导致的运价上升和客户降本双重压力，价格战一触即发；②整车物流市场成为“互联网+创客”的突围区域，平台化企业应运而生，传统汽车物流市场被细分，精细化管理取代粗放式管理模式，传统物流企业在“互联网+”模式下突围困难，可能被颠覆。

整车物流面临的机遇：①“互联网+”思潮带来的智慧物流，平台化运营、大数据管理等新思维对于传统大型汽车物流企业将是转型升级的一个时代机遇；②市场边界模糊，跨界合作为资源整合、服务模式的革新提供了新的途径；③汽车物流大型企业之间的竞合必将是未来汽车市场的发展趋势，对于整车物流后市场、散单、成本优化、市场拓展等面临的瓶颈问题能够透过竞合模式突围。

（重庆长安民生物流股份有限公司　郭金雨、彭良浩、张武）

第四节　东风车城物流汽车整车物流发展情况

随着近年来我国汽车行业的快速发展，由此衍生而来的汽车整车物流同样在快速发展中。通过完善市场机制、推进整车物流企业整合而进一步降低整车物流企业成本的方式将是未来提高整车物流企业竞争力的发展趋势。同时，在汽车行业走出去的背景下，整车物流企业也将会因自主创新的政策引导和内在驱使积极地参与到国际市场竞争中，实现汽车整车物流企业的国际化。

一、发展历程

我国汽车整车物流随着汽车工业的进步不断发展，从其组织形式和经营模式来看，主要经历了以下四个主要阶段：

阶段一（20世纪80—90年代）：该阶段处于国内汽车工业的起步阶段，汽车整车物流规模较小，汽车制造企业往往设立物流部门以满足自身物流需求。此时主要从事汽车整车物流行业的为一般的通用型物流企业，其在专业性方面还存在一定欠缺。

阶段二（20 世纪 90 年代中后期）：随着国内汽车制造企业的成熟扩大，企业逐渐意识到物流的重要性，纷纷设立物流子公司辅助汽车生产，开始向专业型汽车整车物流转型。

阶段三（21 世纪初期）：国内第三方物流向着专业化、规模化的方向快速发展，并且逐渐渗透汽车产业。由于其产权独立于汽车制造企业、不再局限于单一客户，具有较好的效率和规模优势。在此阶段，汽车制造企业也倾向于将部分物流业务外包，从而专注于汽车生产和营销。

阶段四（2010 年左右）：综合型汽车物流企业基本成熟。大型汽车物流企业逐渐将运输环节外包给承运商，专注于物流方案设计和物流网络优化等附加值较高的环节。由于其自身运力较少，经营灵活性提高，由市场波动带来的经营风险大大降低。

二、现状分析

（1）在国家政策方面。国家车辆运输新政及车辆运输车治理活动，将有力推动汽车物流行业规范化。目前全国车辆运输车 90% 以上是违规超标车，对道路交通安全构成严重威胁。因此，国家出台了《车辆运输车治理工作方案》并指出，自 2018 年 7 月 1 日起，全国全面禁止不合规车辆运输车通行，符合新修订标准 GB 1589—2016 要求的标准化车辆运输车比重达 100%。汽车整车物流市场正经历一场由乱到治的深度变革，汽车整车物流企业也主动适应新政新规要求，推陈出新，开始向提升管理水平、重塑企业核心竞争力方向转变。我国汽车整车物流业正步入良性发展轨道。

（2）在行业成长性方面。汽车物流行业仍将稳步增长。汽车物流是典型的需求拉动式物流，与汽车工业的增长具有高度正相关关系。2005—2014 年 10 年间，我国汽车产销量经历了跨越式的高速增长，从期初的 500 万辆规模发展至 2300 万辆规模，复合增长率接近 20%。2015 年国内汽车销量开始放缓，中国汽车市场从高速增长转为平缓增长的拐点已经到来。但是 2014 年年末我国每千人保有量约 106 辆，而全球平均水平约 160 辆，欧美日等发达国家超过 500 辆。因此，我国汽车产销量基数和人均拥有车辆差距仍将带来增长空间。

（3）在行业集中度方面。汽车物流行业客户单一集中，容易形成寡头市场。整车物流企业会采用并购、控股等方式来实现超常规发展，行业“马太效应”显现，集中度逐渐提高。汽车制造业深化改革整合重组，物流企业因生存发展需要而深度合作的趋向将逐步打破汽车物流的封闭式运营格局。

（4）在行业周期性方面。汽车物流市场与汽车销售市场一样具有季节性特征，每年 1 月、3 月、11 月和 12 月为旺季。汽车产业链需求传导顺畅，汽车物流随消费市场波动。

（5）在产业链方面。汽车制造厂占据汽车产业链的主导地位。汽车物流企业相对分散，相对于主机厂议价能力较弱，受主机厂影响较大。未来随着物流企业规模的增大，其议价能力会逐步增强。对于下游供方，具有主机厂资源的物流企业对供方具有较强议价能力。

（6）在行业发展制约性因素方面。从我国汽车物流业务总量来看，我国汽车物流发展迅速，已有一定规模，但仍存在诸多问题：经营模式单一，物流外包比例相对较少；汽车物流运输方式较为单一，资源利用率不高；汽车物流信息技术水平相对较低；汽车物流标准化发展相对滞后；受地区保护影响，市场竞争性不强；公、铁、水的多式联运体系尚未形成，物流运作成本居高不下。

三、存在问题

（一）管理水平、技术力量有待提升

随着中国汽车工业的蓬勃发展，汽车物流市场的前景也显得格外诱人。然而，由于体系庞大、地域广阔，供求双方信息交流困难，物流作业环节繁复落后，导致中国现行汽车整车物流供应链体系已经不能满足现代汽车行业市场竞争的需要。中国的汽车整车物流企业整体上还有许多提升优化空间，很多从业企业是由传统的仓储、运输企业转型而来，其在管理水平、技术力量及服务范围上还没有质的提高。

（二）整车物流资源存在浪费

我国汽车整车物流业目前最突出的问题在于企业群体呈现多、散、小的局面，企业之间竞争大于合作，一方面导致资源浪费，另一方面企业一体化物流能力差，不能适应快速变化的市场要求。由于主机厂对低成本、高质量供应链管理需求的增加，各个汽车物流企业开始走出圈囿，积极开拓业务，在竞争中呈现合作态势，这主要体现在本土整车物流企业利用自身在物流业务末梢能够延伸至基层等优势与拥有先进信息和管理技术的外资物流企业的合作尤为明显。但从整个物流行业来看，相关物流企业在信息共享、货物配载的不足以及地方保护主义，都严重影响了整车物流企业的进一步深化合作，从而优势得不到互补。

（三）自主创新能力存在不足

在国内整车物流企业不断增加，特别是外资企业的涌入，本土整车物流企业面

临的竞争压力逐渐加大。与此形成鲜明对比的是，受困于种种原因，在人员、技术、管理要求不断提高的行业发展面前，本土整车物流企业在技术升级、管理革新等软件的自主创新上发展缓慢，远远落后于发达国家的同类企业。在外资整车物流企业涌入后，本土整车物流企业为在先进信息和管理技术上有所提高，往往采取与外资整车物流企业合作的方式。另外，在整车物流企业寻求自主创新的过程中，表面文章和形式主义过多，僵化的人才机制以及缺乏足够的市场压力和长期的行为倾向，研发投入不足，导致整车物流企业自主创新能力提高的总体状况不尽如人意，亟须加强。

四、发展对策

（一）加快运输网络资源建设

汽车产业拥有很长的供应链，同时其市场又分布非常广。在汽车销售市场竞争日趋白热化的今天，汽车制造商迫切需要把自己的产品快速渗透到目标市场，因此对汽车整车物流供应商的运输组织能力，物流网络以及分拨能力都有更迫切的需求。未来，合理的运输网络资源将成为汽车整车物流企业成功的关键。

（二）大力发展多式联运（如表6－1所示）

表6－1　　公、水、铁运输模式特点

运输方式	特　点
公路	小批量、成本高、时效性强，在途可实时追踪，门到门，机动灵活，适合中短距离运输
水路	大批量、成本低、时效性弱，码头到码头，适合沿海沿江、中长距离、成规模发运
铁路	较大批量、成本低、非班列时效性弱，在途节点可追踪，铁路站到站，贴近铁路场站或有专用线，适合中长距离、成规模运输

以往，由于车辆普遍超限超载导致运价机制被破坏，公路运价低，铁水运价优势难以体现，乘用车整车运输市场主要以公路运输为主。在治理工作开展后，公路运价将逐步回归真实，铁、水长距离运输的价格优势将得到凸显，整车物流企业要积极与铁路、水运企业沟通合作，一方面，逐步扩大铁路和水运在乘用车物流中的比例，减少对公路运输的过度依赖，发展多式联运，提高综合运输比例；另一方面，合理布局铁水物流模式，充分发挥铁路和水运运量大、成本低的优势。同时优化既有的公路

运输网络，积极开发区域间对流运输、循环运输，提高车辆重载率和利用率，提高单车月运载里程，从原来的“多拉”向“快跑”转变，应对运能缩减及成本上升带来的冲击。

（三）加强前置库基础建设

前置库具有综合平衡市场需求、主机厂生产计划、公铁水不同运输方式时间上的缓冲地带，既能降低综合物流成本，又能快速响应市场的优点。随着销售市场的日趋敏感，销售前移模式已经越来越被普遍采用，整车物流模式也将由目前“陆运为主，直接配送到店或者经过一次 RDC 集并后到店”模式转化为“干线运输 + 区域/省级两集集并 + 区域分拨”的分级仓储、多式联运模式。因此，整车物流企业需提前布局规划前置库资源，在增强自身物流网络的同时，也可以更好地服务于汽车企业，提升客户满意度。

（四）信息化无缝衔接

首先，利用信息系统来规范业务流程，透明化过程管控，提升管理水平，做到全程可视化，满足服务客户日益提高的需求；其次，利用“互联网 +”、大数据、云数据，同相关物流企业共享、共建物流信息平台，进而打破信息孤岛，分享社会资源，建立物流资源协调机制，以提升物流效率，优化物流成本。

五、发展趋势

（一）汽车物流企业逐步向综合型方向发展

随着传统业务利润趋于稳定，创新业务模式、开展行业新的利润增长点将成为物流企业的必然选择。在汽车保有量迅速增加，汽车物流行业向国际汽车物流、二手车物流、提供增值服务等方向延伸。

（二）智慧物流成为汽车物流行业发展的重要方向

工业 4.0 结合大数据和互联网，北斗导航、物联网、云计算、大数据、移动互联等先进信息技术在物流领域的应用。汽车企业能够以一种特有的方式对数据进行分析，从而获取巨大价值的产品与服务，进而推动汽车企业的快速发展，工业 4.0 结合大数据和互联网也将是汽车物流发展的必然趋势。

近几年全球物流迎来的新的变革，移动互联和大数据成为推动新变革的核心引擎。今天的中国物流，在电子商务和互联网经济的推动下，物流运营也正在从粗放的传统物流管理逐步向数据化、智慧化的现代物流转型。以前整车物流企业单纯使用信息系统进行操作辅助，处于信息不对称时代，在“互联网＋”的催化下，企业开始步入大数据时代，信息将为企业创造价值，企业从传统建立运力网转为构建运力网、信息网。信息流将会驱动企业配置运力、场站等物流资源，高效率利用信息资源的传统整车物流企业将逐渐转为信息平台企业，并会建立从主机厂到个人顾客、从整车物流到汽车后市场的生态圈。

在拥抱物流大数据，分享信息平台的同时，整车物流企业也要不断探索、开发、应用先进科学的物流技术，如配载线路优化、过程控制、物流自动化、装卸技术、条码与自动识别等。如此才能真正地实现智慧物流，更好地在复杂多变的市场环境中取得竞争优势。

（三）物流资源整合成必然趋势

生产基地与消费市场的越发发散，及目前多数企业采用的“多点对多点”式运输，使得返程空车行驶情况更加严重，造成极大地效率损失，未来通过局部对流与仓储资源合理利用、建立战略联盟、企业重组、优化市场结构等手段来实现大范围物流资源整合成为必然趋势。甩挂运输、共同配送、统一配送等物流组织模式逐步得到实施。采取资源整合战略，实现整车物流企业间资源的优势互补，是我国汽车整车物流业提高行业发展水平、增强企业竞争能力、降低企业物流成本、提高物流服务质量的最优选择。

（四）供应链一体化服务逐步加强

目前整车物流服务商的服务内容以运输、仓储为主，而个性化的增值服务、供应链整合服务较少。大型汽车物流企业逐渐将运输环节外包给承运商，专注于物流方案设计和物流网络优化等附加值较高的环节。欧美汽车第三方物流正向以轻资产、客户资源丰富、运力调配灵活为特点的新方向转型。

随着中国汽车工业的快速发展，整车物流行业也将在未来快速成长，中国的整车物流企业一定会在复杂多变的市场发展面前，理性地寻求生存和发展的出路。随着整车物流行业的发展和越来越多的有识之士加入整车物流行业的建设当中，我们相信，这个行业的管理水平必将得到新一轮的提高。中国整车物流企业一定会顺应汽车物流市场求变、求精的趋势，在竞争中寻求合作，不断提高核心竞争力，提升信息化水平，实现智慧物流。

（东风车城物流股份有限公司　艾强、刘晓彤）

第五节　中都物流汽车整车物流发展情况

在汽车产业的良好发展背景下，汽车物流行业也被带动。20 世纪汽车工业刚开始起步时，中国整车物流的运输方式还以“人工驾送”为主。但随着中国汽车市场的不断发展，世界各个汽车工厂纷纷在中国建厂。日系、德系、韩系、美系等车企在中国建立工厂的同时，也将各国先进的汽车物流理念引进到中国，中国整车物流的运输方式也开始从“人工驾送”向“拖车运输”转变，并诞生了中国第一批商品车物流企业。进入 21 世纪，中国乘用车销量以年均 30% 的增速迅猛发展，整车物流运输工具也从标准的 6 位板演变为 12 位板，从而顺应激增的商品车运输需求。2010—2016 年，中国乘用车销量突破 2000 万辆的大关，国内各汽车物流企业也不断试图从改善运输工具方面提高运能，提高利润。这时，整车物流运输工具从 12 位板演变为 24 位板，保障了汽车消费爆发式的增长带来的物流需求。整车物流得到了空前的发展，轿运车保有量也逐年增加。2015 年全国共有轿运车辆约 4 万台，共完成商品车运输量约 2400 万次，占各种运输方式总量的 80% 以上，支撑了我国乘用车制造业良好运行。然而全国车辆运输车中 90% 以上是违规超标车辆，导致交通事故频发。

2016 年 8 月 18 日，交通运输部会同国家发展改革委、工业和信息化部、公安部、质检总局印发《车辆运输车治理工作方案》。方案依据新修订的《汽车、挂车及汽车列车外廓尺寸、轴荷及质量限值》（GB 1589—2016），要求不合规车辆在 2016 年 9 月 21 日、2017 年 6 月 30 日、2017 年 12 月 31 日、2018 年 6 月 30 日四个阶段依次退出双排车、更新改造 20% 不合规车辆、更新改造 60% 不合规车辆、更新改造全部不合规车辆，并于 2017 年 4 月 25 日细化为六个阶段，要求在 2017 年 9 月 30 日更新改造 40% 不合规车辆，2018 年 3 月 31 日更新改造 80% 不合规车辆。同时规定所有不合规车辆在 5 月 2 日前在“在用不合规车辆运输车信息申报录入系统”中填报。

此次的超限治理行动，也预示着中国整车物流正式进入了一个新的阶段，整车物流行业也将面临新的挑战，各个汽车物流企业不得不面对中国整车物流发展过程中遗留下来的一系列问题。

一、车辆运输车治理工作带来的影响

（一）带来的最首要、最直接的问题就是行业整体运能下降，运输成本上升

治超之前，双排轿运车单车平均装载能力为 21 台，改造完毕后，单车装载能力为

6 台，单车装载率约下降 71%。在不考虑新车购置的情况下，各阶段运能预计将下降 43% ~71%。单车运能的下降也将直接影响到运输成本。治超开始后，由于各个区域对治超政策理解的不一致，导致部分允许过度使用的轿运车辆被查扣，无法正常运营，在一定程度上影响了车辆的周转效率。随着政策的推进，整车行业的运能将继续下降，然而汽车市场产销量仍稳步上升。日益增长的运能需求与阶段性下降的运能供给形成了鲜明的矛盾，迫使各大汽车物流企业寻找其他途径解决运能的问题。

（二）各种运输方式的比例不均衡

在运输工具从 12 位板演变为 24 位板期间，在高利润回报的诱导下，大部分汽车物流商都将运输工具改为 T 型车（即 24 位板），在执法的灰色地带上野蛮增长，供需关系出现失调，恶性竞争最终导致运价一落千丈。铁路运输与水路运输的低成本优势无法凸显，反而因为运输时效的原因不被各汽车物流企业重视，最终导致我国整车物流的公铁水比例发展严重不均衡。而由于公路运输的恶性发展，使整车业务被层层分包，导致资源型的物流企业管控能力不足，成本较高。治超开始后，由于公路运能的下降，大量的需求涌入铁路运输与水路运输的市场，而铁路与水路的运能有限，无法满足市场的需求。

（三）物流基础设施薄弱

我国虽然近年来在港口、机场、高速公路等大规模投资，但国内物流基础设施相对较弱，陆路配套能力不足。多用途运输，装载、卸载、重装，连接设施和物流设施的连接不顺畅，信息化物流的运行水平程度相对较低，没有充分发挥在物流行业中应该起到的积极作用。物流基础设施的建设在优化物流环节过程中起到了极其重要的作用。基础设施的优化，不仅可以有效地减少装卸次数，降低质损率，也可以缩短交付周期，提高服务质量。

（四）现代物流理念的缺乏

物流在之前的企业活动中一直起着支持的作用，虽然现代物流已不同于之前的物流，在社会经济活动中扮演着越来越重要的角色，但是我国对于物流的观念尚未改变，社会还依旧广泛存在着“重生产、轻流通”和“重商流、轻物流”的观念。很多人对物流这一概念的了解还很模糊，对物流所涉及的领域范围还没有一个清晰的认识。由于社会不同的领域对物流的认识稍有不同，这使得许多物流企业在拓展业务与公司注册时遇到了诸多问题。对于引入第三方物流，大多数的企业都认为它极其重要，认为第三方物流是未来发展的一种趋势，但遗憾的是叫好不叫座，目前第三方物流提供商的被认可程度还是很低。整车物流尤其需要上游企业的支持。物流信息化的建设、物流环节的优化以及现代物流设备的推广都需要客户的认可与支持。而在物流方面的投入最后都将大大有益于企业的生产经营活动。

二、积极应对整车物流市场变化

面对上文提到的种种困难以及此次严格的治超行动，行业内各汽车物流企业也应根据自身企业的情况，选择合适的方式来积极应对。

（一）加快推进多式联运的发展

虽然大多数企业依然依靠公路运输，但是行业中已经有些企业于数年前就开始进行铁路和水路运输。铁路运输和水路运输已经成为未来汽车物流公司的必然趋势。此次治超更是加速了各大汽车物流公司推进多式联运发展的进程。治超开始后，对铁路运力和水路运力的抢占也十分迅速。然而铁路车厢与适合整车运输的滚装船资源有限，且资源仅由少数几家公司拥有，大量客户的涌入也在一定程度上提高了联运的成本，各经销商一时也无法适应公铁联运与公水联运的时效。而随着公铁联运以及公水联运比例的加大，也将给整车物流带来一系列的变化。首先是“多式联运 + 中转库”网络的搭建。随着铁水比例的增加，现有的港口以及铁路站台无法满足激增的仓储需求，各汽车物流企业需根据服务品牌自身的特性及特点合理布置运营网络并设置中转库，从而更好地推动多式联运的发展，降低汽车物流企业的运营成本，提高运营效率。

（二）购置合规运力与改造不合规车辆

公铁联运和公水联运虽然在成本上有优势，但是对运量以及运输距离有一定要求，并不是适合所有城市的运输。因此虽然公铁联运以及公水联运的比例将大幅提高，然而，公路运输依靠其灵活性和优势，可以提供门到门服务，并不会退出市场。面对汽车市场销量的稳步上升以及轿运车运能的断崖式下跌，最直接且见效最快的方式仍是增加运力。合规运力主要为 6 位车与中置轴车辆，从装载量来看，中置轴车辆相比 6 位车装载率要更高，也更适合替代不合规车进行长途运输，所以各汽车物流企业也更倾向于购买中置轴车辆。2016 年至今，汽车物流市场陆续出现“千辆级”的轿运车购置计划。然而由于中置轴车辆迟迟未上市，且无法在短期内大批量上市，在前期并不能在运能短缺的问题上起到关键作用。直至 2017 年 5 月，中置轴车辆才陆续出现在市场上，并正式开始投入使用。短期内公路运力供需的不平衡必然导致运输成本的上升。而现有的不合规运力，也需严格按照国家政策分批退出，并在系统中登记。否则将影响车辆的正常运转。现运行的不合规车辆无法直接改造为6位车或中置轴车，只能购置新的挂车。各挂车制造厂也将在期间根据整车物流的运输特点分别推出既符合标准，又能提高装载率的新型轿运车辆。

（三）提高运作效率

现进行商品车运输的铁路、水路、公路运输工具都属于特种运输工具，对装载的货物限制较大，无法进行其他货物的运输。此外，各大汽车物流公司之间存在一定壁垒，导致回流资源不足，运输车辆在到达目的地后滞留时间较长。这些原因在一定程度上影响了车辆的运作效率。车辆的运作效率直接影响到运输成本。治超后，由于运输成本的攀升，各企业都在积极寻求合作，通过降低空驶率来降低运输成本。主要策略有如下几点：

一是固定长途循环线路。在长途运输中，无论是公路运输、铁路运输还是水路运输，各个企业都应积极寻求合作，从而提高运转效率，降低运输成本。二是开展区域小循环。各物流企业应利用各自资源优势，将临近资源有效整合，减少拼载时间，并合理配置资源，提前备车，降低短途运输中备车及装卸车所用时间的比例，从而提高短途运输车辆的运作效率。在区域小循环中，也可以尝试“甩挂运输”的方式，在固定循环线路通过甩挂的方式减少车头等待时间，提高周转率。三是固定运力。在一些固定的短途线路上，如一些距离较短且无回流资源的目的地、集港运输或铁路前端运输等，采取固定运力的方式来提高运作效率。

（四）控制运输成本

“双排车”红利时代已不在，且由于非合规车辆将分阶段退出市场，运输成本的变化将存在波动性，预计需到2018年才趋于稳定。合规车辆无法在短期内大量上市，且中置轴车辆运输成本仍需一些时日来测算。多式联运无法在短时间内解决大批量的运能问题，且现有水路与公路运能无法满足市场需求。提高车辆运作效率虽然可以短期内解决一定问题，但是起到的作用在巨大的运力缺口面前显得微乎其微。而治超期间又恰逢发运高峰期，导致公路运力极其短缺。待车辆全部合规后，行业内运能将进一步下降。面对断崖式下降的运能以及不断攀升的运输成本，各个汽车主机厂大多持观望态度。在这期间，各个物流企业如果想保持一定的利润水平，就要根据企业自身特点从各个方面积极降低物流运营成本来面对此次治超。运能的下降以及运输成本的上升将在一定程度上降低各汽车物流企业之间的壁垒。各物流企业也可以利用各自的区域优势，开展合作，控制成本，提高效率。

（五）延伸汽车物流信息系统

互联网技术是提高物流服务效率重要的技术支撑，同样也是组成现代汽车物流体系的重要组成部分。虽然我国目前汽车物流的信息化水平与之前相比已经有了大幅度的提高，但是仍然存在很多不足。汽车行业是最为典型的一个供应链，它每个节点之间衔接都将影响到整个供应链的“流畅”程度。而现在的汽车物流信息平台仍然只是针对供应链中某一段的信息平台，如大部分整车运输信息系统只是服务于汽车整车运输这一段，而并不能有效地获取上一段的信息。整车物流从仓储到运输都需要上游的信息支撑才能将库存降到最低，发运及时率做到最高，如当经销店下订单时，在销售方获取信息的同时，第三方物流公司能够获取相关信息，就可以提前储配运力并进行配载。此外，也可以将信息系统向下延伸至各个经销店，使物流企业第一时间获取客户信息的同时，为客户提供及时的车辆在途，在库状况等信息服务。

综上所述，中国汽车产销量的逐年稳定增长让整车物流行业得到了快速的发展，但是由于公铁水发展的不均衡、物流基础设施的薄弱以及物流理念的缺乏，再加上受国家治超政策的冲击，使整车物流“主力军”的轿运车运能急剧下降，共同造成了现在的混乱局面。随着治超的不断推进，我国整车物流市场仍将保持较为混乱的局面。在治超末期到治超结束后的一段时间内，我国整车物流运输市场才会渐趋平稳。届时我国整车物流也将迎来健康的发展，公铁水比例也将趋于合理。

现在行业的大环境对于各个汽车物流企业来说，不仅是挑战，也是机遇。而汽车物流行业的格局也将面临一次洗牌，并将在未来几年出现一些实力雄厚的巨头，但部分企业也会因前瞻性不足以及资金问题而掉队。面对汽车物流发展的“新常态”，各个汽车物流企业应该根据企业自身的特点以及发展方向，选择适合自己的应对策略，通过此次机遇完成企业的转型升级。

与此同时，我国现代物流基础设施的薄弱以及现代物流理念的缺乏带来的低效率和高成本问题依然明显。但各个汽车物流企业应该利用物流信息系统与互联网技术保障物流各节点及整条供应链的顺畅，企业之间也应以降低整车物流成本为目标，在未来逐渐消除壁垒，不同品牌间建立密切合作，构建物流信息共享服务平台，提高车辆运作效率。推动我国整车物流由传统的仅提供运输以及仓储服务业务向以运输及仓储业务为主体，物流增值服务为发展方向的现代化物流前进，使我国整车物流由价格和运输服务为主要竞争点向信息因素与品质要素为主要竞争方式转变。积极吸收各大高校高技术的研究性人才，提高物流行业整体人员文化素质水平，从而使我国物流从业人员由作业型人才向策划、方案型人才转变。进一步推动我国整车物流向更健康、更全面、更合理的现代化物流发展。

（中都物流有限公司　梁超）

第六节　哈弗物流汽车整车物流发展情况

2016 年中国汽车产销总量再创历史新高，产销量均超过 2800 万辆，连续 8 年蝉联全球第一，中国汽车市场在经历了过去 10 年的跨越式发展之后，未来 10 年仍有较大上升空间。

随着汽车市场的快速发展，整车物流行业在经历了粗放式、野蛮式发展之后，2016 年 7 月 26 日新 GB 1589—2016 新标准的修订公布及《车辆运输超限治理方案》的出台，整车物流企业在迷茫、混乱和彷徨中看到了发展的方向。

一、2016 年汽车市场发展表现

（一）乘用车市场整体表现好于预期

2016 年中国汽车市场受官降、购置税优惠政策等促销政策的多重影响，2016 年乘用车产销分别完成 2442.1 万辆和 2437.7 万辆，比上年同期分别增长 15.5% 和 14.9%，增速高于汽车总体增速，中国乘用车市场多年保持快速增长趋势。

（二）自主品牌力量崛起，逐步抢占市场份额

2016 年中国品牌乘用车销售 1052.86 万辆，同比增长 20.50%，占乘用车销售总量的 43.19%，占有率比上年同期提升 2 个百分点。自主品牌增速最猛，在销量排名前十的车企中，长安、长城、吉利三家自主车企增速明显高于合资车企，同比增幅分别达到 22.6%、28.6%、48.4%。自主品牌逐步抢占市场份额。

（三）SUV 的快速增长对乘用车市场拉动作用明显

SUV 产销继续保持高速增长，分别增长 45.7% 和 44.6%；2016 年 SUV 销量高达 902.3 万辆，占总体销量的近 40%。在过去的 2016 年，SUV 细分市场领域，自主品牌取得了巨大进步，成为 2017 年 SUV 车绝对主力军，不但拿下了前三名，在绝对数量上也进一步的碾压合资品牌。其中，长城汽车哈弗 H6 以销售 58 万辆，同比 55.6% 的成绩当之无愧地成为 SUV 销量之王（如表 6－2 所示）。

表 6-2　2016 年中国 SUV 车型销量排行榜

排名	车企	车型	2016 年销量（辆）	2015 年销量（辆）	累计同比（%）
1	长城汽车	哈弗 H6	580683	373229	55.6
2	广汽乘用车	传祺 GS4	326906	131016	149.5
3	上汽通用五菱	宝骏 560	321555	145007	121.8
4	上汽通用	昂科威	275383	162941	69
5	上汽大众	途观	240510	255751	-6.0
6	长安汽车	CS75	209353	186623	12.2
7	江淮汽车	瑞风 S3	197947	196779	0.6
8	长城汽车	哈弗 H2	196926	168517	16.9
9	东风本田	CR-V	180319	156608	15.1
10	东风日产	奇骏	180202	166385	8.3

二、整车物流行业现状

中国整车物流行业伴随着中国汽车产业的发展而不断壮大，经历了从无到有、从粗放到精细的逐步发展过程，但自 2016 年伴随着 GB 1589—2016 新标准的公布及《车辆运输车治理方案》的出台，在交通部、公安部等六部委的大力推动下，整车物流商品车运输车由主流的双排车回归统一单排车，迈出了整车物流行业乱象治理的第一步并取得阶段成果，但整车物流行业的“散、乱、差”的问题现状依然突出。

（一）公路运输企业准入门槛低，企业规模较小，物流运输成本高，车辆运营效率低

物流成本占 GDP 的比重是衡量一个国家物流业发展水平的重要指标，当前我国物流成本占 GDP 的比例为 16% 左右，远高于欧美日等发达国家（欧洲：10%，日本：11%，美国：7%），物流效率低是影响物流成本高的主要原因之一。

当前整车物流主要以公路运输为主，公路运量的承运占比在 80% 以上，有效地支撑了乘用车制造业的健康运行。但汽车物流行业的进入门槛不高，造成目前行业群体数量多，当前整车物流公路运输企业约有 300 家，现有车辆运输车 3 万～4 万辆，且双排严重不合规运力占比在 80%～90%。企业规模从几台至几百台不等，且多为私营及个体经营者，投资几辆车挂靠在其他稍大公司下就做汽车物流，只是具备了运输职能，根本谈不上物流品质、服务、效率；为了求得生存，也为恶性竞争埋下隐患。

当前大多数的物流企业依靠当地的发出资源，没有完善的物流资源网络，不能有效地保障车辆的高效运转，同时受限于整体汽车市场淡旺季需求量波动影响，单月车辆运营里程在 6000 ~ 11000 千米（如图 6 – 8 所示），淡旺季波动在 40% ~ 70%，淡季车辆闲置、旺季车辆运力不足的局面成为常态，而且实际物流过程受各大主机厂计划开单规则及节拍不协同，造成车辆两端等待时间占整体用时更长，因此车辆效率问题成为制约整车物流企业发展的一大难题和有待继续解决的问题。

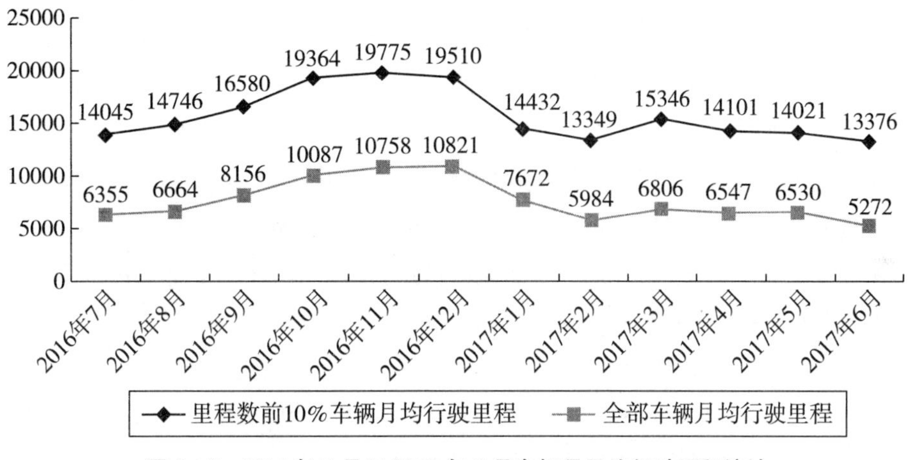

图 6 – 8　2016 年 7 月至 2017 年 6 月车辆月平均行驶里程统计

（二）当前物流企业壁垒保护依然严重，远未实现物流资源、信息的整合和共享，未来整车物流行业合作大于竞争

随着主机厂物流费用递减的成本压力以及路桥费、燃油费、劳务用工费、不规范途中罚款等费用的持续增长，进一步加重了物流企业的负担，原有公路运输车重去空回、单打独斗的运营模式已经成为历史。当前物流企业要想生存必须依靠回程资源及保证满载量才能实现盈利，所以各物流公司间直接或间接合作已是必然，加强合作、资源共享才是行业发展趋势。

随着中国汽车工业的快速蓬勃发展，当前，销量排名前 10 的汽车品牌为保障整车物流最后一环节的安全与服务品质，几乎都以控股和战略合作的形式建立了整车物流公司，如上汽集团的安吉物流、一汽集团的一汽物流、长安集团的长安民生物流、东风汽车集团的东风车城物流、北汽集团的中都物流、长城汽车的哈弗物流、江淮汽车旗下的江汽物流等，依靠背后的主机厂资源，他们在国内都有较大的影响力，各大物流公司之间为保障各自供方体系车辆的高效运转，都以资源置换、优势互补的通用形式进行合作，双方之间在为保障各自主机厂的供应链安全下，提高了部分区域的运营效率和资源有效利用。

但避免受制于人、培育各自承运体系的自我壁垒保护意识依然存在，尤其是在运输方式、仓储布局、运输工具采购、资源信息等方面的交流和整合还存在巨大浪费，主机厂物流企业间的合作空间与前景可挖潜空间很广、很深；整车物流之间的大合作、多共享、高效率、低成本的新格局依然是行业持续研究的课题。

（三）整车物流市场秩序不规范、政策法规体系不健全，仍需不断完善和升级

当前整车物流企业众多，众多小物流公司为能够生存下去，因为没有话语权，只能采取非常手段，通过更低价格来抢夺资源，这种低价格必然带来的是更低的服务品质，这种以牺牲服务品质换取低廉的运输成本的做法无异于杀鸡取卵，更是与不断升级的整车物流服务需求相背离，当前整车物流市场秩序不规范、不健康的发展现状不利于行业的长远发展，亟待行业指导规范标准的建立进行规范。

国家政策法规不健全，以罚代管式的政府行为，进一步加剧了整车物流市场秩序和标准的不规范。伴随着 GB 1589—2016 新标准的公布，一系列治理措施的出台，制订了三步走计划，目标为：到 2018 年 6 月 30 日车辆运输车全面合法化和规范化。但各地方执法机关对于政策的理解及执行不统一，各物流企业在看到希望的同时也不免仍心存疑虑，对于后期发展信心不足，因此国家政策法规仍需进一步落实和进一步规范、健全；更为关键的是国家执法机关要做到有法必依，执法规范、统一，杜绝不法分子的违规操作幻想。

（四）整车物流服务品质参差不齐，服务品质有待提升

整车物流作为一种服务行业，服务品质是企业发展的立身之本，但当前整车物流企业，尤其是中小企业重成本、轻服务的意识依然存在，主要表现在整车物流公路从业人员整体素质较低，尤其是驾驶员队伍受教育程度不高，服务意识差；运输工具不规范，私自改装行为居多，造成装运不同品牌商品车发生异常较多；运输作业人员在物流过程中没有标准化作业程序，品质防护举措不到位；面对客户的直接交流，仪表形象和交流用语还存在诸多不足之处，影响整体物流服务水平的提升。

三、整车物流行业未来发展趋势

（一）标准化、集约化、智能、高效的现代化综合运输体系将逐步建立

“十三五”发展规划明确提出了要建立标准化、信息化、网络化、集约化、智能化的现代物流服务体系，降低物流成本，提高社会物流运行效率。对于物流企业而言，将是淘汰落后、优化产品和服务结构、转变经营和服务理念的机遇期。同时，也将是

企业自身面临市场考验的挑战期。

2016 年 7 月 26 日 GB 1589—2016 新标准的公布实施，从设施设备的准入应用标准进行了规范，同时借鉴国外整车物流车辆运输车的应用情况，首次引入中置轴车辆，对于整车物流企业在车辆选择上提供了可选择性。

2016 年 8 月 10 日交通运输部下发的《车辆运输车超限治理方案》，明确了车辆运输车的治理节点及具体的行动计划，而且通过前期的导入及治理，杜绝了双排运输车的上路行驶，可谓是初战告捷，同时强调源头治理，重点加强主机厂和物流企业的责任及违法处理，因此，从此次的治理行动来看，国家在治理车辆运输车违法乱象的决心应该是坚定的，未来几年整车物流行业的规范化、法制化经营的大环境将得到逐步改观和完善。

（二）未来几年，主机厂基于成本压力将会逐步增加铁水发运比例

未来铁水运输方式将被多数主机厂和物流企业接受并广泛应用。公路运输份额会有所降低，但依然为整车物流运输的主要运输方式，只是运输范围更加趋向于中短途。

“多式联运”将得到快速发展，目前我国多式联运量仅占全社会货运量的 2.9%，而美国为 10% 左右，我国多式联运发展尚处于初级阶段，因此，多式联运对于促进降本增效、促进资源集约利用实现绿色发展路径、构建现代综合交通体系，开放型经济建设等具有重大现实意义。

案例：美国多式联运模式多样化，箱驮运输、驼背运输、混装运输、双式联运等模式非常普遍（如表 6－3 所示），多式联运运量规模占全社会货运量的 10%，海铁集装箱联运比例高达 40%。

表 6－3　　美国多式联运模式

箱驮运输	驼背运输	滚装运输	双式联运
铁路专用平车运输集装箱的多式联运服务形式，集装箱使用的是国际标准箱和 53 英尺（16.15 米）国内标准箱	以 53 英尺箱式半挂车为运载单元，把半挂车放在平板车上的多是联运服务	运输工具不通过吊装而是靠轮式驱动或拖带上/下船（火车）的运输方式	通过“公铁两用挂车”实现的联运，即将公路挂车加装铁路专用铰接式托架后，直接拖上铁轨经由铁路运输
			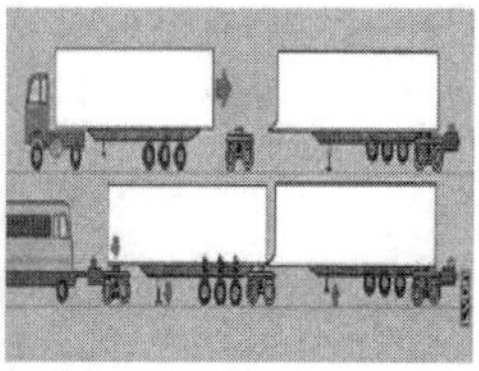

（三）整车物流行业的资源整合和共享进一步升级，物流企业不断转型升级，平台化经营成为企业管理新模式

当前整车物流资源多数被有主机厂背景的物流公司所垄断，为保障主机厂的物流链安全，纷纷培养自己的供方体系，造成现有运力资源存在重驶率低、两端等待任务的资源浪费，这也是造成物流成本居高不下的主要原因，因此未来迫于主机厂物流成本降低压力，物流公司间的合作将会进一步升级，相互间的壁垒也会逐步被打破，包括整车资源、运力资源、网络、仓储资源等在内的资源将会充分共享，拥有主机厂背景的物流公司在经营管理上也将由业务型向管理型公司转变，通过平台化、网络化管理，实现整体收益和成本最优。

（四）物流服务水平及物流效率将得到大幅提升

信息流是物流的关键，所有物流过程都需要信息流的拉动，因此，信息流的及时性、准确性，将严重影响物流效率和物流成本的达成，要想实现整车物流资源的深度整合，必须实现物流向主机厂端的延伸，升级物流计划模式，将计划发车信息与物流的业务规范、标准相融合，才能最大化地实现物流效率的提升和成本的降低。

对于众多中小物流企业，随着《车辆运输车治理方案》的落地实施，原有以粗放式的“多拉”赚取利润的经营方式向“快跑”进行转变，原有低价格的竞争模式将逐步被能够满足汽车市场多元化、高品质的物流服务所取代，因此，众多中小物流企业必须强化内部管理，实施精细化管控，借助信息化工具的应用，从运输线路设计、成本的管控、物流效率的管控以及从业人员素质、能力提升、物流服务水平提升等方面进行全面升级管理，以高品质、高效率的物流服务赢得顾客信赖。

物流各环节专业化是行业发展的趋势，不同类型的物流公司发挥各自优势，以专业化的物流服务品质赢得顾客满意。对于资源掌控型物流公司将重点围绕物流战略规划和物流管理体系建设进行专业化发展，物流战略规划主要包括物流模式、网络布局、信息化平台等，物流管理体系主要包括计划管理、运力管理、标准服务体系及考核管理进行专业化发展，对于运输型物流企业重点围绕物流线路、运输时效和人员服务能力提升进行专业化提升，打造高品质的物流运输服务品质。

综上，整车物流行业在外部经营环境即将发生变化的大环境下，在国家政策的共同作用下，整车物流企业迎来了再次发展的新机遇和新挑战，整车物流行业整体变革的大幕已经拉开，所有物流企业都需要珍惜这来之不易的局面，一定要高瞻远

瞩，做好长远发展规划和蓝图设计，不断挑战创新，适应未来新业务、新模式的发展需求。

（哈弗物流有限公司　刘杰）

第七节　江汽物流商用车物流发展情况

一、整车物流行业发展情况分析

（一）整车物流市场现状分析

我国整车物流行业20世纪90年代开始出现，随着我国汽车产业的发展经历了从无到有、从粗浅到专业、从被动仿效到主动创新的过程。

当前我国整车物流行业具有以下几个特点。

（1）结构性矛盾突出，物流基础设施结构、市场主体结构、运力装备结构等不合理。

（2）组织化程度整体不高，多式联运、网络化运输、甩挂运输等先进的运输组织方式发展缓慢。

（3）技术手段落后，物流信息化水平整体较低，标准化推进缓慢。

（4）发展环境有待改善，物流用地、税收等产业政策落实不到位，管理多头、法规不健全、人才匮乏等制约因素多。

（5）物流行业的进入门槛比较低，造成行业群体数量多、规模小，且缺乏统一的行业标准和约束机制，服务品质参差不齐、水准不高。

（二）整车物流发展趋势

基于中国物流的现状，未来整车物流行业将呈现三大发展趋势：第一，汽车运输资源控制将会越来越集中，资源在几大管理商之间进行互换。过去分散的运输发包市场将被与主机厂有血缘关系的管理商所控制，通过管理控制服务质量、降低运营风险。整车运输的实际业务将被管理技术高、规模大的大公司所控制。各大物流公司之间的合作将解决“资源利用率低，运输成本高，运力资源浪费，竞争力薄弱”的问题，通过合理的分工，达到全局的运力协调及仓储设施优化的目的。第二，未来几年汽车物流中，公路运输仍是整车物流的主流，但铁路、水路运输份额将有所大幅提高，铁路、水路和公路运输三足鼎立是未来整车物流的趋势。第三，未来整车物流的关键在于合作，国内的整车物流企业必然会在残酷的经营现状面前，理性的寻找生存和发展的出路。对于刚刚处于起步阶段的中国整车物流企业，一定会迅速顺应汽车物流市场求变、求精的趋势，在竞争中寻求合作。

（三）宏观经济分析

2017 年 1—6 月，我国汽车产销分别完成 1352. 6 万辆和 1335. 4 万辆，比上年同期分别增长 4. 6% 和 3. 8%，低于上年同期 1. 9 个和 4. 3 个百分点。其中商用车产销分别完成 204. 3 万辆和 210. 1 万辆，比上年同期分别增长 13. 8% 和 17. 4%。分车型产销情况看，客车产销量比上年同期分别下降 15. 3% 和 14%；货车产销比上年同期分别增长了 18. 7% 和 22. 6%。

重型货车产销 57. 14 万辆和 58. 37 万辆，同比增长 68. 11% 和 71. 51%，增幅比上年同期提升 53. 85 个百分点和 56. 35 个百分点，增速明显。其中，半挂牵引车产销 30. 10 万辆和 31. 99 万辆，同比增长 76. 56% 和 91. 92%，增幅比上年同期提升 44. 29 个百分点和 60. 66 个百分点，增速更为显著。2017 年上半年度，江淮汽车重型商用车以 3. 2 万辆的成绩名列全国第六，同比增长 47. 8%，全年 6. 4 万辆的目标完成 50%，时间过半，任务过半（如图 6 –9 所示）。

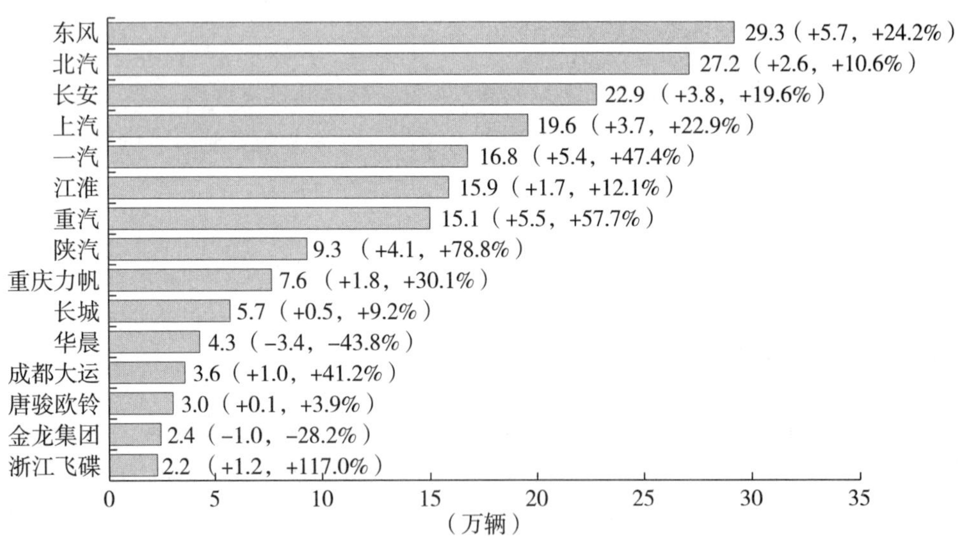

图 6 –9　2017 年 1—6 月中国品牌商用车销量前十五名企业集团

2017 年上半年，全国完成轻卡销售 85. 26 万辆，分别高于 2015 年、2016 年同期 3. 80 万辆、7. 50 万辆，创下近 3 年同期新高。虽然轻卡市场份额首次跌破 50%，同比增长率下降5.36%，但轻卡销量增长9.66%，同比增长14.37个百分点。中卡与微卡分别增长8%和6%以上。2017年上半年度江淮汽车轻型商用车累计销量为10.56万辆，增长8.96%，市场份额占12.39%，排名全国第二。

二、商用车物流发展存在的主要问题

（一）依托主机厂，外部业务空白

江汽物流公司是安徽江淮汽车集团股份有限公司下属子公司，商储公司以主机厂为依托，业务资源充足，目前所有运输业务均为江汽集团产销的各类型商用车，外部业务空白，没有与国内其他各大汽车制造商建立对流业务。运输资源没有充分利用，尤其是平板资源。

（二）人工驾送为主，管理难度大

目前商储公司仍以人工驾送为主要运输模式，2017年上半年度人工驾送占发运总量的70%。虽然人工运力资源充足一方面可以保障整体发运业务的有序开展，但另一方面也为管理增加了难度。目前承运商驾驶员队伍整体素质不高，服务意识较为薄弱，标准化作业还须进一步提升。

（三）平板车需合规经营

根据交通运输部、国家发改委、工信部、公安部、国家质检总局2016年8月联合发布的《车辆运输车治理工作方案》要求，2018年7月1日起将全面禁止不合规车辆运输车通行。我国将超限车辆治理共分为三个阶段。

第一阶段（2016年9月21日至2017年6月30日）为不合规车辆运输车的整改期，在此期间暂时允许方案发布之前注册登记的“单排车”过渡运行，全国高速公路经营管理单位拒绝“双排车”车辆驶入，并在2017年6月30日前完成20%不合规车辆运输车的更新改造。第二阶段（2017年7月1日至2018年6月30日）将全面完成所有不合规车辆运输车的更新改造，其中，到2017年年底前完成60%。第三阶段（2018年7月1日起）将全面禁止不合规车辆运输车通行，符合《道路车辆外轮廓尺寸、轴荷及质量限值》（GB 1589—2016）要求的标准化车辆运输车比重达100%。违规商品车运输车与17.5米低平板专用半挂车由于过去各地运管部门政策准入不严，目前多为干线运输的主力车型，全面禁止上路势必导致运力紧张，全面更新改造也会对企业生存造成一定的影响。

（四）质量管理仍存在短板

随着市场经济的不断发展，商品车运输成本不断增加，驾驶员在送车时，利润不断减少，为了实现利益最大化，驾驶员选择带货来增加收入。经销商为了方便，也会选择让送车驾驶员顺路捎带销售配件，间接地滋生了驾驶员的带货行为。目前驾驶员的带货行为只能通过现场检查与经销商反馈而获得信息，在管理过程上缺少管理手段。因发运成本的增加，驾驶员的利润空间越来越薄，而在运输成本中，油费是一项非常大的占比，为节约成本，驾驶员选择了价格更低的劣质油。

私带货、劣质油均损害商品车质量，需要不断加强管控力度，提高承运商人员质量管控意识。

三、商用车物流发展情况

商用车储运公司（以下简称商储公司）是安徽江汽物流有限公司所属事业部，主要负责江汽集团产销的各类型商用车的储运业务，业务类型可细分为合肥轻卡、青州轻卡、遂宁轻卡、重卡业务和出口车业务。对应主机厂的场地布局和产品分类，商储公司目前设有合肥、同大、青州和遂宁四大发运基地。承运业务为江淮集团产销的各类型轻、重卡商品车，依托主机厂，2014 年总计发运 187232 台，2015 年总计发运 176189 台，2016 年总计发运 229159 台。商储公司目前拥有承运商 19 家，轻卡运输 16 家，重卡运输 3 家。其中，负责轻卡运输的人工运力累计 1315 人，平板累计 325 板，能够满足 26 万 ~30 万台的年发运量。

（一）发展模式

“十二五”以来，为进一步保障运输质量、物流时效，不断提高物流服务水平和客户满意度，商储公司启动合肥发运中心建设项目。发运中心项目是商储公司适应物流公司“十二五”战略规划的变革之举。首先，通过园区规划，将原先分散的轻卡业务集中到发运中心进行统一调配；其次，通过流程重组，建立完善的业务流程，增加捆扎区和加油区，不断强化过程管理，进一步提高商品车捆扎和油品质量；最后，通过发运中心项目，对承运商进行了整合，进一步提升承运商的运营能力和平板发运水平，加强运力保障。同时承运商的整合减少了管理层级，节约了管理成本。发运中心功能区平面图如图 6 – 10 所示。

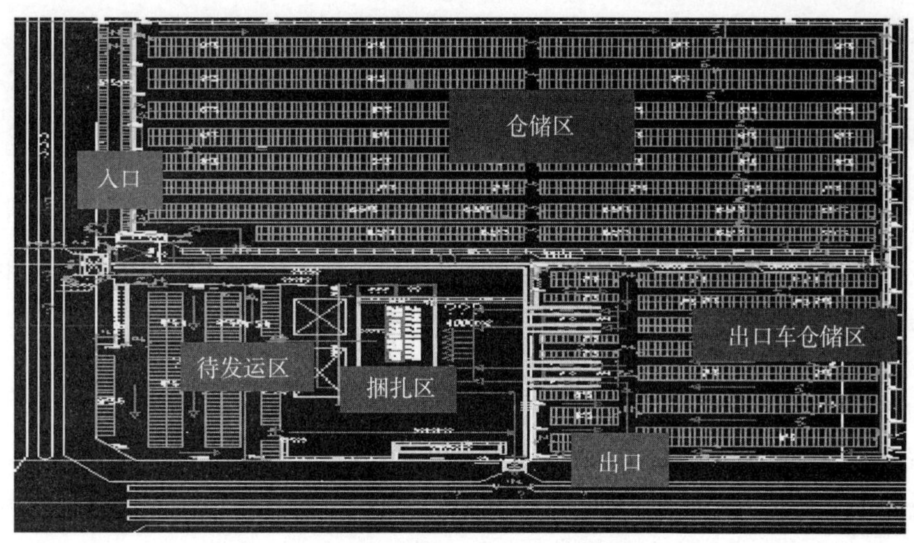

图 6－10　发运中心功能区平面图

经过实践过程中的不断优化，目前发运中心共有以下几个主要流程，具体为：①商品车下线至下线；②商品车流转至发运中心库；③订单计划下达；④仓储部打印单据并同打码室交接合格证；⑤商品车拣货出库至打码室打码；⑥商品车至捆扎区；⑦商品车捆扎或平板装运；⑧商品车至待发区；⑨承运商至待发区提车出门。

其中流程②⑤⑥⑦⑧均由外包公司负责。业务外包的优势主要体现在：

（1）业务外包是商储公司能够集中资源和精力在核心业务上，优化资源配置，为增强商储公司的核心竞争力提供了更多的思考时间，将有限的人力、财力集中在核心业务上。

（2）业务外包使商储公司把内部承担的管理职责变为外部承担的法律责任，降低内部风险。

虽然业务外包具有一定优势，但也存在一些问题，主要体现在：

（1）外包企业普遍规模小、专业化水平低、员工素质较差，商品车流转和捆扎工作中责任感较差，商品车入库流转经常出现商品车车身磕碰划伤等现象，这些问题的存在给商储公司的管理带来了一定的难度。

（2）业务外包虽然减少了商储公司人力、财力的投入，但是过程中容易出现推诿扯皮的现象，例如商品车流转过程中出现的磕碰划伤导致权责难以划分，处理时间较长。

商储公司原有业务操作方式极大影响了物流运营效率及服务质量，为改善现状，2013 年 3 月商储公司启动信息化建设项目，构建商储公司物流信息系统整车物流系统。该系统包含仓库管理系统 WMS、运输管理系统 TMS 和结算管理系统 LFCS。

通过信息化建设，主要实现了以下方面的改善：

（1）从商品车下线到出门在途全部实现了扫码操作，改变了手工操作的模式，提升了商储公司整体信息化水平，紧密联系商储公司各个业务环节，通过系统的信息传递控制各个时间节点。

（2）能够快速处理各项业务，提高内部运作效率。

（3）系统基本实现统计分析功能，能够根据需求输出报表，便于业务部门和财务部门进行统计分析。

（二）运输模式

商储公司目前主要运输模式为人工驾送和平板发运。人工驾送分为单车运输和背车运输，背车运输又分为二层背车和三层背车。一般情况下，厢式车均为单车运送，其他非厢式车可遵循“大背小”或“同类背同类”的原则进行配载。

目前，合肥发运中心采用二级配载模式，以平板运输为优先选择项，由商储公司业务调度负责根据运力情况进行资源的合理分配；不符合平板配载的，系统自动识别到人工运输，由承运商调度负责根据车型、紧急程度等因素进行合理配载。2017 年上半年，商储公司合肥、青州、遂宁三地平板运输实现总运输量的30%。

（三）管理模式

1. GPS 在途监控管理

为进一步加强对商品车运输途中的过程管控，不断提高运输质量和运输时效，2014 年通过公开招标，江汽物流公司正式与汇通天下开始 GPS 在途监控项目合作。商储公司从商品车入库流转、出库流转以及长途发运均建立了 GPS 在途监控管理体系，通过 GPS 设备绑定，有效监控车辆流转和长途运输情况，首先可以实时了解车辆在途情况，并推算到达目的地的时间，解决了传统销售行业“车辆一发出，什么都不知”的情况；其次通过对销售网点进行的标注点的地图处理，能够自动识别每个车辆停车位置的属性；再次无论车辆分布何处，商储公司都能及时了解车辆当前执行任务的进度，提高工作效率；最后在车辆违规行驶或违反行业规程时，系统能够主动提示或报警，提示车辆违规信息，以便及时给予处置。

2. 承运商管理

为了规范承运商运送车标准，提升承运商管理水平，确保物流公司运输管理符合终端市场的需求，商储公司建立承运商月度考评机制，对订单出库时效、出库及时率、商品车质损率、系统准时率和回单及时率等指标进行考核，考核结果将作为承运商资源分配、年度评优以及与商储公司签订合同的重要依据。承运商考核分数在月度考核中低于合格分时，将受到警告处分，商储公司将对其提出整改建议；连续两次月度考核分值低于合格分时，商储公司将约谈承运商总经理并要求该单位作出书面承诺限期内整改；两次以上月度考核分值低于合格分，商储公司根据“商储公司轻卡资源分配方案”对其合同区域内的运输资源进行合理调整；年度考核分值低于平均达标值，承运商将失去年度评比资格。

（四）客服体系建设

为进一步提高客户满意度，真正实现“服务销车”的经营理念，商储公司于2015年建立客服体系，通过QQ平台建立全国经销商服务群，第一时间回复车辆信息、及时协调解决车辆问题等。拟定“经销商权益保障方案”，遵循“现场、现时、现物”的原则保障经销商的合法权益。联合主业营销与制造成立经销商权益保障小组，定期召开例会并解决问题。

为深入了解客户的真实诉求，掌握承运公司在商品车运输过程中存在的问题，不断提升商储公司的服务水平。商储公司建立“三级”市场走访机制，“三级”即指管理团队、业务骨干、经销商代表。

（五）承运商能力提升

1. 安全体系建设

承运商作为商储公司的重要合作伙伴，其运营能力均影响着商储公司发运业务的开展。目前各承运商管理均不规范，缺少完善的安全管理体系，安全管理人员整体素质较差，缺乏专业的安全管理知识。没有健全的安全管理制度，缺少管控标准。针对以上问题，商储公司牵头组织各承运商开展安全体系建设项目，进一步提升安全管理。

2. 服务标准强化

汽车物流行业的进入门槛不高，造成目前行业群体数量多，单个企业控制车辆规模少，效益和规模的原因，使得大多数企业没有能力提升管理技术，保障服务质量。目前商储公司承运商整体能力不高，服务水准有限，服务标准需进一步强化，改善服务品质参差不齐的现象。

（安徽江汽物流有限公司）

第七章　我国汽车整车物流铁水运输发展情况

2016年，车辆运输车治理给我国汽车整车物流市场带来了巨大的挑战，公路运输市场受到巨大冲击，超限超载带来的低价竞争市场环境得以改变，公路运输价格合理回归，这对于汽车整车铁路、水路运输来说，是巨大的发展机遇。本章由中铁特货介绍了我国整车物流铁路运输的发展情况，由深圳长航和中甫航运两家企业从滚装运输发展的角度介绍了我国整车物流水路运输的发展情况，由大连港码头介绍了我国整车物流水运码头发展情况。

第一节　我国铁路整车物流铁路运输发展情况

改革开放以来，随着我国汽车产业的快速发展和人民群众生活水平不断提高，汽车产销规模呈现出了强劲的发展势头，同时也带动了公路、铁路、水运汽车物流业的快速发展。铁路具备安全性高、时效快、全天候、全覆盖、大批量、长距离、节能环保等明显优势，铁路运输必将成为国内商品车物流行业发展的趋势。

一、铁路运输现状及模式

（一）铁路运输现状

中铁特货运输有限责任公司（以下简称中铁特货）是全国铁路专业从事汽车物流业务的主体，对全国铁路汽车运输物流业务实行统一管理、统一组织、统一运作。中铁特货是中国铁路总公司（原铁道部）直属专业运输企业，具备小汽车铁路运输唯一承运权，公司注册资本183亿元，具备年运输汽车600万台的能力，所属全资子公司中铁特货汽车物流有限责任公司拥有从事两端配送物流专业队伍，可实现“门到门”的汽车全程物流业务运作。

自2006年铁路运输进入商品车物流领域以来，从初期年运输乘用车5万台，到2012年实现重大突破，运输102万台，2016年运输商品车290万台，2017年预计运输商品车440万台，铁路商品车整车物流实现了快速发展。

（二）铁路运输网络

中铁特货在全国拥有21个分、子公司，具有完整的、覆盖路网的组织机构、运输线路和信息网络。在全国拥有140个商品汽车装卸作业点；42个物流基地，总面积219万平方米。同时，中铁特货公司在铁路总公司的大力支持下，计划在2017年年底完成108个铁路商品汽车整车物流基地的建设，此举将大大提高中铁特货在商品汽车整车运输能力和市场竞争力，为铁路商品汽车持续发展提供强有力的保障。

（三）铁路运输模式

铁路运输模式多种多样，主要有站到站、站到店、站到库、厂到店，可根据客户要求具体选择。目前铁路商品车“库前移”模式是中铁特货公司和各主机厂、物流公司合作中最成功的一种物流运作模式，在整体物流运作上有效发挥了铁路批量运输优势和场地仓储优势。“库前移”模式如图7-1所示。

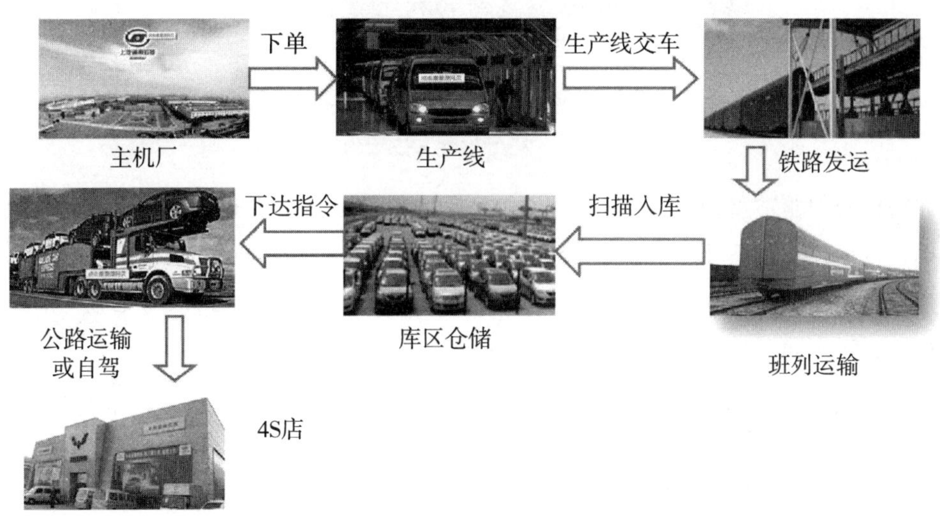

图7-1 “库前移”模式

“库前移”模式带来了主机厂销售反应速度提高、产品调拨快捷、物流运输灵活、物流成本降低等诸多优势。

二、铁路运输设备

（一）铁路运输设备总体情况

铁路商品汽车运输至今，运输设备经市场检验，已进行全部优化。目前，铁路拥有运输汽车专用车 JSQ5 型、JSQ6 型、JSQ7 型车共计 15000 辆。板架箱 250 组，其中，板架箱分为 25 英尺板架箱和 50 英尺板架箱，板架箱目前主要用于运输农机设备。小汽车运输专用车示意如图 7 – 2 所示。

图 7 – 2　小汽车运输专用车示意

铁路总公司非常重视小汽车运输业务，自 2015 年起，铁路商品汽车运输进入高速发展期，每年投资新造车辆均为 3000 辆，预计截至 2017 年年底 JSQ 型车将突破 20000 辆，预计年运输能力达 600 万台以上。同时，正在研发的新型铁路汽车运输车辆——工程机械运输专业车辆 NA1 型及三联型车 JSQ8 型也已经进入试验阶段。

（二）铁路运输装备

1. 乘用车铁路运输装备

目前，中铁特货运输有限责任公司（以下简称中铁特货公司）在乘用车运输装备上面主要有 JSQ6 型、JSQ7 型。JSQ6 型车辆经过多年验证，很好地适应了市场，更充分证明了铁路在汽车物流运输行业中也具备强大的竞争力。JSQ6 型车图片及参数如图 7 – 3 所示。

<table>
<tr><td>技术参数</td><td>第一方案</td><td>第二方案</td><td>第三方案</td></tr>
<tr><td>外部尺寸（长/宽/高）（毫米）</td><td>26066/3086/4723</td><td>26030/3066/4723</td><td>26030/3066/4723</td></tr>
<tr><td>内部尺寸（长/宽）（毫米）</td><td>25100/2800</td><td>25100/2860</td><td>25100/2860</td></tr>
<tr><td rowspan="2">上下两层高度（上/下）（毫米）</td><td rowspan="2">中部 2070/
端部 1590，中部 2270</td><td>端部 1720/中部 2070</td><td rowspan="2">1740/1790</td></tr>
<tr><td>端部 1720/中部 2070</td></tr>
<tr><td>自重（千克）</td><td>38300</td><td>38300</td><td>37000</td></tr>
<tr><td>载重/计费重量（千克）</td><td>22000/100000</td><td>22000/100000</td><td>20000/100000</td></tr>
</table>

图 7－3　JSQ6 型车图片及参数

2. 商用车铁路运输装备

中铁特货公司目前在商用车运输装备上面主要有 J5SQ 型、JSQ7 型等，可运输皮卡、轻型客车、中型客车及轻型货车等。车体主要分为上下两层，在运输商用车时，上层活动地板可收起。J5SQ 型、JSQ7 型图片及参数如图 7－4 所示。

项目	J5SQ 型	JSQ7 型
载重（吨）	13	50
车辆长度（毫米）	17938	26066
车辆宽度（毫米）	3065	3306
车辆高度（毫米）	4772	4760
上层净空高（毫米）	1591	1700
下层净空高（毫米）	1700	1860

图 7－4　J5SQ 型、JSQ7 型图片及参数

中铁特货公司现有 D70 型装备，可满足部分重型货车、轻型货车及部分工程机械的运输需求。2017 年上半年已成功试运了徐工集团的工程机械。D70 型图片及参数如图 7 -5 所示。

项目	D70 型
载重（吨）	70
车辆长度（毫米）	20400
车辆宽度（毫米）	3000

图 7 -5　D70 型图片及参数

中铁特货为适应市场需求，加大了新装备的研发力度，现正重点研究重卡及其他工程机械的运输设备，目前已有了初步方案，运输车辆暂命名为 NA1 型。NA1 型在国铁线路上可装载商用重型、中型和轻型卡车，重型卡车包括牵引车以及载货车、自卸车和搅拌车的二类底盘，中型和轻型卡车的二类底盘，也可装载自行轮式工程机械，NA1 型采用典型装载方式。新研发车型（NA1）如图 7 -6 所示。

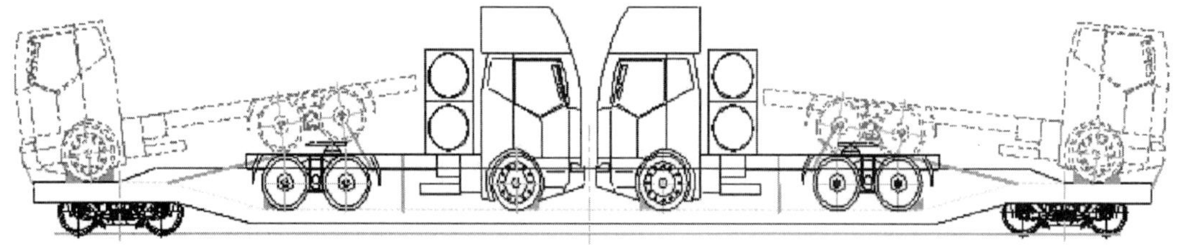

图 7 -6　新研发车型（NA1）

第二节　我国铁路汽车国际运输发展情况

目前，我国汽车国际进出口相对发达国家有很大差距，配套设施的建设仍有待完善，目前受资质及其他相关方面的影响，铁路在汽车国际运输方面主要负责内陆运输。为了更好地发展铁路汽车国际运输业务，提供专业化、组织化管理，中铁特货公司根据市场需求，已要求中铁特货公司全资子公司中铁特货汽车物流有限责任公司全权负责铁路汽车进出口业务。

中铁特货汽车物流有限责任公司紧密联系市场，加强市场开发力度，在成功开通长城出口至哈萨克斯坦项目并已成功试运的基础上，又成功开发从天津新港站至内蒙古二连站过境商品车运输项目、湖南株洲北站至上海闵行站株洲北汽出口商品车运输项目、内蒙古东胜西站至天津塘沽站鄂尔多斯奇瑞分厂出口商品车运输项目、沈阳大屯站至山东黄岛站长春一汽出口商品车运输项目，以及新疆霍尔果斯站至北京顺义站的平行进口车项目运输等。

为了让JSQ6型车走出国门，中铁特货汽车物流有限责任公司积极与乌兰巴托铁路局沟通，共同评估JSQ6型车过轨方案等在蒙铁的技术可行性，努力开发JSQ6型车过轨转向架研发项目。

中国铁路通过不断加强自身建设，更好地适应市场，铁路汽车出口项目从无到有、从有到强的过程同时也见证了中国铁路的发展历程。中铁特货公司将继续全面贯彻国家“一带一路”建设，深入开展汽车国际运输业务，继续为推动国家经济发展贡献力量。

第三节 我国汽车物流铁路运输发展趋势

随着我国汽车生产和消费水平的不断提高，汽车物流业务也将继续保持增长，但随着汽车物流业务的增长和各生产企业的整车利润不断下滑，行业内各物流运输企业的竞争也将同时加剧，行业内各运输企业也要面临新一轮的洗牌。

铁路的运输优点主要是安全性高、时效快、全天候、全覆盖、大批量、长距离、节能环保等，但相对而言，集单时间较长，在市场反应方面相比公路仍有所差距。同时，铁路运输成本相比公路并不具备明显优势也是当前困扰铁路的头等问题。

对于公路，“点对点”的运输方式虽然为企业和经销商提供了较大的便利，但随着汽车生产企业的不断扩能，“点对点”运输已经开始凸显瓶颈，即无法对市场形成快速反应能力。同时，近年来随着板车公路事故频发的影响，安全成为了当下政府迫切需要解决的问题。在后续的政府政策中，“治超”仍然是重中之重，随着“治超”力度的不断加强，公路运输成本将不断提高，将同时制约汽车生产企业和公路运输企业。

对于水运，受限于自身条件，水运在未来汽车物流行业中虽仍会保持增长，但不会占据主导地位。

在未来汽车物流发展过程中，单一运输方式已不适合市场的快速发展，由此引发的对于各运输方式在新环境下定位的思考将越来越重要。对于铁路而言，铁公联运、铁水联运将是打破制约铁路、公路以及水运继续发展的重要手段。以中铁特货目前取得的经验来看，铁路“库前移”运输模式是十分适合汽车生产企业需求的一种运输方式，“库前移”也是铁路、公路联手发展的有力证明。在“库前移”全程运输过程中，既解决了汽车生产企业整车仓储问题，又通过铁路、公路的联合运输对汽车销售市场形成了快速反应，适应了市场，满足了消费者需求。

在以后汽车物流运输发展中，多种方式联运必将成为汽车物流运输的一大特色，同时多种方式联运也将继续推动汽车物流运输业务的发展。铁路作为其中一种运输方式也将继续发挥着应有的作用，为推动国家经济发展继续肩负起应有的责任。

（中铁特货运输有限责任公司　左光宇）

第四节　我国汽车整车物流水路运输发展情况

一、2016 年我国整车物流水路运输总体情况

（一）2016 年我国整车物流水路运输货源分布及运量情况

中国汽车生产企业主要集中在沿海和长江流域，形成了长江三角洲地区（苏浙沪）、东北三省、长江中上游地区、珠江三角洲（粤桂）、环渤海湾地区（京津鲁）五大汽车产业聚集区。中国滚装市场货源也主要集中在以上地区，长江加沿海形成“T”字形分布，其中的滚装物流枢纽港主要是长江的重庆、武汉、上海，沿海的天津、大连、烟台、上海、广州、海口，其中上海联结江海，沟通远洋。

滚装腹地主要货源如表 7－1 所示。

表 7－1　　滚装业务主要货源

滚装区域	枢纽港	核心客户
西南区	重庆	长安汽车、长安福特、东风小康
华中区	武汉	东风神龙、东风标致、东风本田、东风乘用车
华东区	上海	上汽通用、上汽大众

续　表

滚装区域	枢纽港	核心客户
东北区	大连	华晨宝马、沈阳通用、大连奇瑞、大连日产
华北区	天津	一汽丰田、长城汽车、北汽集团
华南区	南沙	广汽丰田、广汽本田、广汽乘用车、东风日产、一汽大众
	海口	海马汽车

2016 年，国内滚装运量合计约为 234. 1 万自然辆（剔除各船公司互为代理重复数据，无权威数据），与 2015 年相比增长约 20. 13%，深圳滚装、上海安盛、中远海滚、民生轮船、中甫航运五家公司运量占到总运量约 97. 00%。

（二）我国整车物流水路运输主体、竞合关系及赢利水平

2016 年，我国整车物流水路运输市场主体产生一定变化，中远集团和中海集团旗下滚装业务应国家要求进行合并后成立中远海运滚装运输有限公司，重庆华阳嘉川船务有限公司也投入运力进行滚装船经营。

截至目前实际参与我国整车物流水路运输的公司主要为深圳滚装、上海安盛、民生轮船、中远海滚、中甫航运和华嘉船务。行业运力数合计 80 艘滚装船，总计 97060 个车位，如表 7 –2 所示。

表 7 –2　　滚装业务运力情况

公司简称	主要业务区域	运力数（艘）	车位数（个）
深圳滚装	长江、沿海	25	27940
上海安盛	长江、沿海、远洋	20	20270
民生轮船	长江	15	11250
中远海滚	沿海、远洋	7	23400
中甫航运	沿海	4	5300
华嘉船务	长江	8	6400
大丰港	沿海	1	2500

从各滚装船公司的营运情况来看，竞争有所加强，但总体上业内合作大于竞争。深圳滚装、上海安盛、民生轮船、中远海滚、中甫航运都有各自单独的航线和市场，且优劣势相对都比较明显，在滚装业内的差异化营运比较明显，各家滚装船公司在不同的航线和市场存在诸多优势互补和合作；深圳滚装、上海安盛、中远海滚共同形成

丰田南北班轮航线，共同服务于南北丰田汽车，成为业内共同航线和市场的典范。

从2016年情况来看，由于滚装市场得到主机厂的重视，尤其是在GB 1589标准于2016年9月21日正式实施以来，滚装运量出现较大幅度的增长，各滚装企业赢利情况有所提高，基本都处于赢利状态。

（三）我国整车物流水路运输市场航线及运力分布情况

滚装船作为我国整车物流水路运输市场中主要的运输，主要分为三种类型：1000级车位以下轻型滚装船；1000~3000级车位的中型滚装船；3000级车位以上的大型滚装船。

轻型滚装船主要分布于长江沿线，沿海华东至渤海湾、东北航线，广州至海南航线；中型船舶主要分布于中国沿海南北滚装干线，为中国沿海滚装运输的生力军；大型船舶一部分以期租的形式经营外贸航线，另一部分也投入至中国沿海南北滚装干线运营，主要航线以及运力投放如表7-3所示。

表7-3　　滚装业务主要航线以及运力投放情况

航行区域	航　线	船　舶
长江航线	武汉—上海	江平、江安、江兴、安达5号 民宪、民德、安吉206
	武汉—重庆	江发、江旺、江达、江宁、江康、江吉、江泰、江和、民勤、民俭、民铎、民振、民朴、民福、民华、民生、民恒、民强、民联、民众、民文、安吉201、安吉202、安吉203、安吉204、安吉205、华嘉1号、华嘉2号、华嘉3号、华嘉5号、华嘉6号、华嘉7号、华嘉8号、华嘉9号
沿海航线	广州—上海—天津	长吉隆、长祥隆、长兴隆 常安口、常荣口、安吉26
	广州—烟台—大连	长宁、长康、长川 长发隆、长达隆、长泰鸿、长盛鸿
	广州—上海—大连	安吉8、安吉9、安吉22、安吉23 长旺隆、玉衡先锋、常发口、世江、世海
	上海—大连	世源、世洋、大丰港和顺号
	环渤海湾	安吉1、安吉3、安吉4
	天津—上海	安吉5、安吉6、安吉7、安吉21、中海高速
	海口—东莞	长忠、丰前、长宇
外贸航线	期租及自营	中远盛世、中远腾飞、安吉11

二、2017 年我国水路运输发展趋势

（一）公路治超带来机遇

1. 公路治超后带来公路运输成本增加

随着 GB 1589—2016 标准颁布后，国家限定从 2016 年 9 月 21 日起，严禁“双排车”进入高速公路。2016 年 9 月 21 日至 2017 年 6 月 30 日为不合规车辆运输车的整改期，在此期间暂时允许本方案发布之前注册登记的“单排车”过渡运行，全国高速公路经营管理单位应拒绝“双排车”车辆驶入。并在 2017 年 6 月 30 日前完成 20% 不合规车辆运输车的更新改造。

2017 年 7 月 1 日至 2018 年 6 月 30 日，全面完成所有不合规车辆运输车的更新改造，其中 2017 年年底前完成 60%。

2018 年 7 月 1 日起，全面禁止不合规车辆运输车通行，符合新修订 GB 1589 要求的标准化车辆运输车比重达 100%。

从时间节点来看 2016 年 9 月 21 日与 2018 年 7 月 1 日最为关键，前者明确规定“双排车”严禁上路，后者规定不合规车辆严禁上路。

就目前的情况来看，2016 年 9 月 21 日之后双排车已离开历史舞台，所有公路运输车辆都是以“单排车”的形势过渡运行，因此公路运输的运输成本整体而言较 2016 年 9 月 21 日之前约有 10% 的上涨；因为 2016 年 9 月 21 日至 2018 年 6 月 30 日为过渡期，公路运输市场上还会以“套牌车”之类的形势存在相当数量的不合规车辆，公路运输成本难以继续上涨，但从长远来看，2018 年 7 月 1 日之后，公路运输成本预期将出现大幅度增加。

2. 水路运输成本优势带来主机厂倾向水运

近年来，发改委联合交通部频出扶持航运企业的调控政策，减免、限价范畴涉及港口规费、拖轮、代理等诸多航运成本，综合而看水运运输成本水平基本稳定。

在公路运输成本增加，以及预期还会继续增加的趋势下，汽车厂深刻感受到公路运输未来发展的劣势，与此同时水路运输的成本优势也逐渐被汽车厂所关注。越来越多的汽车厂都在了解水运运输模式，并着手将水运运输列为其物流体系中密不可少的一部分。

2016—2017 年期间，除传统的商品车水运物流外，北汽集团旗下北京奔驰、北京现代品牌开通了华北至华东、华南的区域水路运输，吉利汽车同时开通了长江沿线以及华东至华北、东北、华南区域的水路运输，佛山一汽大众也已经开通华南至山东地区水运并着手准备开通华南至东北的水路运输。

（二）水路运输船舶大型化趋势明显

2015 年之前，国内沿海滚装船主要以 1000 级车位以及 1000～3000 级车位以下为主，超 3000 级车位滚装船仅有 2 艘。自 2016 年以来，大型滚装船集中下水，2016 年年初至 2017 年 9 月，我国总计投入 25 艘滚装船，车位数 39800 车位，其中超 3000 级车位的滚装船 8 艘，1000～3000 级车位滚装船 5 艘，1000 级车位及以下滚装船 12 艘（全部为长江板块），2017 年四季度预计还会投放 1 艘超 3000 级车位滚装船，大型化趋势明显。

（三）水路运输航线、班次密度将进一步增加、提高

2015 年之前，我国水路运输由于市场体量较小，专业的滚装码头、滚装船运力有限，致使水路运输航线及班次密度都较为有限。

随着市场体量的增加，越来越多的港口城市都开放了专业的滚装码头。2016—2017 年长江新增常熟港、常州港挂靠节点，沿海新增宁波梅西港、上海临港、大丰港挂靠节点，水路运输的航线进一步增加。与此同时船公司的运力数目的不断增加，水路运输的班次密度相比之前有了大幅度提高。

水路运输航线、班次密度的优化提升为汽车厂带来更多的选择，有利于水路运输的未来发展。

（四）水路运输和公路运输以多式联运方式完成全程运输趋势明显

水路运输因其特性只能完成港口至港口段的运输，而商品车的物流是需要完成汽车厂至库场或经销店的全程物流，仅凭水路运输无法满足汽车厂的物流需求。因此近来水运船公司多以与公路运输公司合作的方式共同向汽车厂投标，以公路—水路联运的多式联运方式提供全程物流服务。

目前，神龙汽车、雷诺汽车、东风风神、长安系汽车、广汽乘用车、吉利汽车、宝马汽车、北汽系汽车都是公路—水路公司联合以多式联运的方式向汽车厂提供全程运输，多式联运方式完成全程运输的趋势明显。

（五）水路运输遇到第二次发展机遇

当前我国汽车产销量已完成连续 8 年蝉联世界第一，2017 年无疑将会是连续 9 年世界第一，产销水平有望达到 3000 万元的水平。近些年来水运比例一直维持在 7%，水运比例每提高 1 个百分点就会增加 30 万辆的水运运量。

如今汽车厂已经着重关注水路运输这种具有成本优势且绿色环保的运输方式，经

营水路滚装运输的物流公司也已经准备好了相应的船队运力，可以说现在是“万事俱备，只欠东风”。随着公路治超的依法治国的不断推进，在汽车市场需求不断增长和公路运输逐步规范的前景下，我国水路滚装运输将会在2009—2013年小有成绩的基础上，面临将会遇到第二次的发展机遇。

（深圳长航滚装物流有限公司　张哲）

第五节　我国汽车整车物流滚装运输发展情况

一、2016年我国汽车滚装运输发展情况

国家汽车工业现状及发展趋势继续支持滚装水运的发展，2009—2016年，我国汽车产销量已经连续8年保持全球第一。2009年我国汽车产量达到了1379万辆与上年同比增长47.57%，首次成为世界第一大汽车生产国，销量达到1364万辆，与上年同比增长45.48%，登顶世界年度汽车销量榜。2016年，我国销售汽车2803万辆，同比增长13.9%。2017年1—8月，汽车产销分别完成1767.8万辆和1751.1万辆，比上年同期分别增长4.7%和4.3%，低于上年同期6.1个和7.1个百分点。

目前，全国汽车整车制造企业在130家左右，主要汽车企业的分布聚集程度比较高。经过数年的快速发展，我国汽车产业已形成了坚实的发展基础并呈现出六大汽车产业集群，包括东北地区、环渤海地区、长三角地区、珠三角地区、华中地区、西南地区。

在产业布局选址上，临海、临江成为各主机厂建厂的首选，充分利用海、江开展水运是大趋势、大方向；有利于整车物流多元化运输保障的开展。

不难发现，几乎所有已经成熟开展整车滚装水运业务的沿海沿江码头均处在上述六大汽车产业聚集区，包括部分即将大规模开展整车滚装水运业务的港口与码头，也基本上处在上述聚集区内；国家汽车工业现状及发展趋势已经并将继续有力支持整车滚装水运的发展。

（一）开展滚装水运业务的港口码头情况

目前全国沿海沿江已经成熟开展商品车整车滚装水运业务的港口有：大连港、天津港、烟台港、上海港、广州港、海口港、重庆港、武汉港、芜湖港、南京港。

这其中海港码头包括大连汽车码头、天津环球汽车码头、烟台港/烟台打捞局汽车码头、上海海通国际汽车码头、广州南沙汽车码头、东莞国际货柜汽车码头等。

沿长江流域已成熟开展商品车整车滚装水运业务的码头有：重庆唐家沱汽车码头、重庆寸滩汽车码头、重庆长石尾汽车码头、重庆果园汽车码头；武汉江盛汽车码头（包含沌口、金口）、武汉军山汽车码头、武汉汉南汽车滚装码头；芜湖奇瑞汽车码头、南京江盛汽车码头、常熟大新华汽车码头。

上述滚装码头基本覆盖了国内全年80%以上的商品车整车水运业务量。其中2016年国内最具代表性的四大滚装码头：上海、天津、大连、南沙共完成了约120万辆车的发运任务。

除上述以外，2016—2017年间新增投产了以下五个主要的商品车整车水运口岸和滚装码头。

（1）中江海物流有限公司芜湖码头已于2017年3月完成试运作，后续将改造两个滚装专用泊位，年吞吐量能力将达到30万~50万辆。中江海将建设商品车物流江海联运战略通道，打造船舶换装、码头作业、铁路中转、公路分拨、基地仓储等功能为一体的商品车集疏运体系和综合性物流服务枢纽。

（2）常熟大新华滚装码头，已开通武汉—常熟、常熟—武汉—重庆固定班轮航线，年吞吐量将达到10万~20万辆。

（3）舟山兴海码头将于2017年10月完工，年底前试运营，设计年吞吐量60万辆。

（4）厦门滚装码头（现代码头以及远海码头），中甫（上海）航运有限公司分别于2016年12月和2017年7月完成首批1000辆吉利内贸电动车水运项目以及300多辆金砖会议外交专用车水运项目，预期未来厦门将会成为辐射福建周边区域的一个重要滚装港口节点并将据此形成部分差异化航线组合。

（5）另外，大丰港在2016年年初开通了大丰至大连的滚装航线，并在2016年的下半年开展了较大量的滚装运输，主要服务客户为基地在盐城的东风悦达起亚；进入2017年，由于一些特殊地缘综合因素，大丰港的滚装水运业务开展略显停滞，尽管如此，预计未来大丰港将会成为华东地区又一关键滚装码头。

上述新增汽车滚装码头的建成和投产，将有利于GB 1589—2016新标准逐步实施过程中滚装航运企业在面临更多运输需求时可以更灵活的组织和为客户提供航线更多差异化服务选择。

（二）当前国内整车滚装运力情况

2017之前在中国沿海沿江主要有6家航运公司从事内贸滚装运输的，分别是上海安盛汽车船务有限公司、深圳长航滚装物流有限公司、广州中远海运滚装运输有限公司、中甫（上海）航运有限公司、民生物流有限公司、重庆华阳嘉川船务有限公司。

在上述航运企业中，中甫航运、安盛船务、深圳长航提供沿江及沿海航线滚装运输服务；中远海运仅提供沿海航线滚装运输服务；民生物流、华阳嘉川船务仅提供沿江航线滚装运输服务。

2017 年 9 月新增一家中江海物流有限公司，正在积极打造水运运力，尤其是长江升船机船型及江进海联运船型，公司未来将提供沿江及江海联运航线滚装运输服务。

目前，国内内贸滚装航运企业运营中的滚装海船共有 37 艘，总计约 75000 标准车位，国内南北线年综合运能约 270 万台。其中安盛船务有 13 艘实际综合载能在 250 ~ 2500 车的沿海滚装船；深圳长航有 14 艘实际综合载能在 600 ~ 3200 车的沿海滚装船；中远海有 5 艘实际综合载能在 2000 ~ 3500 车的沿海滚装船；中甫航运有 5 艘实际载能 800 ~ 2400 车的沿海滚装船，其中包括 3 艘实际载能 1500 车的江海联运滚装船。

目前，国内内贸滚装航运企业运营中的滚装江船共有 42 艘，总计车位数约 32000 车位（基于给定标准 4. 8 米 ×1. 8 米）；其中民生物流运营 17 艘江船，单船载车能力 350 ~ 1300 车；武汉长航运营 11 艘江船，单船载车能力 450 ~ 1000 车；安盛船务运营 7 艘江船，单船载车能力 250 ~ 800 车；另外，华阳嘉川船务在 2016—2017 年投资了 7 艘 700 ~ 800 车江船。

未来非常重要的通航长江干线的最新长江通航升船机标准船型，以下几家正在投资打造中，预计 2018 年陆续交付。具体包括民生公司 4 艘，长航公司 2 艘，安盛公司 3 艘，中甫 2 艘，中江海公司 3 艘。这些升船机船型新造订单的交付完成，将能够提升重庆—武汉间往返商滚航线的运行效率约 25%。

（三）目前国内主要滚装服务航线

经过 10 多年的发展，国内沿海及沿江专业滚装运输已经形成覆盖整个沿海沿江经济发达省市主要港口的“T”字形航线布局。航线基本固定，包括南北航线和长江航线，主要挂靠港口包括天津、大连、烟台、大丰、上海、宁波、广州、海口、芜湖、武汉、重庆。目前，海运和江运在上海港海通码头可以做江海中转联运，存在一次装卸和换船操作；未来中江海物流有限公司在芜湖朱家桥的汽车码头也将成为江海联运的重要枢纽。

大多数航线业已形成每周 2 ~ 3 班甚至更高频次的滚装班轮服务，但是有别于集装箱班轮运输，滚装航线班期尚不能做到完全定班化营运；在目前的航线运营实践中，资源的不平衡性非常严重，特殊时期这往往会带来在同一航线上的两端运力短缺与舱位过剩同时发生的现象；值得注意的是随着水运总量的逐步提升，港口操作场地库容的大小正在一定程度影响水运的整体效率。

目前，所有沿海营运航线中，就单一品牌而言，具有代表性的航线包括以下：

（1）丰田航线：“天津—广州—上海—天津”往返航线。

（2）宝马航线：大连—上海，大连—广州。

（3）一汽大众航线：大连—上海—宁波，广州—上海—天津。

上述航线单一品牌的年运量均超过20万台/年。

除以上按品牌分类外，天津—上海—广州、大连—上海—广州，这两条往返航线为国内沿海最主要的两条滚装服务航线。

二、2017我国汽车滚装运输的发展趋势

（一）可用滚装运力和货源之间的变动关系

由工业和信息化部组织全国汽标委修订的强制性国家标准《汽车、挂车及汽车列车外廓尺寸、轴荷及质量限值》（GB 1589—2016）于2016年7月26日由质检总局、国家标准委正式批准发布。该标准规定了汽车、挂车及汽车列车的外廓尺寸及质量限值，适用于在道路上使用的所有车辆，是汽车行业最基本的技术标准之一。

GB 1589标准贯穿了车辆生产、销售、使用、管理全过程，与汽车制造、交通管理、道路设计、物流运输、工程机械、石油勘探开采等多个行业密切相关，涉及工信、公安、交通、质检等部门职责，同时也是多年来路政、交管等部门公路超载超限治理的基本技术依据。新标准的发布实施，将有力推动物流运输装备供给侧结构性改革，极大地支撑车辆运输车治理、货车非法改装整治和货车超载超限行为整治等专项行动，大大促进符合标准要求的新车型推广，拉动物流业生产消费，有效满足了特种作业车辆的研发生产和上路使用需求，必将在引导汽车和挂车的设计制造升级、加强道路交通安全管理、规范运输市场发展、提高道路运输效率、维护经济秩序等方面发挥重要作用。

GB 1589—2016于2016年9月21日正式实施，至今已1年有余。实施初期（2016年9月21日至12月31日），大部分主机厂选择将大量原公路货源改为滚装水运，导致短时间内滚装水运运力短缺、码头堆场严重堵塞等问题；2017年1月1日至9月30日，由于公路运价动态调整，导致滚装水运业务比例基本回归2016年9月21日之前水平；当前部分主机厂和公路运输商对于GB 1589新政的实施和影响仍然处于连续评估期，滚装水运份额暂无明显提升。但是随着政策实施的推进，整车滚装水运必将成为商品车运输的在新局面下优质成熟选择。

以沿海滚装运力为例，目前整体37条营运船，其中7条船在未来1~3年将陆续退

役，涉及约6000标准车位；另外3条船将在未来5年内退役，涉及约2800标准车位；未来1年内只有安盛船务当前在建1艘海船，标准车位数约3800个。

短期来看（到2018年年中），2016—2017年新投入的运力将会造成部分滚装航线的短期运力过剩；长期来看，随着差异化航线服务需求的增加，目前部分新增船舶的大型化特点，总体沿海滚装运力仍然不能在高峰期完全应对所有挑战，沿海滚装运力依然存在继续优化的必要性，包括数量上以及单船运能结构上。

中期2～3年来看，随着部分船只的报废和退役，以及一些新增水运资源的引入，例如大丰港的东风悦达起亚、宁波港的吉利汽车、大连港的长安福特以及钦州港的上汽通用五菱和柳汽自主品牌等，伴随着新航线的开辟，运力的分散和重新布局会使得新增运力与待运资源之间达成一种基本的动态平衡。

远期3～5年后来看，随着GB 1589新标准的全面执行，陆运成本的显著上涨将会进一步驱动更多的沿海资源选择水路运输，这种情况下考虑到届时约9000标准车位的现有运力的退役，如没有进一步显著新船投入的情况下，新增运力加上既有运力将不足以应对市场新增水运资源对运力的需求。未来市场实际上需求更多不同运能结构沿海滚装运力的继续投入。

（二）市场对多元化滚装运输服务能力的需求

（1）10多年前，国内沿海滚装起步船型多为小型PCC（纯汽车滚装船），也就是除了商品车轿车以外，无法承运其他类型的商品车辆，例如大小类型的客车、卡车、工程机械等；直到7年前国内8条主流2000～2300标准车沿海滚装船完全投入营运后，其主要服务对象还是商品车轿车，依然没有在多元化适货能力上做太多提升；直到最近，中甫航运与安盛船务新投资建造的2100车位和2000车位PCTC的陆续交付使用，使得国内沿海滚装船的多元化滚装服务能力有了实质性的提升，其中，中甫航运的2100车PCTC在兼具高舱和重载的适货能力特性下，还具有海进江能力，可以驶达长江中下游主要滚装港口。

（2）2016是GB 1589新标准实施的元年，也是内贸沿海滚装运力新增的大年，中远海引进两艘二手4300车位中型PCTC、深圳长航引入一艘4900车位中型PCTC、安盛船务新建一艘3800车位中型PCTC。这些运力的到位，将进一步提升沿海滚装的多元化运输服务能力，以后不仅仅商品车轿车，包括大型工程机械类特种车和商用车都将可以受益于这些新运力适货能力提升带来的好处。这也将进一步带动内外贸联运的运输量。

（3）长江新型升船机江滚船的投入对长江航线营运效率提升的影响将会是显著的。现有三峡双向船闸的设计通过能力为1亿吨，普通船舶平均待闸时间近40小时、危险品船舶则超过50小时，下行船舶最长待闸时间达340小时。旅游船难以等候，多在宜昌转运乘客。三峡枢纽通过能力不足与日益增长的长江上下游水运量之间的矛盾更加突出。基于此缓解这种矛盾为目的通航配套基础设施三峡升船机建成并将于2016年开始试通航。在升船机通航模式下，商品车滚装船单航次的三峡大坝平均双向过坝耗时将从3~4天缩短到约3~4个小时；这相当于在重庆—武汉航线间，每2~3个常规五级船闸过坝航次，通过升船机可以完成3~4个航次，对船舶营运效率的提升将达到25%~30%。2017年，民生物流、武汉长航、中甫航运、安盛船务、中江海物流等公司将陆续针对升船机船型下出总数超过10艘的新江船订单。在GB 1589新政下，这是对汽车物流的积极贡献。

（4）江进海航线的开通是另一大趋势。需要重点提及长航滚装在舟山开展的兴海汽车滚装码头项目，该项目位于舟山定海本岛北部的马岙港区，岸线490米，将建成7万总吨滚装泊位及配套仓储，设计年通过能力为60万台商品车。长三角地区现有上海海通，上海南港，宁波梅西滚装码头，兴海滚装项目除了在地区进一步带来服务竞争与航线多元化选择之外，也提供了江进海船型和航线的新选择，这将对目前江海联运仅限于上海海通码头的中转模式带来一定程度的冲击。

（三）更好的“竞合”带来更好的服务保障

在当前商品车滚装水运营运大环境正在发生重大变化的特殊时期，在国家积极推进和倡导公铁水多式联运的大背景下，面对短中长期的各种挑战和机遇，尤其是中短期新旧滚装运力替换重叠的过程中，各航线往返资源存在较大不平衡的客观条件下，正确客观的处理好“竞争”与“合作”的动态关系，才能最大化提高自身的营运效率，也才能更好地满足客户的要求。

［中甫（上海）航运有限公司　葛晓青、王甲、吴哲］

第六节　我国整车物流滚装码头发展情况

一、我国汽车滚装码头发展情况

（一）2016年我国滚装码头发展情况分析

2016年是“十三五”规划的开局之年，回首2016年国内汽车市场，产销量均突破2800万辆，仍保持了14.46%、13.65%的高速增长态势。其中，乘用车销量继续创新高，全年累计销售2437.69万辆，同比增长14.93%。据海关统计数据，我国2016年全年汽车进口量为104.1万辆，同比下滑3.4%，相较于2015年24.2%的跌幅，2016年进口车市场的下滑速度同比大幅度减小；汽车整车出口81.0万辆，同比增长7.2%，整车出口市场出现回暖。

国内汽车市场在2016年取得的傲人成绩固然可喜，但存在的问题仍值得警惕。一是，高速增长的背后小排量车型购置税减半的推动作用明显。国务院总理李克强于2015年9月29日召开国务院常务会议，会议决定对购1.6升及以下排量车减半征收购置税的优惠政策，起止时间为2015年10月1日至2016年12月31日。该政策在强力助推2016年乘用车市场高速发展的同时，一定程度上提前透支了2017年乘用车消费市场，直接导致2017年上半年乘用车销售增幅降低至1.61%。二是，未来3年内车企产能过剩问题日益凸显。保守估计2016年中国狭义乘用车主要车企产能（在建）达到3351万辆。而从2017年的状态来看，中国汽车业正在进入增速回落期。汽车产业已经存在超过600万辆的在建产能，产能过剩的苗头已经显现，汽车产业最有可能纳入新的去产能行列。

1. 滚装码头发展规模

伴随着国内汽车市场的高速发展，2016年滚装行业发展迎来了令人欣喜的局面，全年行业吞吐总量实现25%的快速增长，行业重心正从外贸转向内贸，从沿海转向沿江，沿江口岸与传统沿海滚装口岸之间的差距正在逐步缩小。

据中国港口协会滚装分会不完全统计，2016年全国滚装码头总吞吐量完成608万辆，是“十二五”开局之年2011年全年吞吐量的近两倍。国内滚装行业经过“十二五”规划5年时间的发展，实现了吞吐总量、服务质量、行业规模、布局范围等全方位的均衡快速发展，并呈现出如下特点。

（1）业务总量大幅增长。受益于国内汽车消费市场快速增长与公路运输合规治理，全年全国滚装装卸业务吞吐量实现25.62%增长，且增长潜力巨大。

（2）业务结构出现变化。外贸进口同比持平，外贸出口有所回暖，内贸水运实现跨越式增长。依托于内贸业务的快速增长，中小口岸及新建滚装码头迎来发展契机，与传统五大滚装口岸的差距进一步缩小。

（3）市场格局发生变化。传统滚装行业主要进口口岸仍以上海、天津、广州、大连为主，武汉、重庆为主的沿江内贸水运口岸迅速崛起，烟台、东莞等沿海口岸内贸业务实现较大幅度增长，市场格局趋于合理化。

2. 滚装码头产业布局

我国汽车滚装码头发展初期，整车进口口岸中沿海进口口岸为大连港、天津港、上海港、广州港，陆路进口口岸有新疆阿拉山口、满洲里和深圳皇岗。其中，四大沿海口岸的进口量和码头装卸量都占据行业九成以上份额。2009 年开始，国家逐步开放进口口岸的限制，相继批复了钦州港、福州港、青岛港、张家港、宁波港、海口港等一批整车进口口岸。“十二五”时期，国内汽车市场的高速发展及国家政策的调整有力助推沿海滚装业务和滚装码头的发展，同期受益于整车厂商向中西部及沿江地区转移，沿江滚装业务也有了长足发展。随着滚装市场业务需求的不断增长，多地政府、物流商、汽车厂商都加大了对滚装码头的投入，纷纷投资建设或参股滚装码头，沿海沿江滚装码头数量得到快速增长。

2016 年，国内滚装码头数量达到 23 个，其中，传统沿海四大口岸仍占据行业主导地位，以宁波、青岛、江阴为代表的新兴整车进口口岸发展势头良好；以烟台、连云港为代表的非进口口岸，外贸出口滚装业务都有较好的发展；东莞、上海临港、武汉、南京、芜湖、重庆等滚装码头依托腹地主机厂资源优势，内贸滚装进出口业务增长势头强劲。

目前，我国滚装码头布局初步形成。以上海、天津、广州为主，大连、青岛为辅的沿海滚装外贸进口格局基本确定；以上海、天津、广州为主，烟台、青岛、连云港为辅的沿海滚装外贸出口格局已然形成。内贸滚装沿海业务基本形成以上海、天津、广州、大连为基本港，其他滚装码头多点开花的基本格局；内贸滚装沿江业务基本形成以武汉、重庆为基本港，南京、芜湖为辅的基本格局。

（二）2017 年我国滚装码头发展趋势分析

1. 行业发展环境分析

（1）汽车产销市场环境。2017 年上半年我国汽车销售 1335.39 万辆，同比增长 3.81%。因受 2016 年小排量购置税减半政策退潮影响，上半年乘用车销售 1125.29 万辆，同比增长 1.61%，增幅下降明显。除日系品牌及少部分自主品牌继续保持增长外，韩、法系及多数自主品牌销量下降明显。此外，据公安部交管局统计，截至 2017 年 6 月底，全国机动车保有量达到 3.04 亿辆，其中汽车 2.05 亿辆，私家车保有量达 1.56 亿辆，占汽车总量的 76.32%。49 个城市汽车保有量超过 100 万辆，23 个城市超过 200 万辆，6 个城市超过 300 万辆，国内部分大中城市汽车保有量趋于饱和状态。由此推断，下半年国内乘用车市场情况不容乐观，预计增幅仍保持 2% 的低速增长。

（2）汽车物流市场环境。2016 年 9 月 21 日，交通运输部会同国家发展改革委、工业和信息化部、公安部、质检总局印发《车辆运输车治理工作方案》（以下简称《方案》），要求综合采取法律、行政、市场等手段，加强对车辆运输生产、改装、销售和使用的全过程监管，基本消除车辆违规运营现象。并严格规定自 2016 年 9 月 21 日起，全面禁止“双排车”通行，并督促汽车整车物流企业更新改造不合规车辆运输车，至

2018 年 6 月底，全面完成所有不合规车辆运输车的更新改造。2018 年 7 月起，全面禁止不合规车辆运输车通行，符合 GB 1589—2016 要求的标准化车辆运输车比重达 100%，我国汽车整车物流业步入良性发展轨道。

2. 行业发展迎来新契机

伴随着《方案》的逐步实施，2016 年年末，国内各大型汽车生产企业及整车物流企业开始调整整车物流模式，重新规划物流方案，由公路违规化运输向合规化转变，由单一运输方式向多种运输方式相结合过渡。进入 2017 年后，《方案》的逐步落实使运输车辆开始走向合规化，且在 2018 年开始单车装载能力减少至 6 ~ 12 辆，因此必将导致整车公路运输单价的大幅上涨。沿海沿江汽车生产企业纷纷开始谋求新出路，对整车物流体系进行转型升级，以应对国家最新政策及日益上涨的公路运输成本。整车多式联运已成为国内公认的未来汽车物流发展方向，中远距离干线运输宜采取水运及铁路模式，中近距离干线运输及二次分拨宜采取公路模式。

《方案》的颁布及落实为滚装行业进一步发展带来重大历史机遇。滚装码头作为整车多式联运的重要节点，其功能作用已逐渐由传统装卸向前置库、分拨中心、物流基地等方向转移，并将滚装水运大规模的优势条件与公路运输灵活高效的先天特性完美结合。大连汽车码头铁路专用线及装卸平台的高效利用，更是将滚装水运与商品车铁路运输无缝连接，实现了真正意义上的整车“公铁水”多式联运，为国内整车多式联运多元化发展开创了先河。

二、我国整车多式联运发展情况

（一）整车多式联运产生背景

多式联运是指由两种及以上的交通工具相互衔接、转运而共同完成的运输过程，它集合了各种运输方式的优势，大幅降低了物流成本，有效减少了单位碳排放，真正实现了绿色运输，具有其他运输组织形式无可比拟的优越性。作为集约高效的现代化运输组织模式，多式联运产生于 1960 年前后，在 20 世纪 80 年代随着集装箱技术的成熟开始快速发展。多式联运对提高运输效率、减少货损货差、降低物流成本有非常重要的作用。中国的整车多式联运开始于 20 世纪 90 年代，规模化运作始于南北丰田航线的开通，从 2016 年下半年开始进入高速发展时期。我国整车多式联运基于以下三点导向应运而生。

1. 政策导向

2016 年 9 月 21 日颁布的《车辆运输车治理工作方案》（以下简称《方案》）不但要求严格治理违规车辆，还特别强调，要发展多式联运，提高综合运能。引导汽车整车物流企业积极拓展新的运输方式、探索多式联运等先进运输模式，不断提升铁路、水路运输能力，提高商品车长途运输中的铁路、水路运输比例，充分发挥综合运输体系中各种运输方式的比较优势，保障治理期间铁路、水路运输价格平稳。

除上述《方案》外，2017 年 1 月 11 日，交通运输部发布《关于进一步鼓励开展多式联运工作的通知》（以下简称《通知》），此为首次以国家层面、多部门联合推进针对多式联运发展进行的专项部署。《通知》特别提出，要加快公路货运市场治理，有序引导不合规车辆退出市场，为中长距离货物运输由公路有序转移至铁路、水路等运输方式创造条件；要严格规范涉企收费行为，落实铁路、港口等收费制度，切实减轻企业负担。

国家通过顶层设计，为发展多式联运创造了诸多便利条件，引导企业大力发展多式联运。整车物流行业通过政府一系列政策导向，于 2017 年开始将整车物流发展的重心由公路向“公铁水”多式联运综合物流体系转移，铁路、水路市场份额得到提升。

2. 市场导向

“十二五”期间，商品车滚装水运、铁路运输得到长足发展。滚装码头吞吐总量由 2011 年 384 万辆增长至 2016 年 608 万辆，商品车铁路运输总量由 2011 年 81 万辆增长至 2016 年 290 万辆，整车“铁水”运输市场份额逐渐扩大。进入 2017 年，整车“公铁水”三种运输方式的结合进一步加深，除政策影响外，市场规律起了关键作用。滚装码头数量的增加、装卸效率的提升、滚装船队的打造均为滚装行业在“十三五”期间进一步发展奠定了坚实基础。整车铁路运输物流基地的建设、“库前移”模式的创新、专用车厢的建造均为整车铁路运输提供了较强的市场竞争力。

滚装水运及铁路运输具有大批量、长距离、安全性高、节能环保、全天候等公路运输无法比拟的优势条件。由此，决定了上述两种整车运输方式的不可替代性。同时，公路运输在中短途灵活性与时效性又很好地弥补了滚装水运与铁路运输的先天劣势。因此，整车多式联运是汽车物流市场经过“十二五”期间成熟发展后市场所选择的最佳汽车物流方式。

3. 成本导向

目前，乘用车运输市场主要以公路运输为主，由于运输车辆普遍超限超载导致运价机制被破坏，公路运价低，铁水运价优势难以体现。“9·21”新政后，“双排车”得到全面禁止，违规“单排车”在过渡期间仍可运行，自 2018 年 6 月 30 日起要求所有违规车型不得上路。由于政策的严格限制，车辆运输车单车装载能力将逐步减弱，即将普及标准车型装载能力为 6 ~ 12 辆。因此，公路运价将回归正常，尤其对 800 千米以上中长距离的影响更为显著，铁水长距离运输的价格优势将得到凸显。

在国内汽车消费市场趋于饱和、产销量增幅双双收窄的背景下，各大汽车厂商降低物流成本已是必然趋势，公路运输成本的上涨使其不得不重新规划物流方案，将更具成本优势的水运及铁路作为长距离保障性运输。在不足两年的整治期内，有些车企未雨绸缪提早布局、抢占先机，牢牢地掌握着公铁水市场资源。但有的车企持观望态度，仍采取公路模式"一条腿走路"，这未尝不是一种赌博。发展整车多式联运已成为当前乘用车企在"十三五"时期的重要任务，不断提升铁路、水运运输能力，提高乘用车长途运输的铁路、水路运输比例，充分发挥综合运输体系中各种运输方式的比较优势，从而降低物流成本。

（二）整车多式联运发展前景

2016 年下半年起，大连汽车码头根据市场及政策形势，联合东北地区腹地乘用车厂商，逐步开展整车海铁联运。2017 年上半年，汽车码头整车海铁联运总量突破 12.8 万辆，占比总吞吐量 42%，成为交通运输部重点推介的国内整车多式联运示范工程。未来，国内整车多式联运发展将呈现以下特征。

1. "中转库"成为行业标配

整车多式联运因运输过程中物流环节相对较多，"中转库"的设立极大地缓解了两种运输方式衔接过程中所带来的物流压力，提高了转运效率，加快了周转速度，既降低了物流成本又保证了交付期，在服务时效与运营成本之间找到了平衡点。目前，铁路商品车"库前移"模式已成为公铁联运中不可或缺的重要环节。整车多式联运在未来发展过程中，"中转库"将发挥其"纽带"作用，并完美融合到整车多式联运中。

2. 滚装码头地位凸显

国内汽车滚装码头在"十二五"期间的快速发展为整车多式联运在"十三五"期间的崛起奠定了坚实基础。作为整车多式联运的关键节点，商品车的集运、分拨都依赖于滚装码头这个平台，并将公路、铁路两种运输模式紧密地联系在一起。

以大连汽车码头为例，大连在地理位置上处于公路核心运输圈之外，公路运输具有较大局限性。同时，东北地区整体运力资源流出流入比为 2∶1，公路运力相对匮乏且成本较高。但港区内铁路专用线极大地缓解了上述问题，腹地大型乘用车企以铁路模式作为主要集运方式，以公路模式为补充，从而平衡运力资源流入流出不均衡的缺陷。如今，大连汽车码头已成为国内商品车滚装水运东北地区枢纽港，多家汽车厂商在东北地区的物流分拨中心，在整车多式联运中扮演着重要角色。

3. 多式联运树立行业新标准

整车物流市场中，汽车厂商最为关注的即是质量、时效及成本。在公路运输普遍超限超载的市场背景下，其在交付时间及单位成本方面可谓占尽优势，水运及铁路运输单凭运输质量无法赢得市场认可。然而，在新的市场环境下，公路运输超限超载得到有效治理，单位成本优势不再明显。

2016 年起，国内沿海沿江滚装船舶运力投放进入新高潮，新建船舶设计航速均为 16 节以上，航线密度覆盖新建码头，铁路运输向班列化迈进，中置轴运输车开始进入市场，各地纷纷设立“中转库”，各种优势条件的汇集使多式联运在交付时间上得到了有效保证。新时期下整车多式联运的发展将不断寻找时效、质量与成本三者间的平衡点，既保证了运输时效、确保了运输质量，又降低了物流成本、树立了整车物流新标准。多式联运作为一个整体，“公铁水”三者缺一不可，共同俱进才能促进行业健康均衡发展，为中国汽车工业持续发展形成助力。

（大连汽车码头有限公司　宁甲震、许文昊、金赵星）

第八章　我国汽车零部件物流发展情况

第一节　汽车与汽车零部件行业概况

19世纪以来，世界汽车工业得益于技术日新月异，得到了迅速发展，汽车产销量不断攀升。由于汽车产业链长、覆盖面广、关联度高、综合性强、技术要求及附加值高，汽车工业已成为世界规模较大的产业之一，也成为许多国家的支柱产业。

自2010年开始，全球经济从金融危机影响中慢慢回转，同时全球汽车产业格局也在发生深刻的变化，全球汽车市场中心由欧美转移至亚洲，以中国为代表的新兴市场迅速崛起。2016年汽车销量超过千万辆的仅中国和美国两大市场，其中，中国稳坐全球最大汽车市场之位，销量达2802.82万辆，增长13.9%，全球占有率已突破到29%，预计未来5年我国汽车产销量将保持近5%的复合增速，至2020年有望突破3300万辆。

在全球经济一体化背景下，世界各大汽车生产厂商纷纷采用零部件全球采购战略来降低成本。以中国为首的亚洲国家成为了全球汽车零部件产业转移的主要目的地。而随着国际知名汽车零部件企业不断进入国内市场，先进的技术以及管理理念也促进了我国汽车零部件工业整体水平的提高。

2016年，我国汽车零部件制造业的主营业务收入为34636亿元，同比增长7.84%。围绕着国内整车制造企业配套市场和国际出口市场，目前已形成了西南、华中、珠三角、长三角、京津和东三省六大汽车零部件产业集群，这些产业群使得分工更精细、信息更集中、物流更便利。2016年，就汽车零件营业额而言，中国名列首位，其他发达国家（如日本、美国及德国）紧随其后。预测2017年中国占全球汽车零件的营业额贡献将达38.8%（如图8－1所示）。

随着中国及全球汽车零部件市场产业转移不断加速、采购全球化、零部件系统的集成化以及规模化等产业格局的变化，汽车零部件物流整合越来越重要，要求汽车零

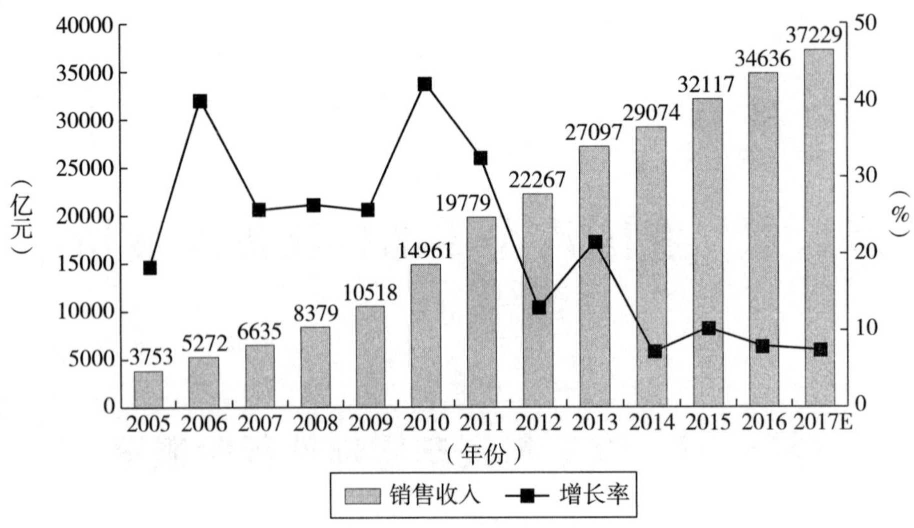

图 8-1 2017 年中国汽车零部件行业销售额预估

部件物流有很强的网络覆盖能力，高效的运输模式、透明一体化的信息管理、智能先进的仓储设备等专业化的运作能力。

第二节 我国汽车零部件物流现状

一、汽车零部件物流发展历程

我国汽车零部件物流发展历程大致可分为以下四个阶段。

第一阶段，20 世纪 80—90 年代，我国汽车产业处于初始发展阶段，国内汽车生产和销售很少有物流的概念，只有整车进口和汽车散件（KD 件）进口中海运和陆运出现端倪。由于整车进口轿汽车散件进口的关税高出数倍，因此国内汽车厂商纷纷采取进口汽车散件自行组装的方式降低整车成本，进而推动进口散件物流得以率先发展，形成了我国汽车领域物流的雏形。

第二阶段，2000 年起，我国汽车产业快速发展，产销量连创新高，推动自营汽车零部件物流迅速崛起。在此阶段，汽车零部件物流的主要特点包括：①由于汽车制造规模仍相对较小，汽车制造厂商主要依靠自身的物流部门完成汽车零部件物流；②汽车零部件物流仍处于初级阶段，以运输、仓储为主，增值服务很少。

第三阶段，2005 年起，我国汽车高速发展，推动了第三方物流逐渐兴起。在此阶段，汽车零部件物流主要特点包括：①汽车制造规模攀升，汽车制造厂商为应对库存量大、层次繁多、结构复杂的零部件供应物流，逐步剥离物流部门成立专业的物流公司或寻求外部物流公司，催生了第三方物流；②由于汽车零部件物流的技术门槛较高，新生的外部物流公司在规模、信息化应用水平和人才积累方面均与汽车厂商附属的物流公司存在一定差距；③随着JIT生产方式的日益普及，汽车零部件物流增值业务快速发展，物流效率逐渐提升，物流成本不断下降。

第四阶段，2009年以来，我国汽车快速走出国际金融危机的影响，汽车消费需求进入爆发性增长阶段，推动现代汽车零部件物流体系逐渐形成。物流企业与整车厂深度联动，根据零部件的具体情况运用循环取货、自送等方式，完成零部件的JIT配送，帮助客户降低物流成本缩短制造周期，实现“零”库存管理。在此阶段，国内汽车领域物流已摆脱低价竞争状态，朝着专业化、标准化、信息化、自动化、智能化、柔性化和精益化发展，形成了汽车制造企业附属的零部件物流企业和独立于汽车制造企业的规模化第三方物流企业共同竞争的市场格局。

二、汽车零部件行业物流成本分析

物流成本一直是社会总成本的重要组成部分，近几年，在物流费用持续增长的同时，与GDP的比率连续4年下降。2016年我国物流总费用约占GDP比率15%，远高于世界平均水平。发达国家这一比率在8%～9%，其中美国物流成本约占当年GDP的8%，欧洲物流成本约为当年GDP的9%。我国与发达国家物流成本占GDP比重如图8－2所示。

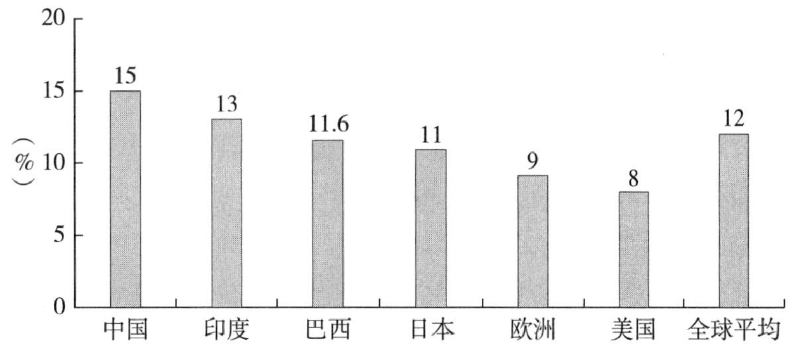

图8－2 我国与发达国家物流成本占GDP比重

而汽车制造企业物流成本也是远高于发达国家，在欧美国家，汽车制造企业物流成本在销售额中所占比重为8%，而占汽车生产成本的比重为10%～15%。在日本，汽车厂商基本能够达到5%。但是在中国，汽车生产企业的物流成本在总销售额中的所占比重已经超过了15%，而在生产成本中的比重则超过了20%。由此可见，通过信息系统整合大量的物流信息，整合不同汽车及汽车零部件企业物流需求，统筹安排优化配送线路，推进汽车零部件物流标准化规范化，实现规模效应，降低汽车及汽车零部件物流成本至关重要。

三、汽车零部件物流问题分析

汽车零部件物流整合必须向着一体化、智能化、信息化方向发展，这是提升我国汽车零部件物流整体效率，降低物流成本的关键。不过由于我国汽车零部件物流整体水平不高，常常导致汽车供求双方出现信息交流困难，物流作业环节繁复状况发生，进而导致零部件库存量大，物流成本压力大。

1. 运作模式单一化

目前，我国汽车零部件企业大多采用 MTO 订单生产模式配合主机厂生产，即汽车零部件企业收到整车厂订单后，必须在 24 小时内将产品配送到位。基于这种 JIT 生产模式，我国汽车零部件物流大多采用“主机厂中心型”模式、循环取货模式（Milk - Run）或者集货中心模式（Cross - Docking）。而这些单一的物流模式通常是供产销一体化的自营物流模式，汽车制造企业不仅是自己实施操作汽车生产活动的主体，同时在企业物流活动中也同样扮演着组织者和实施者的角色。在此背景下，会直接导致库存的周转率、物流资金的周转率以及物流管理的成本提升。

2. 信息化水平低

目前，我国汽车零部件物流信息技术比较落后，没有高效的适合的信息系统，无法做到货物精确定位、仓储精确库存等情况。而且即使实行了信息化，基本上都是相对简单的信息管理软件，大部分仅停留在企业内部事务管理阶段，而企业之间形成了信息孤岛。一体化智能化的管理最不能缺少的就是信息的及时性、充分性和共享性，所以在供应链各环节中配备上先进的信息系统，实现企业之间的实时信息共享，实现整个供应链透明化一体化的运作是不可或缺的。

3. 标准化专业化水平低

汽车零部件的品种多，尺寸和物理特性差异大，而各大整车制造企业之间的标准不统一，使得汽车零部件企业向不同整车厂供货时需要采用不同标准的容器具，造成了大量的浪费。为优化汽车物流体系，零部件物流需要推行汽车运输工具标准化、物流企业管理标准化和物流企业服务规范化标准化等。

4. 设备自动化水平低

我国现阶段主机厂和供应商的仓储仍然采用传统的仓储形式，运作管理水平低，缺少现代化自动化智能化的仓储设备、管理系统，无法达到高质量、高效率的仓储作业。

第三节　汽车零部件行业物流发展方向

如图 8－3 所示。汽车零部件行业物流需通过物流运作模式整合、物流服务商整合、物流运作标准整合、物流自动化设备整合以及物流信息化整合五个方向，从而实现规模效益，降低物流运作成本；实现统一物流运作，提高效率和服务水平；实现供应链一体化、智能化、信息化以及标准化。

一体化
智能化
信息化
标准化

	方向	目标
物流动作模式整合	3PL 循环取货模式、VMI、Cross－Docking	基于信息网络，标准化运作模式，降低物流成本，实现资源共享
物流服务商整合	整合供应商资源、标准化供应商运作流程、建立供应商评价体系等	选择优质物流服务商，提高服务水平、专业度及运作效率
物流运作标准整合	采购流程标准化、包装标准化单元化、信息管理平台标准化	提高车辆装载率，全面提升运营效率和管理水平
物流自动化设备整合	AGV 小车、自动化立体仓库、无人机器人等	提升仓储面积利用率，降低人力资本，实现物流自动化
物流信息化整合	条码技术、RFID、GIS/GPS、大数据、物联网技术等	通过搭建一体化信息平台实现供应链整体可视化监控管理，实现企业间资源共享

图 8－3　汽车零部件行业物流整合方向

一、基于 3PL 的循环取货

尽管目前国内大部分汽车制造商会把循环取货外包给 3PL，但在实际操作中第三方物流服务商并没有发挥其专业化运作、资源整合以及统筹优化的优势，仅是执行整车厂的取货计划。汽车零部件供应商、整车厂和物流服务商基本上各自为政，分别使用自己分信息系统，从自身利益最大化，相互之间协调性差。基于此，整车厂、零部件供应商和第三方物流商以长期合作方式形成的战略联盟下的循环取货模式是新的趋势。

在此优化模式中，汽车整车厂周期性向零部件供应商和 3PL 发放需求计划，经三方充分协议后，由第三方物流服务商全面运作汽车零部件循环取货供应物流活动，准时向主机厂完成配送。第三方物流服务商会根据零部件具体特征以及供应集群特点等要素将零部件供应商分成不同的循环取货区域，对于较远的供应商会考虑在供应商较集中的地方设立集货中心，车辆从集货中心出发，完成循环取货后再回到集货仓库，最后经干线运输后送往整车厂。

基于3PL的循环取货运作模式是以公共的循环取货信息平台为依托，将所有具备条件的零部件供应商考虑进来，实现整体供应链绩效最优，实施JIT配送。通过信息平台支持，3PL利用自身特点优势可以有效地整合供应链上的各个资源，提升供应链总体价值；与零部件供应商、整车制造商实时分享零件库存和运输状态，从而实现信息共享的同步性和准确性；3PL采用规范的取货作业流程、标准化的容器提高运输装卸率，保证取货系统的高效运作。基于3PL的循环取货模式如图8－4所示。

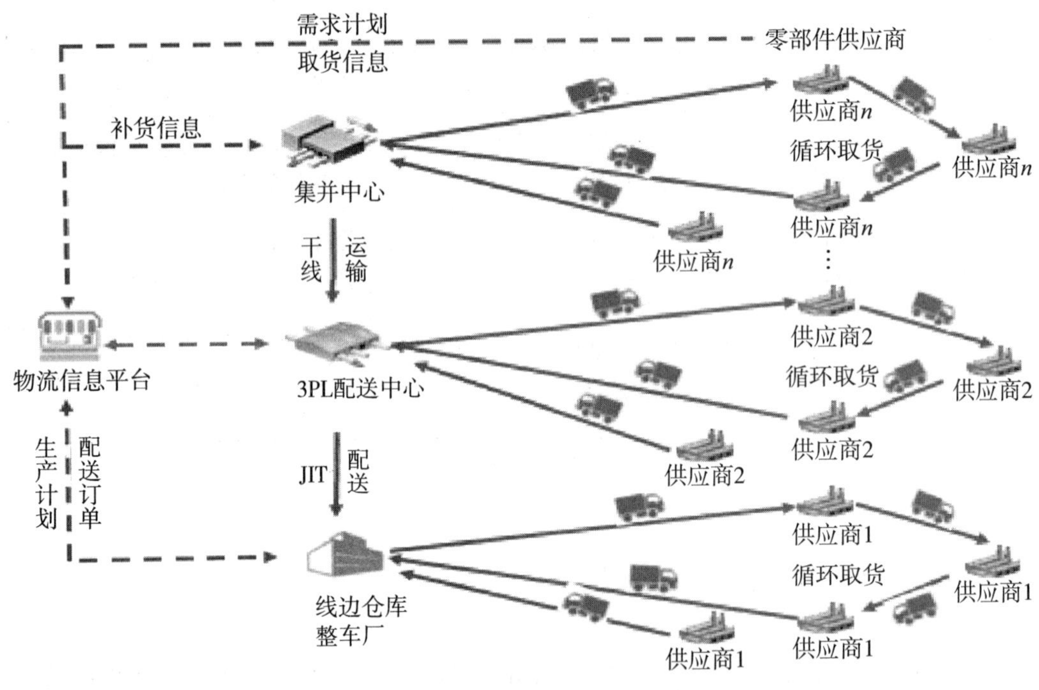

图8－4　基于3PL的循环取货模式

目前，国内一些主机厂已经与一些优秀的物流企业一起探索4PL（第四方物流）的发展模式，寻求运作模式变革，统一规划主机厂与汽车零部件企业物流网络，运用先进的信息管理软件及高水平的自动化工厂物流技术实现物流成本降低，效率的提高。

二、物流运作标准化

汽车零部件企业通过建立物流控制台，标准化物流采购流程、包装器具、信息管理平台减少物流资源浪费，提高物流服务效率，实现企业间资源信息共享。

1. 物流采购流程标准化

汽车零部件企业集中统一物流采购，整合选择优质物流服务商为企业服务；标准化物流采购流程，规范化物流运作流程；搭建物流服务商管理体系，定期对物流服务商审核，从而降低整体供应链运作成本。

2. 包装单元化、标准化

提升汽车零部件企业的包装质量和效率，实现包装器具标准化、系列化和模块化，汽车零部件企业与主机厂器具包装需要向标准一体化发展，即实现统一规划、统一设计、统一采购、统一维修以及统一管理。另外，主机厂与各汽车零部件企业可以通过建立公共信息网络平台，通过信息技术和一体化实现整个供应链包装器具的可视化控制，降低物流器具的投入成本，实现包装器具的共用化，减少物流运输仓储操作复杂性，实现整个供应物流供应链从小循环到大循环的整体节约以及供应模式运作效率的整体提升。

目前，汽车市场上还出现了包装器具租赁和管理服务公司，除了主机厂统一规划外，其他工作基本上都会外包给专业的租赁公司。这种模式不仅可以避免主机厂以及汽车零部件企业包装器具的一次性投入，还能提供更加专业，更加系统化的包装器具管理，减少遗失率和报废率。

3. 信息管理平台标准化

目前，在 JIT 生产方式下，我国汽车制造企业与汽车零部件企业的供应物流网络建设的关键在于搭建一个开放的一体化网络信息平台，一个包含主机厂、汽车零部件企业、第三方物流服务商的多方共享、动态、标准化的平台。

构建先进的公共信息分享平台，需要建立先进的电子交换、GPS、RFID 和云计算、电子标签拣货系统（CAPS）、运输管理系统（TMS）、ERP、仓库管理系统（WMS）和电子自动订货系统（EOS）等信息技术和信息系统，加强对物流信息采集、传输、处理、表达，做到对汽车零配件供应物流的监管和控制，实现物流全过程的可视化管理。通过这些先进的信息技术以及信息系统的应用，增加主机厂与汽车零部件企业信息透明度。主机厂通过实时地将零部件需求信息传递给零部件供应商和第三方物流，零部件企业可以合理地控制库存，合理组织生产，第三方物流服务商也可以实时地掌握配送车辆的良性和流量，合理调配车辆，从而有效地减少由于信息不对称、不充分而造成的低效率和浪费，从而达到整个供应链成本的降低。

4. 智能物流技术应用

智能物流指将条码、无线射频技术、GPS/GIS、自动化设备技术以及大数据物联网技术运用在物流的各个过程中，实现物流自动化运作，提高服务水平。物流智能装备技术是物流自动化的核心，主要包括存储系统、堆垛机系统、搬运系统、输送分拣系统以及设备配套系统等。

在过去，我们可能认为仓库上个自动化设备，运输执行过程中能够做到货品追踪等，这些能够解决现场获取信息的技术就是智能。但是随着科技的进步以及物联网和移动互联网在汽车零部件物流中的广泛应用，现在我们再谈“智能”已经是在谈论那些可以替代人来做出判断和决策的新技术了，也就是说智能物流不仅仅是“自动化”，而是“自动化+信息化+算法”的物流。

总之，通过分析汽车零部件行业物流现状及行业内物流成本比重，总结出汽车零部件物流整合五个方向：物流运作模式整合、物流服务商整合、物流运作标准整合、物流自动化设备整合以及物流信息化整合，从而实现在构建强大的信息共享平台，标准化服务商物流运作，采用完全自动化物流设备，一体化透明化供应链各个节点物流运作模式和信息，提升整个供应链运作效率，降低整体物流成本。

［李尔（中国）投资有限公司　朱岩松］

第九章　我国汽车售后服务备件物流发展情况

第一节　我国汽车售后备件物流发展环境分析

一、我国汽车售后服务政策环境

2016年年初，对汽车售后备件物流有着重大影响的六大法规正式出台，剑指汽车后市场反垄断，在汽车售后备件领域引发了一场冲击波，足以改变目前的汽车售后经营模式。

涉及汽车备件服务相关法规包含：

（1）专营条款被废除，维修保养不必去4S店。过去保修期内如果不在4S店保养，车辆一旦出了故障，4S店有理由拒绝车辆保修的霸王条款得以废除。

（2）不能强制使用原厂配件，“同质配件”时代来临。所谓的“原厂配件”不再“横行霸道”，车主可以自己购买一个质量、配置差不多的零配件进行更换，4S店或厂家不能以此为借口推卸责任。其实剥夺原厂配件的“专制权”，提倡同质配件的流通，第三方汽车维修机构迎来发展契机，普通消费者也将获得更实惠的售后服务价格。

（3）汽车维修信息将强制免费公开。新规实施后，维修信息公开将使得4S店以外的独立维修企业可以更加有效地获取汽车维修保养的相关技术信息。当然，4S店的售后部门也可以更好地掌握维修其他品牌车辆的技术能力。此外，信息公开也一定程度上缓解消费者对汽车维修存陷阱的忧虑，有利于汽车后市场的健康发展。

（4）备件统一编码国家标准将实施。标准规定了汽车备件统一编码的编码原则、数据结构，符号表示方法及其位置的一般原则。适用于汽车备件统一编码和标识的编制，以及汽车备件的信息采集及数据交换。对规范汽车维修市场，提高企业管理效率、降低运营成本，实现消费者配件查询、配件可追溯体系的建立提供了技术支持。

对整个汽车售后服务行业而言，意味着更加透明、公正的竞争市场的开放，消费者和4S店的地位将进一步平衡。但对汽车售后备件物流行业而言，无疑是喜忧参半。以服务于汽车主机厂和4S店的售后物流供应商为例，新政的出台意味着消费者和4S店的黏性大幅下降，特别是维修保养和同质化备件的政策将对4S店的备件销售产业链产生强烈冲击，4S店对消费者的备件需求将失去原有控制力，向汽车主机厂下单的不确定因素大大增加。作为连接两端的汽车售后备件物流供应商而言，意味着货量下降，车辆空置，营收削减等不利局面。有资料显示，汽车行业售后流失率均值高达30%；多个厂家年流失增长率大约3%；可替代备件市场4S店销售比例不足20%。对目前汽车售后备件物流企业来讲“危机”加剧，伴随着“互联网＋物流”的新业务模式的扩展，传统售后备件物流服务企业面临着生死存亡的选择，如不去突破现有模式，将会面临严重的经营困境，换而言之，汽车售后市场的放开，也为优秀的售后备件物流企业带来了业务发展的新机遇，如何在“破”中重“立”，成为汽车售后备件物流企业发展的核心突破点。

风神物流有限公司（简称风神物流）作为具备国家AAAAA级物流企业资质的汽车供应链企业，其汽车售后备件物流板块一直由子公司广州飞梭云供应链有限公司（简称飞梭）承接。从2016年出库金额大数据分析，汽车主机厂客户受到一定的冲击。在汽车保有量逐年递增的前提，备件出库金额维持平稳的微增长趋势，体现出社会化备件对原有模式下原厂备件的分流。

二、我国汽车市场产销环境

国内“十三五”阶段，在改革创新深入推进和宏观政策效应不断释放的共同作用下，国民经济保持了总体平稳、稳中有进、稳中向好的发展态势。受此影响，中国汽车行业加大供给侧改革力度，产品结构调整和更新步伐持续加快。中国汽车产销量连续8年蝉联全球第一，而2016年以来，我国汽车市场再创佳绩，实现了10%以上的增速，扭转了过去两年产销增速下降的趋势。但总体而言，汽车市场趋于饱和状态，未来仍是平稳发展的态势。

汽车保有量和国民消费水平逐年提升，同时消费者对车辆的保养、维护等需求越发热衷，对于汽车备件物流确实是利好消息，但如何把握机会提升营收，有效管控成本仍是任重道远。

三、我国物流市场环境

中国社会物流总费用与GDP比率及汽车行业物流费率呈下降态势，降本增效是物流企业未来的重要工作之一。

交通运输部2016年8月印发《关于推进供给侧结构性改革，促进物流业“降本增效”的若干意见》，明确了交通运输促进物流业“降本增效”要在五个方面重点突破：完善衔接顺畅的基础网络、构建集约高效的服务平台、提升运输链条的组织效率、健全匹配协调的标准体系、营造规范有序的市场环境。

物流的效就是实体经济的本。交通运输推进物流业“降本增效”直接体现在于降本，但关键在于增效。若干意见在提出降低不合理涉企行政事业性收费基础上，着重强化了三方面的运输服务供给优化。一是物流基础网络主骨架建设和节点微循环“最后一公里”优化并举。二是基础设施建设和优化运输组织、信息化建设并重。三是覆盖了跨界、跨区域和城乡物流三个层次，涉及了危险品运输、大件运输、冷链的重点物流领域。

风神物流利用在业务模式与技术发展方面的先进性，通过“五化”（标准化、精细化、信息化、自动化、共享化）实施供应链“降本增效”。以“精益管理”和“技术发展”作为核心竞争力，始终围绕“降本增效”开展各项工作，在提升经营管理质量和业务运作水平的同时，确保企业发展战略的顺利达成。同时也推动了行业的技术革新与升级，有效地促进了汽车物流行业更加健康、快速的发展。风神物流将积极响应国家对于物流行业供给侧改革的号召，继续朝着“不断超越的汽车供应链服务专家”的愿景，以“专业、服务、共创价值”的经营理念，发展物流技术、持续精益改善，为加快整个物流行业的持续“降本增效”做出积极的贡献。

第二节　我国汽车售后服务备件物流发展现状

一、我国汽车备件市场情况

中国汽车备件在全球市场的竞争力日益强大，占全球比重超过35%，国内汽车备件销售收入持续增长，但增速遇阻，平稳增长。2010—2016年中国汽车零件市场的营业额按复合年增长率超过12%（如下表所示），但近年增长放缓；汽车保有量在不断增加的同时，市场饱和日趋明显，备件销售未来预计增长率保持7%～9%；互联销售等新模式已冲击原有销售模式，万亿级的汽车后市场将掀起新一轮的混战。

2010—2016 年中国汽车备件销售收入

年份	2010	2011	2012	2013	2014	2015	2016
销量（亿元）	14000	19779	22267	27097	29074	31341	33688
增长率（%）	23.46	41.28	12.58	21.69	7.30	7.80	7.49

以往，汽车备件企业大部分是自营物流，严重阻碍了汽车备件产业的发展，至今出现了一些活跃的汽车物流知名企业，如福田、安吉、长安民生、长久、风神物流等，已慢慢打破这种现象。他们都形成了各自独立的配送网络，自主拥有配送中心、运营仓库和运输车辆，而且在全国的各大枢纽城市配置中转库，由物流企业搭建的完整物流配送网络极大地促进了汽车零配件企业的发展。但是中国市场的对外开放亦对国内物流企业带来挑战，因国内的物流专业化服务还不够成熟，无法全面达到高层次的要求，部分知名的外国企业已逐渐涉入我国物流服务行业。

二、汽车备件物流行业存在的问题

1. 宏观环境的制约

虽然至今我国的汽车物流行业的发展环境有了改善，但是要使物流水平达到一流水平，在以下四个方面还须进一步改善。其一，政策法制条件有待改进；其二，加快物流市场标准化体系建设，结合中国国情，谋求与国际物流标准化体系接轨，以提高物流系统的精益效益与社会效益；其三，汽车物流行业有分区域性服务管理，阻碍汽车物流的发展；其四，汽车物流的一些设施与技术条件还不够完善，不能胜任高要求的物流服务；其五，由于汽车发展迅速，各地区物流企业在竞争中采取了价格不一的对策，整个汽车物流业没有完全的市场化。

2. 我国第三方物流不是很成熟

近年来，我国汽车备件物流业务量的迅猛增长，使物流供应链处于高库存、高成本、负压状态，为此只能寻找合适的第三方物流供应商。发展至今，由于物流制度不完善，整体水平不高，使我国的第三方物流供应商的服务还比较单一，增值服务薄弱。目前，第三方物流企业收益的 85% 都来自基础性的服务，与国外的一些汽车备件物流相比较，仍有较大差距。

三、风神物流的思考与尝试

风神物流立足于汽车物流供应链的整体需求，在备件物流环节中采用物流业中比较典型的一种模式：非整合模式，即由主机厂与备件供应商签订统包合同，主机厂不干涉备件的具体物流过程，把物流成本、质量保证和缺货风险进行转移的同时，也给予了风神物流更大的市场整合空间。

飞梭作为风神物流有限公司的子公司，承接汽车备件物流业务。公司直接服务于东风日产、郑州日产、东风裕隆、东风雷诺、东风英菲尼迪、神龙汽车、北京汽车、福汽集团（东南、奔驰、新龙马）等汽车主机厂，间接服务传祺、吉利、力帆、奇瑞、海马等自主品牌售后备件业务，同时亦向经销商集团业务提供服务，包括深圳东风南方实业集团有限公司、河南威佳汽车销售集团、恒信德龙等大型整车销售集团。业务范围辐射全国（港澳台除外），配送经销商网点 3000 余家，服务网点近 5000 家，日均配送货量 6000 立方米以上，年度出库金额超过 120 亿元。

飞梭致力于及时、准确地将备件配置至专营店，并提供包装、仓储、运输等全过程供应链服务。通过整合一系列物流活动，大数据分析设定最佳的运输路线及物流运输方式，以实现在第一时间满足客户售后服务需求，提升客户满意度。

在与主机厂客户结算的角度，飞梭积极探索最优的结算模式。以往与主机厂的结算，涉及仓储、运输、包装、劳务等多个方面，结算周期长，时间及空间跨度大，主机厂与物流商都对此疲于奔命。自 2015 年开始，风神物流和飞梭积极推进 E/S 比的结算统包模式，即备件物流费用占比主机厂备件总出库金额的比例。经双方协商确定的具体模式，极大地缩短了结算周期，并降低了结算难度，为飞梭的发展提供了良好的运营环境和条件。

在运营中，飞梭在实践与摸索中开创特有的运营模式，以“DOQD”（Daily Order Quickly Delivery）极速配送模式和五定（定车、定人、定点、定时、定线）模式闻名于行业，并被日日顺等多家企业学习和对标。

第三节　2017 年我国汽车售后服务备件物流发展展望

一、随着中国汽车市场的日趋成熟以及价格竞争的日趋激烈，降低物流成本日益受到汽车生产企业的青睐

我国汽车物流成本约占汽车总成本的 15% 以上，而欧美汽车物流成本约占 8%，日本汽车物流成本甚至可以达到 5%，物流成本已经成为我国汽车生产企业提高生产效率和降低成本的重要方向。近几年，越来越多的汽车制造厂商已剥离自己的物流部门成

立专业的物流企业，或者寻求第三方物流企业开展汽车物流业务。从实施主体来看，目前国内汽车备件物流行业仍以整车厂下属控股或参股的物流企业为主，市场上具有综合服务能力的第三方物流企业很少，整体的市场份额仍然很低。2017 年，“降本增效”仍将是我国汽车售后服务备件物流发展的主题，各家汽车备件物流供应商将在资源整合、成本优化、市场拓展上继续发力，以确保企业保持竞争力。

二、随着汽车备件物流行业的发展，第三方物流企业的市场份额将显著提升

汽车备件物流行业的周期性和季节性与汽车行业基本一致，近年来，我国汽车制造业呈快速增长态势，汽车备件物流行业亦保持较快增长趋势。目前，汽车行业普遍实行以销定产，每年 2 月春节期间以及 7 月、8 月夏季为汽车销售淡季，汽车产量处于较低水平，其他月份汽车产量处于相对高水平。但从汽车备件市场而言，汽车主机厂和专营店一般会在半年度进行冲量，5 月、6 月和 11 月、12 月、1 月一般为汽车备件出库的高峰，是备件物流作业最繁忙的时段。2016 年我国汽车市场销售增速上升至 10% 以上，对于备件销量也将产生积极影响，预计在 2017 年将有一定比例的提升，对备件物流供应商提供良好的货量条件。

三、物流技术水平将决定备件物流供应商未来的发展高度，大力发展自动化和信息化水平有助于提升各企业的实力和竞争力

现代社会已经步入了信息时代，物流的信息化是整个社会信息化的必然要求和重要组成部分。物流信息化表现在：物流信息的商品化，物流信息搜集的代码化和数据库化，物流信息处理的电子化和计算机化，物流信息传递的标准化和实时化，物流信息存贮的数字化和物流业务数据的共享化等。信息化是现代物流发展的基础，没有物流的信息化，任何先进的技术装备都无法用于物流领域，信息技术在物流中的应用将会彻底改变世界物流的面貌，一些新的物流信息技术在未来的物流中将会得到普遍采用。物流自动化的基础是信息化，核心是机电一体化，其外在表现是无人化，效果是省力化。此外，物流自动化的效果还有：扩大物流作业能力、提高劳动生产率、减少物流作业的差错等。物流自动化的技术很多，如条码技术、射频自动识别技术、自动化立体仓库技术、自动存取技术、自动分拣技术、自动导向、自动定位技术和货物自动跟踪技术等。这些技术在经济发达国家已经在物流作业中普遍应用，但在我国，虽

然某些自动化技术已被采用，但达到普遍应用还需要相当长的时间。飞梭计划在2017年实施多个重点项目，如包装流水线、AGV小车运输、E3系统和EWM系统等，以提升物流技术水平，改善现场作业流程，达成降成本、促发展的良性循环。

四、共享和协同是发展的重要趋势

供应链管理强调链上成员的协作和社会整体资源的高效利用，以最合理的、最少的资源来最大化地满足整体市场的需求。而供应链上的企业只有在建立互惠互利的共赢伙伴关系的基础上，才能实现业务过程间的高度协作和资源的高效利用，只有通过资源共享、信息共享、技术共享、知识共享、业务流程等多方向共享，才能实现社会资源优化配置和供应链上物流业务的优势互补，以及更快地对终端市场和整个供应链上的需求作出响应。

飞梭与主机厂紧密沟通，积极推进协同、共享的专项工作，探索“共同仓储、协调配送”的发展理念。在此理念下，飞梭对部分经营网点开展整合与搬迁，先后整合了东风日产、东风雷诺、东风英菲尼迪和东南汽车等一批汽车主机厂业务。利用现有仓储资源，实现各品牌备件共同仓储，完成全国DOQD配送无缝对接、共同配送。协同与共享，直接利好是降成本；深层次上，是以更为优质的仓储配送服务，扩大了飞梭在备件物流的影响力，与各业务合作方实现互利共赢。

（风神物流有限公司）

第四节　“互联网+”下的售后物流服务模式

一、汽车后市场规模情况

中国汽车工业协会公布的汽车产销量数据表明，近10年中国汽车产销增长逐渐放缓，汽车市场由“增量时代”逐步进入“存量时代”，稳步增长的汽车保有量为汽车后市场的发展提供了巨大的市场空间，后市场成为汽车产业主要发力点。

2016年，我国汽车产销量已经达到2800万辆这样的一个数量。同时，在这个后市场方面，2017年汽车后市场的规模将达到1万亿元以上，还不包含汽车金融，同比2016年增长幅度达到21.4%，预估2017年汽车后市场规模将达到10600亿元（不包含汽车金融），预计到2019年汽车后市场规模将突破1.2万亿元（如下图所示）。

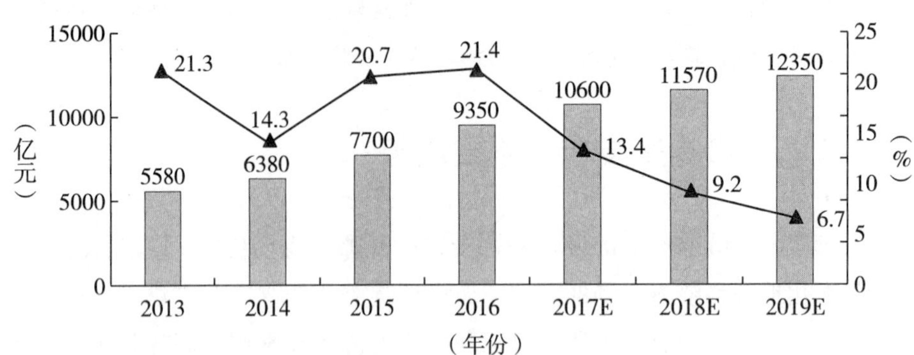

2013—2019年中国后市场规模及预测

二、汽车后市场环境情况

（一）2016年多项政策法规落地

随着我国汽车产销量的不断增长以及后市场的飞速扩展，2016年国家出台了多项规范后市场的法规政策，例如《机动车维修管理规定》修订版、《汽车维修技术信息公开实施管理办法》《汽车零部件的统一编码与标识》《关于汽车业的反垄断指南（征求意见稿）》。

（二）汽车后市场空间巨大

截至2016年12月底，全国机动车保有量达2.9亿辆，其中汽车1.94亿辆。机动车驾驶人3.6亿人，其中汽车驾驶人超过3.1亿人。全国居民人均可支配收入持续增长，居民消费能力提升。

（三）技术发展推动汽车后市场产业升级

通过技术发展推动了汽车后市场的产业升级，车联网、大数据、移动支付等互联网模式为汽车后市场发展提供了强有力的保障。供应链技术的发展为汽车后市场供应链优化提供了基础。

（四）消费群体年轻化，网络习惯形成

目前，80后、90后年龄层逐步成为消费主体，网购产品和服务的普及度更高。80后、90后的消费习惯，已经从传统的线下渠道，如去4S店维修保养，逐渐转变为线上

渠道服务，如京东、天猫等第三方平台。

三、汽车后市场电商平台发展情况

目前，车主维修保养服务选购渠道分为线上渠道和线下渠道，线上渠道主要有第三方综合电商平台、电商平台 PC 端官网、手机 App 三种形式，经过分析，目前维修保养服务平台可以分为五个类型。

（1）汽配 B2C 类型。这种类型包括途虎养车网、好胎屋、麦轮胎等，以途虎为例，在网站上订下轮胎，就可以在途虎提供定位附近的修理厂里面更换一下。

（2）品牌自营连锁类型。这种类型包括车享家、集群车宝、好快省等，例如车享家成立于 2015 年，是重资产的运作企业，现在拥有的百城千店都是直营运作方式。但从 2018 年开始，将会开放加盟模式，向品牌加盟连锁进行延伸。

（3）品牌加盟连锁类型。这种类型包括典典养车、车便利、养车等。

（4）导流服务类型。这种类型包括宽途汽车、乐车邦、车点点等。

（5）上门服务类型。这种类型包括 e 保养、呱呱洗车等。

随着互联网和移动互联网技术在汽车后市场的渗透率不断提高，车主消费者有了更多的养车可选渠道。后市场服务企业的快速发展，不断完善业务布局，互联网逐渐成为车主消费者养车的重要工具。

四、传统多级分销体系下的流通与零售的创新

传统模式是由生产商、品牌商、多级经销商、零售店修理厂、消费者等环节构成，例如轮胎销售，作为主机厂的配件，要通过各级经销商一直到零售店和修理厂，最终才到我们的消费者，这种模式随着互联网的发展，中间的经销商将会被电商平台所替代。经销商的重要性、地位和作用将会逐渐被弱化掉，但会一直存在，因为主机厂不可能直接去面对终端消费者来进行汽车售后的服务，但是经销商作用将会慢慢弱化，因为互联网时代下的必然趋势。

汽车后市场的产业链长，环节多，互联网能够大幅的缩短流程，降低中间的流通成本，提高行业透明度，给消费者或者维修厂直接提供货源，不用再通过一级二级等多级经销商层层销售模式。但由于减少了流通环节，由电商平台的品牌来承担一定的担保责任，消费者会关注配件来源，例如车享家销售的保险杠、轮胎、机油，是以车享品牌进行销售的，其中有一些产品是车享代自主品牌，还有一些车享代理的其他品牌。所以平台一定要起到担保责备，确保消费者放心使用到正品行货的体验，提高产

品质量和用户服务体验。

除了“互联网＋”可以降低流通成本，提高行业透明度以外，其实平台还要做一些统一服务标准，提高服务效率，同时提供定制化的服务。从传统模式向互联网模式的转变，在三个步骤上可以有一定的创新：创新之一是从生产商和品牌商，可以越过中间的经销商直接到零售店。创新之二是从一级经销商至零售店，例如博世产品类型多，产地分布广，如果直接从博世生产厂到零售店，投入成本会大幅加大，客户满意度将降低，需要从一级经销商直接到零售店，缩减中间的分级经销的环节。创新之三就在于零售店到消费者的体验，直接跟商家发生了一个直接的联系。

（一）品牌商直达零售店

原来的传统模式是层层经营，每一层经销商可能都会实现库存的买断，库存包括汽车的所有配件、零件以及 SKU 等，每个零部件的安全库存全部是由经销商来自行设置的，导致占用了大量的资金成本。原有直营模式也是通过多级的仓库实现门店备货，仓库存量越多安全库存资金压力会越大。这种模式，随着互联网兴起逐渐会改变，生产商和品牌商可以直接跨越经销商运送到门店，门店就是实现为一个加盟代销的形式，生产商与门店之间直接铺货和退货，就不用再通过经销商买断库存进行流转。

直营模式是生产商和品牌商直接在直营店里面进行库存流转，直营店之间可进行库存的调拨。例如车享家，门店之间可以互相调货，全国有 1000 多个门店，假设青岛市十几家门店，某一家门店缺货会从附近门店进行调货，青岛市所有门店都没有花的再从汽配市场的采购或者向总仓发起紧急订单的调拨。这是从生产商、品牌商直接往零售店的模式创新，跨越了中间的经销商环节。

（二）经销商直达零售店

现在的传统模式是多级经销商的模式，品牌商通过多级经销商拓展销售额，经销商买断库存，零售店向最终的经销商订货，经常会有品牌商一和品牌商二选用了同一个区域经销商，品牌商二的经销商也会为其他的这个品牌和生产上提供服务，因为经销商网络是不断叠加，即可作为一级经销商也可同时作为二级经销商，信息流不通畅，资金压力也大。创新模式的理念是各大品牌商用一个大仓，可以不建区域仓集中供货，平台集中采购，零售店在线下单，然后平台直接配送到门店。

（三）B2C 零售

原来的模式是门店线下零售，消费者去门店购买、消费、保养汽车。现在变为线上＋线下的操作方式，消费者到店购买或在线上订购均可以。例如换轮胎，不需要去

4S 店，就途虎上订一个，在家附近选一个地方去换轮胎即可，又快又好又便宜。目前 80 后、90 后为主体的消费者，越来越崇尚这种消费模式。

售后备件物流的未来发展方向，可以总结为三个“化”。

1. 物流服务产品化

物流服务要有方案设计的能力、业务执行能力、基础设施提供的能力，每一块能力都能形成一种产品，满足的是新需求、新消费、新零售和新流通。最近非常流行的一个概念叫新零售，马云、刘强东等在各大新闻媒体上都发布了他们对于新零售的概念，包括亚马逊推出无人零售商店。随着新零售的开展，物流方案设计落地能力以及业务执行能力是非常关键的。

2. 资源整合平台化

销售体系的中间环节取消了，将会以平台化运营为主，资源整合才能构成一个平台化。现在京东物流也开始对外车承接业务，就是把原来快销品的物流资源整合起来，形成平台化。

3. 运营智能数字化

仓库运作重点是智能高效，例如拣配员在拣配的时候不用拿单据或者手持枪，只要佩戴耳机去拣货即可，穿戴技术在快消行业不断被引用。此外还有货到人的技术，例如 KIVA 机器人会根据订单把所需要的配件驼到拣货员面前，只要货到了灯亮提示，拣货员就能完成拣货作业，有效提高效率。所以智能化是成为“互联网 +”下的汽车物流新未来和发展方向。

（安吉汽车物流股份有限公司　杨波）

第五节　汽车售后服务备件物流管理实例

备件物流作为后市场物流的重要组成部分，受到了汽车企业和物流企业的高度重视。一汽集团同样高度重视汽车售后服务工作，强调销售为重、销售为先、销售为大，以强化集团售后服务工作为目标，对备件物流工作提出了更高的要求。备件物流服务的理念已越来越受到关注。与传统物流服务相比，现代物流的最大革新不在内容的拓展，而在于物流服务理念的确立以及物流运作方式的变化。备件物流由“活动”转变为“服务”，已成为商品。“服务”是备件物流的性质，一流的服务已成为高水平备件物流服务的标志。

一汽物流有限公司作为一汽集团的全资子公司，2017 年 5 月完成了和一汽国际物流有限公司的整合，成为了百亿企业，为一汽物流提供更优质的物流服务打下了更加坚实的基础。随着汽车后市场的不断发展，一汽集团高度重视销售工作，以“提质”“降本”“增效”作为出发点，提升备件物流服务。为达成以上目标，必须从发展信息平台一体化和加强管理一体化的角度发展一体化物流。

一、汽车行业对备品物流的关注点

（一）提质——物流服务质量提升

提质是指提升物流服务质量，可以精炼为以下六点：第一是服务态度“好”，从业人员提高自身素质、服务态度；第二是服务时间“准”，备件物流作为集团的售后和服务体系，服务时限必须满足客户需求；第三是响应速度“快”，为车主提供全程物流服务，这个响应速度对于整个体系要体现“快”；第四是信息传递“精”，目的是从 4S 店到销售公司的订单一直到整个物流体系结束，包括中转库等整个的信息传递一定要精准，满足高质量服务；第五是安全系数“高”，满足整个备件物流，特别是运输和仓储的安全；第六是服务项目“全”，全体系、全品牌、全系列的服务。因此，提质主要体现在六个字：好、快、高、准、精、全。

（二）降本——物流成本的降低

降本是指降低物流成本，可以从五个方面进行，第一，开展多式联运，可以对降低成本产生直接效果；第二，推进仓储的合理化，备件物流可以从降低在库时间、固化成本的方面进行；第三，进行优化包装，强化备件包装的工艺改善，做到循环使用。尤其是在目前包材价格随着国家环保需求上涨 60% ~80% 的情况下，更应当重视包装的优化工作；第四，强化供应链管理，推进一体化备件管理和一体化的周转提升，从推进一体化的角度迅速提升供应链的管理水平；第五，必须提升信息技术水平，通过信息平台的搭建提升效率，支撑运作、结算和简化流程。

（三）一体化物流——提质与降本的融合

为了达成以上目标，一汽物流提出了发展一体化物流的方法和手段，发展一体化物流，重点是技术的融合，从自主品牌到合资品牌达成备件物流服务的融合，同时开展运输方式和线路的一体化工作，并充分发挥一汽集团的品牌优势，融合多系列、多品牌平台，吸纳各方面管理经验，取长补短对标国家标准、国际标准从管理上进行全体系的融合。大力发展共同物流、建立行业领先的一体化备件物流信息平台。

二、一体化售后备件物流管理情况

到目前为止，一汽物流有限公司已经构建了完善的WMS仓储管理系统和包装材料管理系统，正在完善TMS运输管理系统，备件物流信息系统平台的搭建工作主要目标是兼容一汽集团多家品牌的系统，全过程实现点对点管理。达成从起点到用户的全面信息化管理，是一汽物流备件物流技术发展的重中之重。

在推进售后物流一体化进程方面，一汽物流推行了周转箱及回收物流项目，2016年以前干系运输包装采用盒箱运输的形式，盒箱为一次性利用，2017年4月起，一汽物流试点了600个可回收性的周转箱，达到了满意的效果，干线运输破损率急剧降低，能够减少浪费，循环使用，同时周转箱对发展备件回收物流一体化也起到一定的推进作用。每月回收物流可达3000立方米，覆盖700余家服务站。下一步，一汽物流拟推行全过程全系列的周转箱项目，推进提质、降本成果。

另外，一汽物流推动了一汽吉林汽车备件的直送项目，为全力支撑自主品牌的发展和销售、满足一汽吉林新车型配件需求，通过建立长春副包装中心，缩短了供应商送货途径，实现了备件收、发、存、包装的一体化，避免二次倒运，年节约物流成本约100万元。同时优化吉林库库存，促进仓储合理化，降低吉林库28%原有库存。达到了提质降本的成果。

同时，一汽物流已启动马自达华东备件包装中心项目，从2018年1月1日起，一汽物流将正式承接此前由日方管理的一汽马自达南京库，并投入筹建华东备件包装中心，以实现一汽集团全品牌华东区备件收、发、存、包装的一体化工作，从而降低备件物流链成本，在降低运距的前提下，实现提升物流品质的效果。该项目得到了马自达销售有限公司的高度认可，马自达品牌备件供应商60%集中在华东、华南地区，华东备件包装中心的建立能够有效提高其备件物流效率，支撑其全国备件物流体系。

包装工艺在包装材料成本大幅度上升的现在，是发展提质降本工作的另一项重要课题，一汽物流通过采用通用箱型，提升效率，降低包装材料种类，尝试采用合并箱型，实现提质降本的效果，同时优化最小包装单元收容数等措施不断开展包材工艺改善工作，目前，自主品牌的包装工艺与合资品牌还有一定的差距，从科技含量、物流技术提升的角度还有着比较大的发展空间，因此通过与先进的包材企业进行咨询、探讨不断改善备件包装工艺，从而实现提质降本的效果。

最后，大力发展多式联运是一汽集团备件物流的发展趋势，发展备件物流一体化，不能没有多式联运的支撑，随着GB 1589对备件物流体系的冲击，全国各大城市限行政策的不断颁布，大量的运输需求要求我们必须大力发展多式联运。目前一汽物流已经投资大连港，不断探索下一步铁路运输，开通了长海到长春的专列。依据大连港为背景，整合物流资源，实现集团内备件多式联运是未来发展的目标。

一汽物流有限公司将建立一套基于互联网、云存储的网络运营系统，构建覆盖全国的“三横三纵”物流网络，通过合理的公铁水综合运输体系的运营，搭建“O2O”运营模式，为一汽集团提供一体化、全价值链的汽车物流服务。将以更加宽广的视角，更先进的物流技术，更前瞻性的理念，投身于备件物流事业，为全国汽车后市场物流的发展做出应有贡献。

（一汽物流有限公司　杜钢）

第十章　我国汽车进出口物流发展情况

第一节　我国汽车进出口发展基本情况

一、我国汽车进口发展情况

（一）汽车整车进口情况

汽车进出口是中国汽车市场的重要组成部分。汽车进出口业务分为两个部分，一个是整车进出口；另一个是零部件进出口。

2011—2014 年，我国进出口汽车市场份额保持在 10% 上下小范围波动，2015 年下降至 7.3%，2016 年继续下滑 0.6 个百分点。其中，汽车进口 2010—2014 年，汽车进口量逐年上升，2014 年突破 140 万辆，2015 年猛降 22.37%，2016 年降幅收窄，如图 10－1 所示。

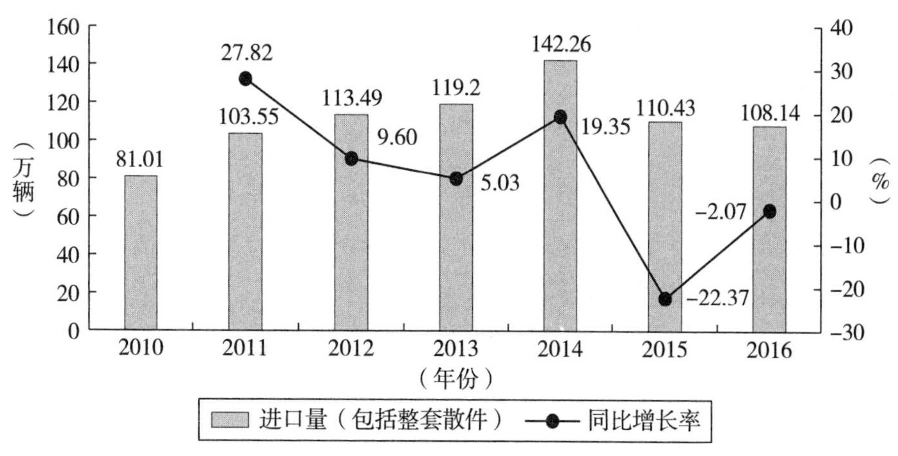

图 10－1　2010—2016 年我国汽车进口情况（万辆）

平行进口汽车是区别于品牌授权销售模式的一种进口汽车经销方式，也就是未经品牌厂商制授权，贸易商直接从原产地或海外市场购买汽车并进口到中国市场销售。在自贸试验区开展平行进口汽车试点，是对现行《汽车品牌销售管理实施办法》中授权经营模式的突破。商务部坚持规范有序、风险可控的原则，以切实保障消费者权益为重点，稳步推进。

（二）零部件进口情况

2010—2014 年，汽车零部件进口额稳步上升，2015—2016 年汽车零部件进口额连续下降（如图 10－2 所示）。

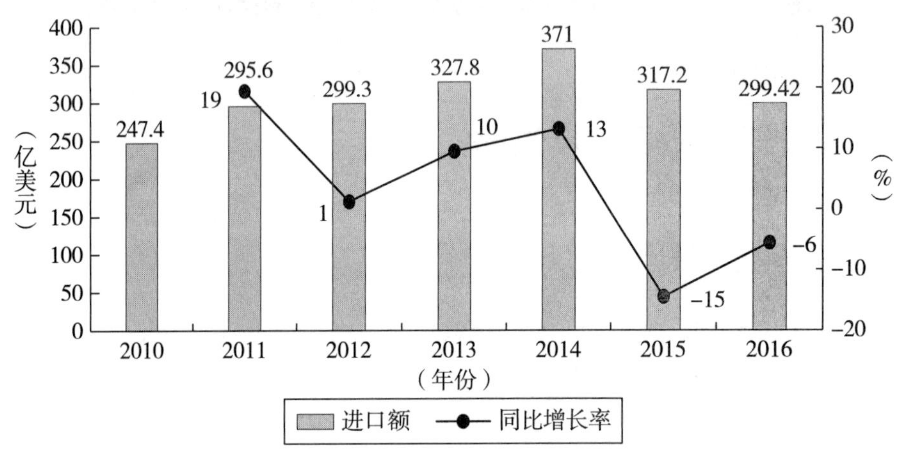

图 10－2　2010—2016 年我国汽车零部件进口情况

二、我国汽车出口发展情况

（一）汽车整车出口情况

整车出口止跌回升。2016 年我国整车（含成套散件）出口 70.41 万辆，同比下降 0.1%，出口金额 113.06 亿美元，同比下降 8.3%。其中，乘用车出口 42.34 万辆，同比基本持平；商用车出口 28.07 万辆，同比下降 15.4%。2017 年 1—2 月，我国整车出口 11.88 万辆，由于同期基数较低，同比增长 36.6%。其中，乘用车出口 7.98 万辆，同比增长 56.2%；商用车出口 3.90 万辆，同比增长 7.6%（如图 10－3 所示）。

乘用车出口量继续超过商用车。2016 年，乘用车出口量占整车出口总量的 60.1%，比 2015 年提高 3 个百分点；小轿车仍是第一大出口车型，2016 年共出口 33.4 万辆，同比增长 8.5%，占整车出口总量的 47.4%；货车位居第二，共出口 20.54 万

辆，同比下降 18.5%。

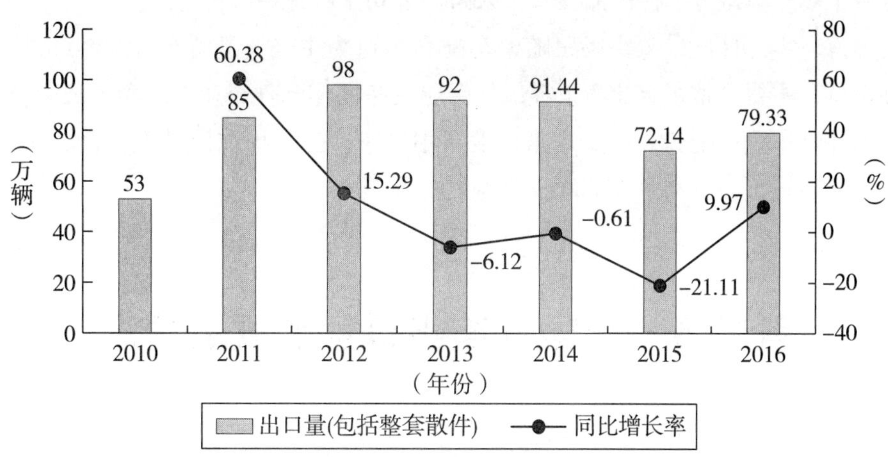

图 10－3　2010—2016 年我国汽车出口情况（万辆）

（二）零部件出口情况

2010—2014 年，汽车零部件出口额稳步上升，2015—2016 年汽车零部件出口额连续下降（如图 10－4 所示）。

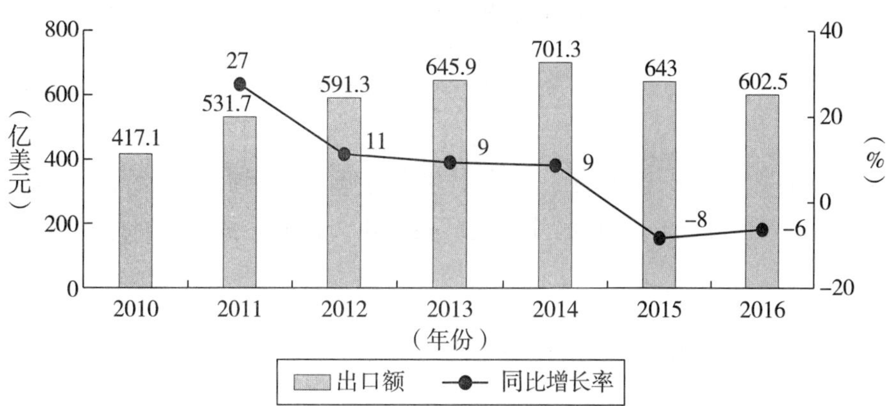

图 10－4　2010—2016 年我国汽车零部件出口情况

汽车零部件出口以劳动密集型和低附加值产品为主，主要是行驶系统、汽车电子电器、车身附件及零件和发动机零部件，2016 年这四类产品合计出口额占全部零部件出口总额为 71.2%。

2015—2016 年汽车零部件出口额持续下滑，作为汽车商品出口额主力贡献者的零部件出口额将直接影响汽车产业的出口水平；汽车零部件出口主要面向发达国家，对美国、日本、韩国、德国出口额占总出口额的 45.9%。其中，美国仍是第一大出口市场（占比25.9%），主要出口轮胎、轮毂、汽车电子电器等低附加值配件产品，大部分供应售后市场，关键零部件产品很难进入跨国公司采购体系。

我国汽车零部件出口主要以跟随整车配套出口为主，一是整车自配零部件及外配零部件出口，主要是整车企业旗下零部件企业及跨国零部件企业在华独资或合资企业；二是为国外整车企业配套，主要是出口发展中国家；三是面向海外发达国家的汽车后市场，主要以自主品牌汽车零部件企业为主。

第二节　中国汽车出口物流发展情况

一、我国汽车出口基本情况

（一）我国汽车产品出口特点

我国汽车产品出口特点：一是汽车产品及整车出口加速；二是自主品牌汽车成为出口主力；三是出口市场多元化态势；四是出口规模加大、向发达国家延伸。

（二）我国汽车出口存在的问题

我国汽车出口存在的问题：一是我国汽车出口迅速增长的背后，暴露的一些问题；二是车企急于开拓海外市场，引发无序竞争；三是售后市场不足，不利于我国汽车产品形象；四是品牌危机及渠道劣势；五是技术含量低，产品质量欠佳；六是低价出口；七是易陷入知识产权纠纷；八是国外对我国汽车出口限制，技术、油耗、排放标准壁垒森严等。

（三）我国汽车出口问题的应对措施

我国汽车出口问题的应对措施：一是国家提高汽车出口准出门槛，为中国汽车出口的长远发展创造良性的发展环境和秩序；二是加强汽车产品质量管理工作为了提高出口汽车产品在国际市场上的信誉和竞争能力；三是抵制低价出口，维护汽车行业的整体利益。

总之，我国汽车出口贸易有许多优势，当然也有许多困难与问题。作为汽车物流行业的从业者们，我们要认真做好服务工作，与国家、国有汽车品牌，共同迈入国际市场中去，以高质量的服务水准来赢得更多的国内、国际车企的认可。

二、"一带一路"为我国商用车企业"走出去"起到了巨大的推动作用

2015 年 3 月 28 日，国家发改委、外交部、商务部联合发布了《推动共建丝绸之路经济带和 21 世纪海上丝绸之路的愿景与行动》。此后，我国商用车在海外市场发展逐年加快。从客车方面看，我国客车业一直是汽车产业中海外市场发展的典范。在商用车领域，对我国客车和卡车企业积极发展海外市场也增添了强劲动力。我国客车业在海外市场稳中有升，并在出口种类、单次出口额等方面有较为明显的提高。越南、埃及、玻利维亚、菲律宾等成为客车出口的主要市场。其中，2016 年，大中型客车海外市场销售增幅较大，出口地有法国、英国、以色列、沙特阿拉伯、埃塞俄比亚等。据中国汽车工业协会数据，2016 年，我国出口货车、半挂牵引车以及货车非完整车辆共 23.01 万辆。如今，中国卡车已出口至全世界百余个国家和地区。这其中，不仅有非洲、东南亚、南美洲等地区的发展中国家，也包括澳大利亚、新西兰、俄罗斯、新加坡等较发达的国家。当然，出口最多的地区当属"一带一路"沿线国家的市场。

在"一带一路"倡议下，我国商用车海外市场获得较好发展，具体体现在：

一是，产品质量稳步提升。仅从供应商与经销商的反馈中就可以感受一二。近几年，明显感到中国卡车的质量在稳步提升，引进了很多发达国家的商用车技术，包括许多零部件技术，提高了整车品质。

二是，海外市场需求大。随着"一带一路"倡议得到更多国家的认同与支持，在"一带一路"沿线地区，基础设施建设的机遇增多，对卡车的需求量较大。

三是，更优质的服务。为了给海外客户提供服务保障，越来越多的卡车企业不再满足于"走出去"，而是要"走进去"，在海外市场进行本地化生产与服务。中国卡车企业为提高售后服务水平而做的这些努力，外国经销商能够清楚地看到、感受到。

不仅如此，在"一带一路"沿线市场环境向好的情况下，我国商用车企业对海外市场更加重视，许多企业将国际化作为企业进一步发展的重要目标。未来，商用车企业国际市场销量占比将达到 50%，甚至更高。可以想见，未来，"一带一路"沿线国家，将成为我国商用车企业寻求合作共赢的重要市场。

在过去几年的发展中，我国商用车企业已经在海外市场积累了一定的"回头客"资源，在一些市场具有优势。相信随着我国商用车产品质量不断提升，我国商用车企业在包含"一带一路"在内的海外市场中，将一方面保持既有优势，另一方面把握机遇、创新发展模式，市场占有率会进一步增长。

三、汽车物流企业客户关系管理应用现状

随着全球经济一体化进程的加快，给汽车物流企业带来了巨大的市场前景。谁拥有众多的优质车企客户，谁就能在激烈的竞争中处于领先地位。在这样的形势下，作为汽车物流企业实施客户关系管理便成为企业竞争和发展的行之有效而又必不可少的手段。

汽车物流是指满足车企生产、经营中的原材料、配件、半成品、产成品从起点至终点及相关信息有效流动的全过程。它是将运输、仓储、装卸搬运、高技术加固、流通加工、包装、配送、信息等方面有机结合，形成完整的汽车物流供应链，为车企客户提供多功能、一体化的专业性汽车物流服务。

汽车物流客户服务是一门应用性强的工作，是物流专业的重要课程组成部分，对于培养物流专业人才来说是不可缺少的内容。如果不具备汽车物流客户服务的基本知识与基本技能，不善于开展汽车物流客户服务活动，那么这样的物流人才在汽车物流中是不够优秀的。

如今，车企为促进其产品或服务的销售，发生在终端客户与汽车物流企业之间的相互活动过程越来越多。概括来讲，满足承诺的交付日期的能力、履行订单的准确性、运输延误的提前通知、对客户服务投诉采取的行动、有关发货日期的信息、在途运输产品的信息更新、在库产品的承诺提前期的长度、相对于价格的总体质量、价格的竞争力、销售人员快速的后续行动等是客户服务最重要的几个变量。汽车物流企业可能将其中的某一变量设置得很重要（例如：满足承诺的交付日期的能力、运输延误的提前通知、有关发货日期的信息、在途运输产品的信息更新），这正是汽车物流企业提供差异化服务的机会。

汽车物流服务如果站在从事有形产品（或服务）制造或销售的车企角度观察的话，汽车物流服务属于车企客户服务的范畴。终端客户在购买商品时，不仅仅是购买商品实体本身，而是购买由有形产品、服务、信息和其他要素所组成的“服务产品组合”。汽车物流服务就是这个“服务产品组合”的重要组成部分。在当今的竞争中，有形产品并不一定能保证车企取得良好的经济效益和在市场上长久的生存下去，使车企更具竞争力的是汽车物流企业能为客户提供比竞争者更好的服务。因此，汽车物流企业服务对于建立良好的客户关系，提高产品在车企及终端客户心中的价值，增强车企竞争力具有十分重要的作用。

作为汽车物流企业，站在物流活动委托方的角度看，汽车物流企业提供的是一种服务，这种服务同时也构成了制造企业或商业企业物流服务的一部分。

在车企中，汽车物流服务越来越从经营活动的辅助手段变为车企为客户提供产品

和服务的一个重要部分。假如车企的服务水平不能跟上竞争的需求，客户便会对该车企的信任度降低，以至于该车企的竞争力下降。同理，如果汽车物流企业的服务水平不能跟上竞争的需求，车企便会对该汽车物流企业的信任度降低，以至于该汽车物流企业的竞争力下降。

我国汽车产品出口始于1957年。在20世纪六七十年代，我国汽车产品主要按国家间的协定，以无偿援外的形式出口。20世纪80年代，开始了汽车产品贸易出口。在这一时期，汽车产品的整体出口水平仍较低。整车出口很少，汽车零部件出口的品种不多，数量不稳定，主要是标准件、摩擦材料、点火线圈、万向节、千斤顶等产品，而且大多是提供给维修市场的低档产品。主要市场是我国香港地区和东南亚国家。20世纪90年代，我国汽车工业引进了大量先进技术和设备，改善了汽车工业产品构成，提高了产品质量，为扩大汽车产品出口奠定了基础。这一时期我国汽车产品的出口发展较快，出口额从1990年的1.27亿美元增长到2016年的766.54亿美元，增长约603倍，汽车零部件、载货汽车、摩托车、轿车和各种专用汽车都有出口。出口的国家分布全球100多个国家和地区。以上数据可以肯定，汽车出口在未来几年的时间里，是车企间业务开展的重中之重，特别是国有品牌的车企，这就要求了汽车物流企业对于车企的国际物流服务，一定要特别重视，服务意识和理念要远超于一般的汽车物流服务标准。

目前，汽车物流企业客户关系管理应用，也应该作为今后工作的重中之重，汽车物流企业中的每一位员工中心的准则，都要是以提高车企物流需求的服务满意度为首要任务，在日常工作中“多了解一点、多想到一点、多做到一点”为工作重点、每位参与者都要有“受人之托，终人之事”的理念和观念，来主动提高服务意识。

大多数汽车物流企业的客户管理都不甚规范，众多的客户资源都掌握在营销员手中，汽车物流企业内部对客户资料的收集、整理、分类往往显得比较凌乱，缺乏系统性，一个核心营销人员的离开就可以带走汽车物流企业的众多客户。所以常常给客户造成关心不够、重视不够的现象，车企资源流失是常见现象。而国外物流企业，诸如UPS、马士基、TNT等这些凭借企业雄厚的实力、先进管理理念、出色的服务，特别是对客户的全方位关怀使得国内大多数企业纷纷向他们伸出合作之手，让国内同行感到巨大的竞争压力。

四、提高汽车物流服务质量的战略和措施

（一）汽车物流服务质量管理

（1）汽车物流服务质量管理的流程一般有汽车物流服务信息收集、汽车物流服务

现状分析、汽车物流服务内容制定、汽车物流服务体制建立、汽车物流服务综合评价等多方面工作。

（2）汽车物流服务质量管理的方法——PDCA 方法。

①该方法包括四个阶段，即策划（Plan）、实施（Do）、检查（Check）、处置（Action）。开展每项工作时，事先必须进行策划，再将实施的结果与计划目标进行检查比较，找出问题，根据检查的结果，将找出的问题作为下一个 PDCA 的目标，直至解决问题。PDCA 就是根据这样的循环进行质量管理。

②PDCA 四个阶段周而复始地循环，每循环一次，质量水平就提高一次。

③在 PDCA 循环中，处置阶段是关键，具有承上启下的作用，不可小觑。

（二）汽车物流企业对车企信息的管理

1. 车企信息的收集

遵循的原则是：针对性、系统性、连续性和目的性原则。

2. 车企信息搜集的参考指标

车企信息搜集的参考指标主要包括市场占有率、市场覆盖率、投诉抱怨率、内部职能协调与相应流程时间、汽车物流企业对车企的响应时间、妥善处理各项问题所需时间、环境、产品与服务的协调性、价格适度性、员工服务态度和技能水平等。

3. 汽车物流企业对车企信息管理的应用

（1）收集、整合车企信息，建立一对一的个性化档案。

（2）找出车企真正的终端客户，挖掘利用终端客户的潜在价值。

（3）为终端客户提供货源互动、个性化的服务。

（三）车企投诉管理

汽车物流服务质量体系建设对汽车物流企业服务固然重要，但再好的汽车物流服务也会有车企的投诉，因此，良好的汽车物流服务技巧可以弥补规章制度带来的缺陷，提升汽车物流服务水平。在面对车企投诉时，一般的流程是：倾听投诉、致歉、提供解决方案、执行解决方案、投诉处理总结。正确处理好车企投诉，能够提高车企满意度，提高服务水平。

（四）汽车物流企业对车企的服务措施

（1）以满足车企的需求和利益为中心。

一方面，汽车物流在我国是一个方兴未艾的服务行业，由于市场前景的看好和利润机会的增多，吸引了大批的竞争者进入市场。在市场经济条件下，车企是真正的上帝，它已成为汽车物流企业之间竞争的焦点。

另一方面，汽车物流企业服务水平的确定不应只站在供给的一方考虑，而应把握终端顾客的需求，从产品导向观念转变为市场导向观念，树立顾客至上的服务意向。由于产品导向型的汽车物流服务是根据供方自身需要所决定，难以适应终端顾客的需求，容易造成服务水平设定失误，同时也无法根据市场环境的变化和竞争格局及时加以调整。而市场导向型的汽车物流服务则是根据经营部门的信息和竞争车企的服务水平有针对性地加以制定，因而更加接近终端客户的需求，并能对其及时进行控制，并且要发现还没有被满足的需要是汽车物流企业未来的潜力。

（2）优质的服务是提高汽车物流服务水平的前提条件。

因为汽车物流服务的特性，对汽车物流服务经营管理的影响，要求汽车物流企业经营管理思维和决策必须以服务为导向，把汽车物流服务作为一个重要产品，关注汽车物流服务的质量，只有服务质量保证了才能满足车企和终端客户服务的更多需求。

作为车企来说，服务效用已经被提到一个很重要的日程上来。很多汽车物流企业也非常重视这一点，增强商品的差异性、提高服务满意度都是工作中的重中之重，它直接影响到汽车物流企业整体运作水平，已经成为汽车物流企业提高市场竞争力的重要手段。

目前，国内、外知名汽车物流公司，业界排头企业已经认识到服务水平对于物流企业发展的重要性，而且早已经行动起来。北京长久物流股份有限公司，是全国较大的第三方汽车物流服务企业，早已看到了“服务效用”的重要性。公司一直以“至诚、至专、至远”为企业的核心竞争力，以提高车企及终端客户的服务满意度为首要工作，以“受人之托，终人之事”为理念和观念，这驱动着新一代的汽车物流人，主动提高服务意识，为中国的汽车物流行业贡献出一份力量！

（北京长久物流股份有限公司　曲超）

创新成果篇

第十一章　汽车零部件入厂物流创新成果

第一节　汽车物流自动化解决方案

一、项目背景

北京中都星徽物流有限公司（简称中都星徽）为某公司（以下简称供应商）在北京奔驰汽车有限公司（简称北京奔驰）某工厂生产物流项目提供 JIS 上线服务。

自 2015 年北京奔驰新 C 系车型开始，北京奔驰设计生产节拍为每小时 45 辆商品车，并且与供应商商定，线束采用按订单式生产模式生产。采用按订单式生产模式，即每小时需要 45 根不同的发动机线束用来进行商品车的总装。此外，根据汽车工厂产线设计原则，线束位于汽车工厂总装车间较靠前的工位，窗口时间（从接收到序列信息到零部件需总装到商品车的时间）为 142 分钟，对生产物流从拣货、排序到运输、送线的时间要求很高。中都星徽为了提供更优质的生产物流服务，在 2016 年 1 月建设运营第一期自动化立体库，在一期自动化立体库成功运行的基础上于 2016 年 7 月进行自动化立体库二期建设，并于 2016 年 10 月正式投入运营，且新投入自动扫描、自动抓取机械臂、AGV（Automated Guided Vehicle，自动引导运输车）运输回转线等设备。

二、项目主要内容

中都星徽自动化物流解决方案建设是针对北京奔驰线束从拣货、排序到运输、送线的高标准时间要求而设计，并围绕立体库方案进行拓展，逐步完成包括硬件系统建设和软件信息系统建设两部分内容。硬件系统建设主要指巷道堆垛机、立体货架、自动抓取机械臂、AGV 四部分的建设。软件信息系统建设指自动立体货架数据管控系统与排序中心 WMS（Warehouse Management System，仓库管理系统）系统接口及相关功能的开发。以下为其建设方案。

1. 设计依据

立体仓库可利用场地面积为35米×20米，可利用净空高度10米。单元货物设计要求如表11－1所示，出入库量要求如表11－2所示。

表11－1　　单元货物设计要求

项目	要求	备注
	货位	
存放的货物尺寸（毫米） *L*（长度）×*W*（宽度）×*H*（高度）	750×380×390	
额定载重（千克）	15	

尺寸参考图

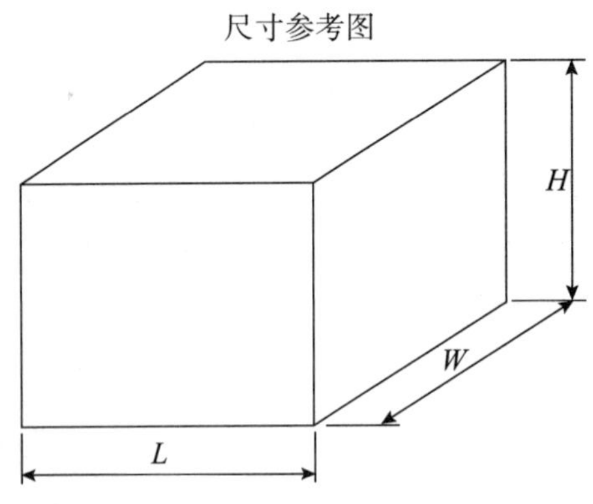

表11－2　　出入库量要求

项目	基础数据	备注
班/日	2班	1周6个工作日
小时/班	8小时	
出入库高峰时间	均匀节拍出库	
出入库频率	45箱/小时（整库）	

2. 方案描述

立体库单独建设时规划图如图11－1所示。

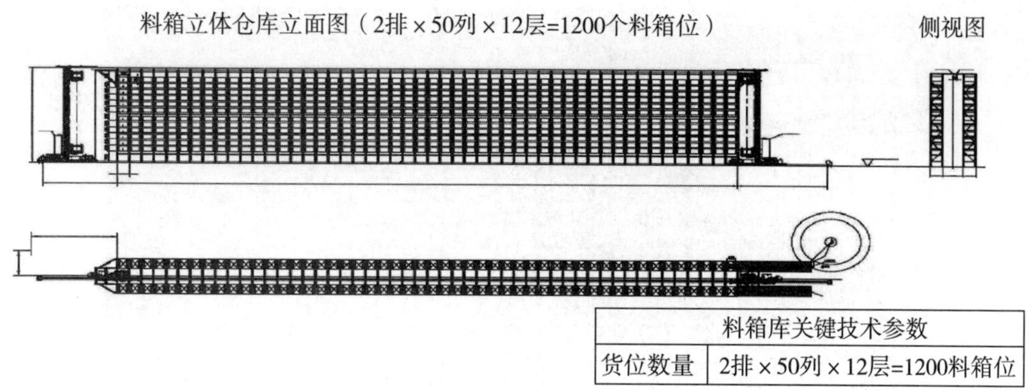

料箱库关键技术参数	
货位数量	2排×50列×12层=1200料箱位

图11－1　立体库设备布局

立体库二期是基于立体库一期进行改进和调整的。在保证了二期线束存储拣选基本需求的基础上，为节省资源、提高效率，与一期立体库共用一台备用堆垛机，并加入了自动扫描（原为人工扫描）、自动抓取机械臂与AGV回转车等设备，如图11－2所示。

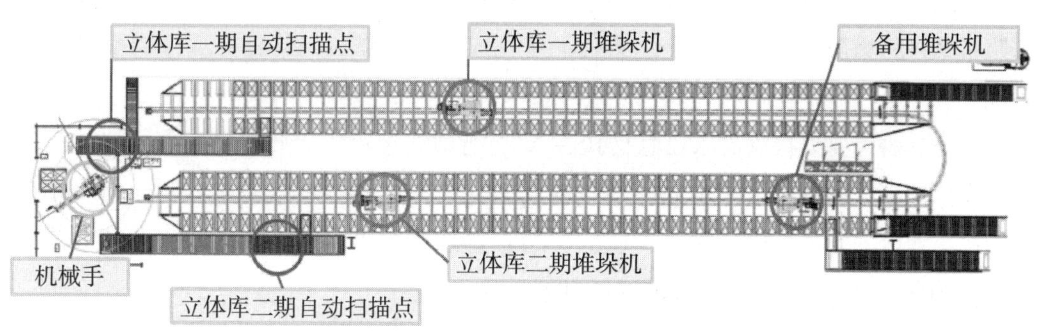

图11－2　立体库设备布局

单元货物尺寸为750毫米×380毫米×390毫米，最大重量25千克。库区布置2个巷道、4排货架、53列、12层，共2544个货位。堆垛机采用单立柱、指型货叉结构，货叉额定承载为50千克，堆垛机一次取放一个箱货物。堆垛机采用电机减速机、变频器，通过无线通信器与上位机进行通信，采用“认址片+编码器”的方式定位。高层货架采用组合工业货架，立柱孔距50毫米。侧挂托班与立柱之间采用挂接方式连接。每个货格存放1个箱位。立体库通过滚筒机链轮输送机出入库（如图11－3所示）。输送机上配备条码检测设备和尺寸检测设备。货物不合格时声光报警，合格后重新入库。在库房中央控制室内布置网络及数据库服务器、管理监控计算机、UPS、激光打印机，服务器由UPS供电。

更加可靠的操作系统使堆垛机、自动扫描以及机械臂自动抓取有机结合，保障了各个设备所在的功能模块能够更加合理地运转。

图 11 -3　立体货架

3. **操作流程**

AGV 自动将存储区域内的货物搬移至立体库入库端口指定位置，机械臂自动抓取指定位置存放的货物放置在立体货架入库传送带上，传至扫描点时，自动扫描料箱上的生产条码，立体货架自动分配上架库位，将指令传至巷道式堆垛机，巷道式堆垛机按照指令将料箱摆放至空库位上，巷道叉车完成上架操作后，将任务完成的信息传至系统。

系统从供应商处接收需求信息（JIS - A），巷道式堆垛机接收拣货指令，将料箱从指定库位拣出，放置于出库传送带上，确认拣货完成。操作工人完成取料操作后将空料箱放至指定的空器具回转库位中，AGV 会根据系统发出的返空指令将空器具运转至指定空器具存放区域。机械臂如图 11 -4 所示。

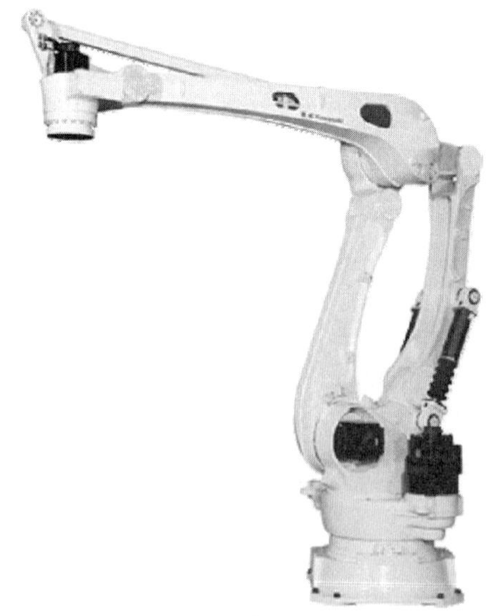

图 11 -4　机械臂

4. 项目效果

中都星徽物流自动化解决方案是集立体库、自动抓取、自动扫描、AGV 于一体的无人化自动物流技术应用，实现了作业自动化、精益化，在长期运营中成本占优，符合可持续发展战略。

三、项目创新点

（1）实现了人员与设备通道分离，保障了人员、设备作业安全。

（2）自动过点扫描，保障了作业准确率。

（3）自动上、下架的立体仓库解放了叉车与驾驶员，在长期投入回收比方面有较大优势。

（4）AGV 的投入使用，将返空物流流向重新定义，在自动化设备替代人工方面又迈进一步。

（5）立体货架的布置为提高仓库的空间利用率提供了新的选择。

（6）独立的自动化立体仓库系统改变了存储条件，提高了零部件的保管质量。

四、项目收益

（一）社会效益

1. 提升了生产物流效益

自动化汽车物流解决方案是汽车物流由劳动密集方式转变为机械为主方式的一个开端、一次尝试，也是一种趋势。从可持续发展的角度来看，自动化解决方案仍是降本增效的最主要手段。

2. 促进了区域内社会经济的发展

现代物流是区域经济的重要组成部分，物流业的发展对于实现经济的集约化、高效率增长有着极为重要的意义。现代物流是区域经济发展的强大后勤保障系统。区域经济是一种聚集经济，是人流、商流、资本流等各种生产要素聚集在一起的规模化生产，但各种要素的聚集是为了商品的扩散，如果没有发达的商业流通体系作为保障，生产出来的大量产品就会堆积在狭小的空间里而难以实现其价值，导致区域经济的运转中断。因此，在区域经济发展进程中，高效、完善而合理的现代物流系统对促进区域经济的快速循环起着基础性的后勤保障作用。

3. 使中都星徽得到更快的发展，能更好地完成社会职能

有计划、有步骤地建设中都星徽自动化物流，提高了中都星徽物流信息的流通速

度和效率，从而将大大降低物流成本，同时充分发挥整体效益和规模效益，提高行业总体的供给能力，进而增强了行业竞争力和企业经济效益，使中都星徽物流逐渐成为地区税收的增长点。

（二）经济效益

1. 直接效益

中都星徽成功实施自动立体库的项目，将节约在人力、搬运设备以及占地面积等方面的投入，提供工作产出，提升总资产报酬率。该项目的预期收益情况如表 11 －3 所示。

表 11 －3　　项目预期收益　　单位：万元

年份	新增利润	新增税收	
2016	23. 80	5. 95	
2017	38. 04	9. 51	
2018	89. 01	22. 25	
2019	163. 25	40. 81	
2020	251. 49	62. 87	
2021	267. 90	66. 98	
2022	147. 60	36. 90	
2023	11. 53	2. 88	
项目总投资额	474	回收期（年）	3. 89

在表 11 －3 中，各栏目的计算依据如下：

（1）项目投资总额 = 固定成本 + 变动成本。

（2）利润总额 = 营业收入 － 营业成本 － 主营业务税金及附加。

（3）净利润扣除 25% 的税。

（4）回收期为动态回收期。

2. 间接效益

本项目是以自动化为核心，对传统物流模式进行改造，并相应实施新的管理体系，为公司在以后持续优化传统物流模式提供了模板，为中都星徽在其他分公司推广新技术开创了先河。

（三）行业贡献

中都星徽物流有限公司排序中心自动化立体仓库是国内首例汽车物流自动化解决

方案。通过建立合适的自动化物流系统，推动中都星徽自动化基础设施的建设，通过采用服务于北京奔驰生产工厂线束零部件 JIS 排序上线的自动化技术手段，推动中都星徽从粗放经营向集约经营转变，增强企业核心竞争力，最终实现汽车物流资源的优化配置，满足企业可持续发展的需求。

该项目可在公司的经营期限内从以下方面提高公司的经营管理：

（1）作业效率提高。自动扫描和上、下架自动化操作减少了人工、搬运设备的里程以及不确定因素的浪费，可以使工作效率提高至少 10%。

（2）准确率提高。自动化上架、拣选，减少了人工操作造成错误的风险，提高作业准确率。

（3）占地面积节约。自动立体库因为巷道堆垛机的投入，可大大提高库房立体空间的使用率，节约占地面积 40%。

（4）人力、搬运设备节约。通过巷道堆垛机配合计算机系统的自动上、下架操作，节约了 2 台叉车和 6 名操作工的投入。

（5）安全性提高。自动化库区实现了人车分离，保证了人员、设备的安全性。

通过对本项目进行效益分析，项目在降低业务运营成本、提高公司利润等各项经济指标较好。

（北京中都星徽物流有限公司　朱励光、李树明、于冬、公旭鹏）

第二节　基于混线生产的排序拣选优化项目

一、项目背景

长春一汽国际物流有限公司成立于 1997 年，是中国东北地区最大的零部件拆散中心和筐式配送中心（以下简称配送中心）。公司主要承载着集装箱业务、产前配送业务、出口包装业务、保税业务、代理报关报检等业务，主要客户为一汽大众。长春一汽国际物流二厂物流中心（以下简称二厂物流中心），主要为一汽大众二厂提供产中物流配送业务，它拥有 18000 平方米的筐式配送中心及 32000 平方米的排序拣选中心和 22000 平方米的看板超市，可以同时满足 5 种车型混线生产，生产节拍 64 秒，产能 1200 台/天、39 万辆/年。配送中心共有人员 1018 人，其中排序拣选人员 582 人，占总数的 58%。与大多数的配送中心情况一致，拣选作业流程的各项成本开支都是整体配送中心中比重最高的，其作业流程的劳动量占配送中心中整体工作劳量的比率达到

60%，作业流程的时间占配送中心整体作业总时间的比率达到40%，拣选作业流程的人工成本也占整个配送中心总成本的30% ~40%。所以说，通过何种方法使拣选作业的效率得到提升，是提升配送中心整体效率的关键所在，如何解决这一问题已迫在眉睫。

二、项目主要内容

本项目以混线生产模式下的二厂物流中心排序拣选作业区为研究对象，使用了鱼骨图和层次分析法进行分析，并得出结论：导致排序中心拣选作业效率较低的主要原因是拣选员的工作量不均衡和拣选行走路径过长，同时使用了工业工程 MTM 方法（时间测量方法）对这两个主要原因进行了进一步的分析验证。针对工作量不均衡和拣选行走路径过长两个主要原因分别进行了优化改进的方法研讨，建立了相关的数学模型，得出最终的配送中心拣选作业优化方法，对二厂物流中心排序拣选区进行了合理优化，并使用辆份工时指标对该优化方法进行了验证。最后通过验证的优化方法对二厂物流中心排序拣选作业区进行了有效合理的优化，提升了排序中心拣选作业的工作效率。拣选作业效率层次分析如图 11 -5 所示。

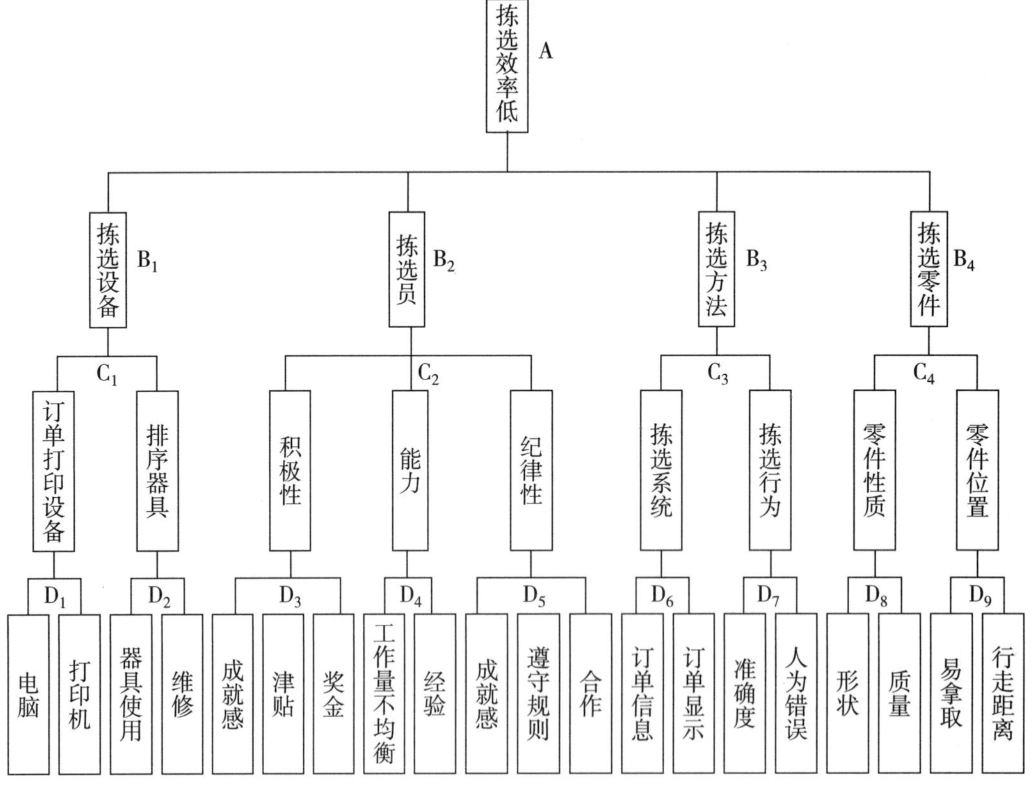

图 11 -5　拣选作业效率层次分析

三、项目创新点

（1）分析确认造成拣选效率低的主要原因并进行工业工程 MTM 验证。使用了鱼骨图和层次分析法对导致排序中心拣选作业效率较低的主要原因进行分析，并使用了工业工程 MTM 方法对拣选员的工作量不均衡和拣选行走路径过长这两个主要原因进行进一步分析验证。

（2）针对工作量不均衡和拣选行走路径过长两个主要原因分别提出了假设和前提，分别进行建立了问题优化解决的数学模型。

（3）使用辆份工时指标对项目提出的优化方法的结果进行有效性验证，得出结论：整体工作时间减少，排序中心工作效率得到提高。以此证明了项目优化方法的有效性。

（4）本项目从系统应用、现场布局调整、数学方法应用、专业方法应用等方面，综合、科学地对配送中心进行了有效性优化，对其他类似问题的配送中心有一定的推广价值和借鉴意义。

四、项目社会效益

本项目对于混线生产模式下的拣选配送作业领域相关工作具有以下方面的推广价值。

（1）通过本项目的研究和实际验证，工作量均衡的拣选分区和拣选分区内的储位优化可以有效提升整体配送中心整体拣选作业效率，值得在本行业相关活动中广泛推广。

（2）本项目通过工业工程 MTM 方法对排序中心拣选作业效率进行分析验证这一方法，对相关行业分析拣选作业效率偏低的原因具有借鉴意义和一定程度上的指导意义。

（3）通过辆份工时指标对优化实施结果进行有效性验证这一方法，对于行业内相关优化方法的实施效果的有效性验证提供了一种验证方法和衡量标准，不仅在行业内具有极大的推广意义，对采用精艺工艺生产的制造业也有一定的推广意义。

（长春一汽国际物流有限公司　王欢、常丹丹、郑莹、张鸿飞、田原媛）

第三节　智能配载与线路优化系统

一、项目背景

南京长安民生住久物流有限公司（简称南京住久）是一家新型的现代化第三方物

流企业。公司于2007年7月26日注册成立，注册资金1亿元人民币，是由重庆长安民生物流股份有限公司和日本住友商事株式会社合营组建。公司主要为汽车生产厂商及相关汽车零部件供应商提供第三方物流服务。服务内容主要包括：国内外零部件运输、散杂货运输、大型设备运输、仓储管理、生产配送、模块化分装、厂内物料操控、保税库管理、商品车仓储管理及发运、售后件仓储及发运、物流方案设计、包装规划设计制作等全方位的物流服务。

南京住久注重培养精益化物流的管理能力，尤其是在零部件循环取货方面，能够实现精益、系统、高效、安全，自主开发TMS（运输管理系统）取货系统，同时引入其他系统管理平台，实现信息实时跟踪等功能，服务范围覆盖西南、华南、华东、华中、华北、东北等196家供应商，运输能力超过500万立方米/年，年取货超过16万车次；涉及100多条取货线路，在CMA供应链中取货供应商占比超过82%。

在TMS取货系统中，当供应商订单到达时，公司物流调达部门的工作人员需根据现有的能调度的不同车型的车辆个数，进行供应商的配载，手工计算并决定哪些供应商的货物放到哪种车型的车辆中。因为供应商数量较大而货量较小，配载可调整的变化空间非常大，同时又要考虑到货物包装形状的限制，轻重货需互搭，并兼顾供应商时间窗口，故人工计算速度较慢，无法进行成本的比较，且容易出现误差。

为解决手工计算的问题，公司联合河海大学商学院的教师进行了联合攻关，基于工作模式不变的情况下，建立了智能配载与线路优化模型，以最小化运输费用为目标，并满足工作中的其他情况的约束条件。模型建立后，提出了3种智能优化算法，对费用进行最小化优化，降低了人工误差，大大提高了工作效率。

二、项目主要内容

该系统由Java（计算机编程语言）开发并与Matlab（矩阵实验室，一种商业数学软件）混合编程实现，共有系统管理、项目信息管理、主数据管理、运行数据管理、托盘计算、线路计算六大功能。

在系统管理功能中，可实现用户管理、登录信息查询、修改密码等功能。在项目信息管理功能中，可实现查询、添加、修改、删除项目功能，一个项目是指进行一次线路计算。在主数据管理功能中，可实现供应商档案、城市距离矩阵、卡车数据、费用矩阵、托盘计算参数等数据的查询、添加、修改、删除等功能。主数据是静态数据，是进行线路计算的基础，公司的物流工作模式实际已抽象为主数据的距离数据、费用数据及托盘计算参数，在物流工作模式不改变的情况下，一般不需要修改。在运行数据中，可实现导入订单数据，并具备查询、添加、修改、删除等数据功能。运行数据是动态的每日订单数据，该数据可由TMS系统推送，也可手工导入。在托盘计算中，可实现导入订单货量体积与托盘数的换算，此项功能是进行线路计算的基础，不同包装形式的货物进行配载会有不同的防止规则，在梳理相关规则后，即可实现货量体积与托盘数的换算，而利用托盘数进行智能配载的计算，会大大简化配载流程。在线路计算中，可实现线路清单和线路摘要的计算。在线路计算之前，要进行约束条件的参数设置，如每种车辆的数量限制、算法的计算时间和迭代次数限制等。后台的智能优化算法使用了启发式算法，该算法依概率收敛于全局最优解，但并不能保证在有限的时间和有限的迭代次数内到达最优解，故我们得到的是在计算资源限制条件下的满意解。在线路清单中，可得到每辆车途经供应商的顺序，在线路摘要中，可得到当天订单所有线路的汇总情况，包括重量、体积、成本等。

三、项目创新点

首先，该系统最大的创新点在于对循环取货流程进行运筹学建模，确定了优化的目标函数及约束条件，而模型的表达则一部分通过系统主数据的巧妙设计来实现，一部分在后台运算时实现。系统开发时兼顾通用性，对相似的循环取货问题，可通过修改主数据进行推广应用。

其次，另一大创新点在于该模型的求解是通过人机互动法实现的，鉴于在开发该系统前公司已经通过手工计算积累了相关的经验，而模型求解过程中的输入数据及参数对结果都会有一定的影响，故通过人机互动法会更好地求得所需要的解。

四、项目社会及经济效益

经实践检验，从经济效益上看，该套系统可实现节约10%的运输成本，并且降低了人工误差，大大提高了工作效率。此外，该套系统的投入运行，减少了人员的投入以及人员加班的投入。从社会效益上来说，循环取货是比较先进的物流模式，在整合社会运力资源、提升物流效率等方面均有不可比拟的优势，尤其对制造业的零部件入厂物流有更大的适用性。该套系统在技术层面得到了有力的支持，能够助推国内物流行业向更加绿色高效的方向发展。

（南京长安民生住久物流有限公司　尹华祥、毛德寿、范丽伟、许瑞、李明）

第四节　汽车零部件企业的最优供应商布局研究和应用

一、项目背景

供货距离是物流成本的重要影响因子之一，而汽车零部件供应商的供货距离直接决定着整车厂入厂物流成本的高低。对于单一生产基地而言，不断优化供应商供货距离是物流与采购在供应链规划中的重要目标。

近年来随着整车厂不断发展和扩大，国内不少整车厂的生产基地分布在全国多个城市，而整车厂的车型平台化策略也使得同一种零件会用于多个生产基地，多个生产基地共用零件的最优供应商布局成为了供应链规划中的攻关难点。试想一下，如果零部件供应商在每个整车基地的城市都投入生产线、模具，肯定能大幅降低物流成本，但势必需要增加产线和模具的投资；反过来，如果供应商集中在一两个基地生产，能降低生产和模具投资，但拉长了供应链，物流成本明显上升。由此可以看出，物流成本和模具等生产投资成本，成了“博弈”中的对手。

本项目由上汽通用汽车有限公司（简称 SGM）物流部从企业自身需求出发，以总成本最优为目标，以运筹学中的线性规划方法为理论指导进行建模。自主开发了输入、求解、输出、分析等功能集成一体化的系统 Supplier Footprint Optimization（供应商足迹优化，简称 SFO），通过最优零部件供应商布局的智能规划辅助企业决策。

二、项目主要内容

本项目围绕着最优供应商布局的研究目标，主要内容包括了数学模型建立、SFO 系统、规划业务层面应用等。

1. 数学模型建立

基于线性规划的方法进行数学建模，主要内容如表 11 -4 所示。

表 11 -4　　供应链总成本建模主要内容

建模内容	具体定义
目标函数	供应链总成本最小化
各成本因子	物流成本、模具成本、零件生产成本、根据企业需求的自定义成本因子

续　表

建模内容	具体定义
变量	各生产基地的模具投入套数、产量、互相间供货量等
约束	满足整车厂需求量的最小与最大模具投入套数、各生产基地产量经互相供货后满足整车厂需求量等
常量	物流费率、单套模具成本、各生产基地整车厂需求量等

2. SFO 系统

在信息输入部分，首先根据企业需求选择生产基地所在的城市，系统后台已设置全国范围内近 100 个城市可供选择，并将每个城市的经纬度保存在数据库中用于后续地图目视化展示；其次在用户可以勾选的物流、模具、零件等供应链成本因子基础上，开发了用户可定义成本因子以满足不同的成本需求；最后在具体参数输入的界面中，对于项目、产量、模具等参数主要使用了单一输入。而物流费用由于各个生产基地本地供货、互相间供货的物流费用都需要输入，因此采用了矩阵的形式。

完成信息输入后由用户提交，后台调用数学模型进行最优供应商布局求解，并将最优结果进行展示。最优结果包括了最优方案下的总成本及各因子成本、各个基地投入的模具套数以及各个基地间的供货方案。

系统基于最优结果开发了结果分析模块：通过地图目视化模块将最优供应商布局方案及其明细参数清晰地展现在地图中；通过敏感性分析模块自动识别出输入信息变化对于最优方案的影响；通过多方案比较模块将最优方案与其他可选方案进行直观地对比分析。

3. 规划业务层面应用

通常在项目开发过程中，涉及最优供应商布局最早的阶段是预算制定，模具投入几套直接影响着模具预算，而各基地选择本地供货还是跨基地供货对于入厂物流预算的影响甚至是数十倍的。预算制定的合理性也会直接影响到后续采购定点中每一家潜在供应商的布局情况。因此，本项目的研究成果首先应用于项目预算制定阶段，由物流牵头采购、财务等部门进行分析，并交由项目管理团队决策。

到了采购定点阶段，多家潜在供应商并不一定都能按照预算制定时的最优供应商布局实施，需将最优方案和不同供应商的实际生产、未来计划建厂的基地进行比对、调整，将本项目的研究成果落实到每家供应商。

而在定点完成之后，由于项目和供应商是在不断地发展与变化的，若生产基地发生变化，那么本项目的价值也能应用于生产基地的搬迁分析中。

三、项目创新点

1. 总成本全局优化

对于汽车零部件入厂物流来说，物流成本优化主要以运输成本、包装成本为研究对象。而物流成本并不能解决最优供应商布局的需求，因此在本项目中 SGM 物流部与采购、财务、项目平台等多个功能块进行协同，明确零件采购成本、物流成本、模具成本等各个供应链成本因子的结构与建模方法，以总成本最优作为目标进行全局优化。

2. 运筹学的线性规划方法在供应链规划中的应用

在供应链规划领域，传统的决策方法主要为枚举式的成本分析比较，例如，Milk-run（循环取货）、海陆联运与长途干线的比较、投入一套模具与投入两套模具的比较等。而本项目涉及的最优供应商布局研究，由于供应商所在城市、模具投入套数、不同城市本地及互相间供货量等变量因素较多，且供货量为连续整数变量，无法枚举，因此应用运筹学的线性规划方法进行建模与求解。对于供应链规划领域其他最优总成本、最优总面积等问题的研究也有一定的参考价值和推广意义。

3. 最优供应商布局在项目开发中的过程式管理

整车厂的项目开发流程早于项目投产多年启动，涉及供应商布局的流程包括先期模具投入预算制定、采购定点、供应商搬迁等，对于供应链先期规划来说，主要在采购定点时对不同潜在供应商进行评估。最优供应商布局研究将物流规划的节点提前至先期模具投入预算制定，并在项目开发过程中进行管理，在采购定点、供应商搬迁时也能按需根据不同供应商的实际情况进行最优决策。

四、项目收益

1. 经济效益

本项目的研究已应用于 SGM 多基地共用零件的先期供应链规划中，零件包括空调箱、散热器模块、蓄电池托盘等，节省供应链总成本约 500 万元/年。

2. 管理效益

对于入厂物流来说，能够在先期就对供应商的供货距离进行管理；对于整体项目决策来说，能够进一步对项目的总成本进行管理与优化。

3. 行业贡献

研究理念与方法适用于其他整车厂，并延伸至汽车零部件供应商与其二级供应链，对于整个制造行业有一定的参考应用价值。

（上汽通用汽车有限公司 顾冶君、蒋怡乐、李逸、金诗圆、郭昀锴）

第五节 欧洲货物运输到中国：空/海运转铁路直运

一、项目主要内容

随着德尔福业务在中国的高速发展，对供应链提出了更高的要求以满足客户的需求和业务布局发展的需要，并在更加复杂的供应链环境下，控制和优化物流成本。

欧洲是德尔福中国海外的主要原材料出货地，作为一家国际化的技术型企业，德尔福亚太区每天往来的配件、货物数量相当庞大，日均接受世界各地配件及原材料达3.2亿件，每年全球采购价值超过100亿美元，而且货源来自北美、欧洲、亚太等地区。中欧之间传统的货物运输通常采用海运或是空运的形式，前者耗时，后者昂贵。特别是海运，多受季节和气候等因素影响，运输时限不稳定，对企业库存、周转率、现金流造成压力，因此一些高附加值的产品不得不采用空运，以降低在途库存，但这也意味着更高的成本。

因此，在国家大力推动“一带一路”的大环境下，德尔福也积极响应，参与铁路运输。由CHC，即亚太区物流部发起，计划逐步实施涉及德尔福下属多个工厂的欧洲货物转铁路运输项目——“欧洲货物运输到中国：空/海运转铁路直运”。

有别于其他采取铁路运输的企业的思维方式，德尔福并非要采用单纯地将空运全部转化为铁路运输的“一刀切”简单模式，而是更加注重传递的价值，以精益化的目光调整和设置供应链。衡量一条供应链是否合适，主要看两个因素：一是库存水平，二是物流成本。如果只是单纯地“一刀切”，将空运改为铁路运输，带来的结果就是物流成本降低了，但是库存却增加了。顾此失彼并非最佳方案，也不是德尔福想要的供应链模式。

德尔福一贯倡导“安全、环保、互联”的理念，从欧洲到中国的运输项目的成功实施和此理念一脉相承。

较空运而言，铁路运输无论是从运输能力、受自然条件的影响、对货物的损害还是成本上都更为经济、更加节能、更加安全；而且从欧洲到中国跨越多个国家，实现了真正的无缝连接。

二、项目创新点

德尔福的独到之处在于其对内部供应链足迹丝丝缕缕的科学分析。从海运、空运等不同的方式产生的价值以及德尔福想传递的价值进行全方位综合评估，对于哪些点适合囊括其中、哪些不适合，进行一个最优化的设置。首先对其遍布全球的各个工厂自身所处的地理位置进行考察，然后测算该工厂与其各个物料供应商之间的时空距离，最后才对这个工厂是否适合铁路运输作出判断。

最终成型的德尔福“从欧洲到中国的运输项目”既从成本最佳化角度考量，从原有的空运或者海运中挑选出高附加值货量稳定的产品用于铁路运输，平均降低物流成本 20%；同时通过海运改铁路运输带来的在途库存降低来平衡空运改铁路运输的库存上升，达到总体库存水平下降 1%，最终实现物流与库存的双赢。

三、项目成果

“欧洲货物运输到中国：空/海运转铁路直运”项目使运输成本下降了 20%，运输时限缩短了 4 周，库存成本下降了 1%，二氧化碳排放下降了 33%，对于企业成本节约，利润上涨起到了关键作用，同时为全社会节约减排做出了一定的贡献。

［德尔福汽车系统（中国）投资有限公司　屠海芸、周炯］

第六节　降低 EOP 车型物资库存之包装应对

一、项目背景

中国经济增速从 2010 年的 10.6% 下降到 2016 年的 6.9%，我国经济发展正从高速增长步入微增长的新常态，同样，作为国民经济重要支柱之一的汽车产业，近年来受国际金融危机和全球经济增速放缓的不利影响，我国汽车行业销量正在从以往的“井喷式”增长的黄金发展期，逐渐步入低速增长的新常态。在汽车企业微增长和大转型的背景下，汽车企业面临越来越激烈的竞争，汽车企业想要生存与发展，务必需要精耕细作，关注全价值链的价值提升，其中要重点关注对主机厂运作影响极大的库存总额问题，尤其是极易产生呆滞物资的库存问题。

郑州日产汽车有限公司（以下简称郑州日产）部品订货系统采用周订单模式，根据生产计划情况，按照整包装 SNP 数据，提前两周锁定订单计划，由于存在生产计划的调整性以及车型更新换代日益加快，因此随着旧车型的 EOP，多余的专用零部件将成为滞压物资，直接占用了工厂的资产，此资产数额呈日益上升趋势，且 EOP 物资消化困难。为有效减少库存和物资浪费，需有效控制 EOP 车型物资库存量，进一步建立完善的部品订货和物资管控计划，以下从包装角度探讨相关解决方案。

二、项目主要内容

（一）项目对应问题

随着车型的更新换代速度加快，EOP 物资过多，占用有限的工厂库存面积，给物流带来极大的不便和浪费，随着新车型的导入和生产节拍的提升，库存物资问题也日益制约工厂生产物流的展开。

以郑州日产预计 EOP 车型——PLD 为例探讨调整包装 SNP 控制零部件库存物资方案。车型 EOP 日程确定后，需有效控制 EOP 车型零部件库存，减少库存浪费。但是按照郑州日产现行的部品订货模式，是由订单系统根据库存自动下发订单，订单的数量为包装 SNP 的整倍数，现有模式存在以下两个主要问题：

（1）部品订货系统按照整包装 SNP 数值进行订货，订单数量大于 EOP 生产需求量，车型 EOP 后多余零部件成为滞压物资，无法被生产消耗使用，导致工厂废旧物资库存金额高，造成资产的挤压和资源的严重浪费。

（2）如果 EOP 初期就按照实际生产需求下发订单，订单发注人员需要逐个零件修改下发订单的数量，存在作业量大、订单数量不足、供应商出货不便和不能正常使用正规包装出货的隐患，最终有可能导致零部件数量短缺或者到货品质风险。

（二）具体实施方案

（1）确定 EOP 车型订单管控周期，根据郑州日产现行情况，对 PLD 车型按照 EOP 前 6 个月来管控订单，明确 EOP 车型专用零部件清单，以此清单管理库存物资情况。

（2）根据零部件的单价信息和包装 SNP 数据，对 EOP 车型零部件的整包装金额进行对比分析，整包装金额即为一个包装容器内零件的价格总和，测算方法为零部件单价乘以 SNP 值。对零部件 SNP 按照大小区间进行归类，然后依据零件单价计算出区间内整包装的零件价值和单件部品的总价，用图表形式显示整包装价值的分布，如图 11－6和图 11－7 所示，柱状高低对应着此区间内零件数量，曲线代表此区间内零件价值总和。

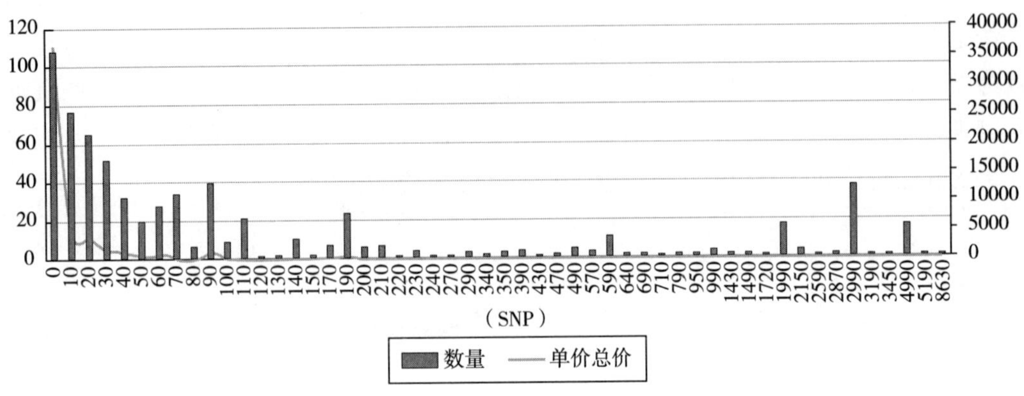

图 11－6　SNP 区间内零部件单件总价

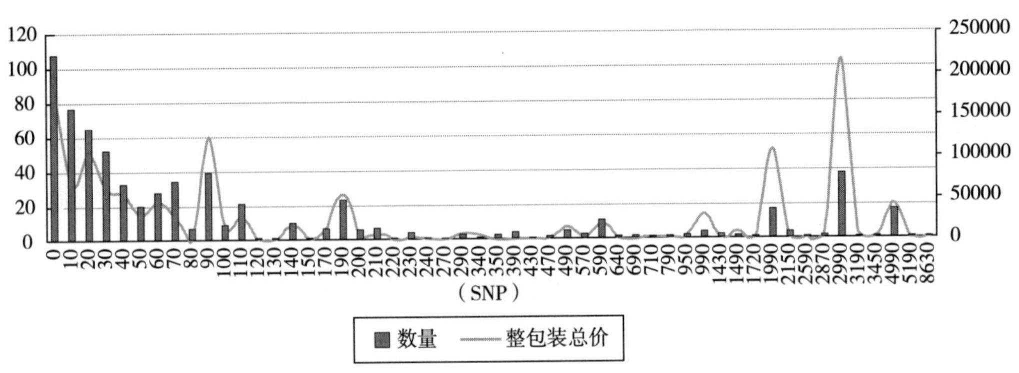

图 11－7　SNP 区间内零部件整包装总价

从以上的零件价值图示上，可得出：整包装零件的价值受 SNP 大小和零件单价的高低影响，特别是 SNP 较小和 SNP 特别大（3000）的区间。在零件价格这个定量的前提下，只有通过调整订货 SNP 数据才能更好减少 EOP 零件库存价值。

（3）设定 SNP 调整时间：为尽量减少调整 SNP 带来的不良影响及使用正规包装出货，根据 6 发预示订单量，结合 6 发预示时的初始库存量，设定公式自动计算出 SNP 修改时间，如图 11－8 所示，在表格变为黑色加深的月份时即修改包装 SNP 为 1。

零件号	包装SNP	价格	期初库存	月需求						修改节点					
				1月	2月	3月	4月	5月	6月	1月	2月	3月	4月	5月	6月
822049S500	180	16.93	50	82	100	64	66	84	92	258	258	78	78	78	
822059S500	10	16.93	100	82	100	64	66	84	92	408	298	238	168	88	
763522ZB0A	204	4.3	100	82	100	64	66	84	92	592	184	184			
763532ZB0A	204	4.3	100	82	100	64	66	84	92	592	184	184			
850249S500	6	34.14	100	82	100	64	66	84	92	406	304	238	172	88	
756229S510	800	2.44	100	82	100	64	66	84	92	1188					
870002ZB0D	5	755.48	100	82	100	64	66	84	92	408	303	238	173	88	
870002ZB0E	5	708.87	100	82	100	64	66	84	92	408	303	238	173	88	
174229S500	40	11.69	100	82	100	64	66	84	92	428	268	228	148	68	
3104105014	5000	0.15	100	82	100	64	66	84	92	5388					
745839L90A	10	2.62	100	82	100	64	66	84	92	408	298	238	168	88	
3340600060	8640	0.21	100	82	100	64	66	84	92						
1724050Y00	120	6.8	100	82	100	64	66	84	92	508	268	148	148	28	
546134P007	250	1.65	100	82	100	64	66	84	92	638	138	138	138		
5461304F01	360	0.99	100	82	100	64	66	84	92	748	28	28	28	28	
550469S100	360	0.99	100	82	100	64	66	84	92	748	28	28	28	28	
572263S600	960	1.21	100	82	100	64	66	84	92	1348					

图 11－8 SNP 调整时间推移

公式逻辑为：以零部件 822049S500 为例，锁定 6 月订单需求量总和为 488，包装 SNP 为 180，前 5 个月需求 396，下订单为 2×180＝360；剩余库存 360＋50－396＝14，后 1 个月需求 92，缺口为 92－14＝78＜SNP（180），即在下第 6 个月的订单之前将 SNP 修改为 1。

（4）对于调整 SNP 后的部品出货问题，实际的订单数量均小于原 SNP 值，为减少供应商的出货容器数量和物流运作各环节的问题，同一件号的部品可合并到一个容器内出货，外部标签改成实际装箱数量，保证实物数量和标签数量的一致性。

三、项目实施效果

对 PLD 车型所有的专用零部件进行库存金额分析，图 11－9 为 EOP 零件 SNP 大于 20 且整包装价值大于 500 元的零件点数和整包装价值的柱状图，其中符合条件的部品

339 点，整包装价值为 105 万元，占整个 EOP 零件整包装价值的 78%，为最大化改善收益并尽量减少整包装引起的品质风险，选取 SNP 大于 20 且整包装价值大于 500 元的零件进行 SNP 修改为 1，实现按需订货。

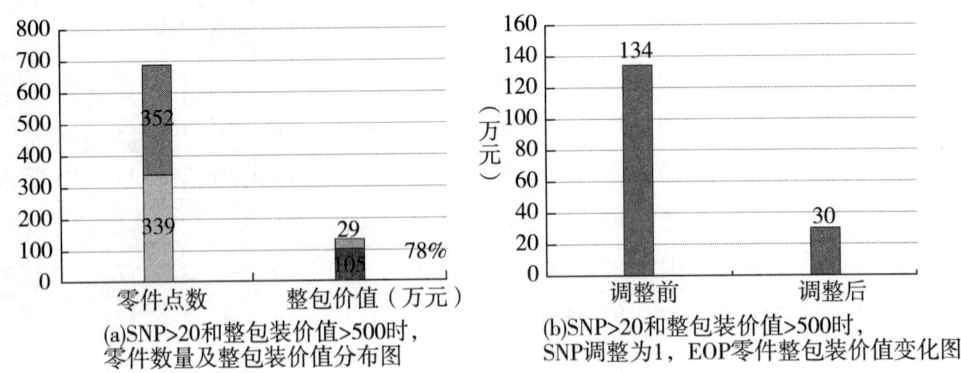

图 11－9　库存价值对比

调整之后 SNP 区间分布及整包装价值分布如图 11－10 所示。

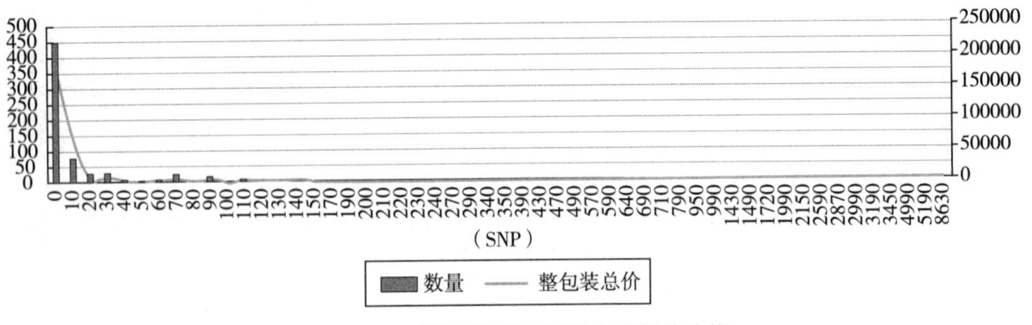

图 11－10　调整后 SNP 区间内零部件价格

调整前 EOP 零件整包装价值总和为 134 万元，调整后整包装价值降低为 30 万元，所有零件整包装价值总和降低 104 万元，降低比例 78%。

四、项目总结及推广意义

（1）EOP 类库存管控，可在 EOP 前用包装 SNP 的角度来管理，通过包装 SNP 与零件价格的结合，用整包装价值来确认调整的对象，通过 TOP 管理和图表方式来显示出物资占比大的零件，抓住课题的重点，既能满足订单需求，又能有效减少订货量及订单风险，达成降低库存的目的。

（2）根据库存及订单需求，通过设定公式自动计算 SNP 调整时间，系统管理人员根据公式显示出的颜色变化来确定修改的时间点，可正常按照订单系统下发 EOP 订单，减少 EOP 件人工操作订单带来的作业量。

（3）系统修改时间不仅可在 EOP 初期设定，如果在 EOP 过程中发现库存或订单数量异常，也可以随时有针对性地修正数据，公式可按照最新数据计算出系统修改的时间节点，可随时确认修改 SNP 的时间节点。

（4）通过包装角度来解决 EOP 件订货问题，梳理出了一条降低 EOP 物资的思路，也有助于同行业遇到此类问题时可以借鉴和参考。

（郑州日产汽车有限公司 QCD/SCM 部 刘道杰、刘帅、张中原、王晓阳、王士根、孔艳鹏、谢怡蕊、叶小同、李建刚、何会齐、庄明臻）

第十二章 汽车整车物流创新成果

第一节 汽车整车物流全网智能化移动互联网平台

一、项目背景

汽车整车物流服务现状表现为以下几个方面：

（1）行业缺乏标准化。准入门槛低，服务意识严重不足，专业化服务缺失。

（2）行业存在空载率极高，主机厂物流企业高度垄断，社会化服务严重不足。

（3）车辆托运市场随着汽车新兴渠道的出现，如汽车电商、租赁机构等，即时性发运需求越来越强烈，传统汽车物流企业很难支撑到位。

（4）汽车整车物流行业面对社会化服务，价格体系混乱不透明，价格难以标准化。

在此背景下，北京运车网网络科技有限公司（以下简称“运车管家”），推出了“汽车整车物流＋互联网平台”的解决方案。

二、项目主要内容

运车管家基于用户的实际物流需求，结合汽车物流业务的自身物点，针对整体技术体系架构进行了物流全信息化整合与设计。产品融合了169种策略算法，实现精准、科学的物流线路优化与报价体系，做到行业唯一性，实现智能化的汽车物流。

除此之外，公司非常注重技术创新、平台运营能力和业务服务能力，打造了强大的运营管理系统、数据库系统、统计分析系统、安全管理系统、订单管理系统、智能调度系统、标准化智能报价系统、可视化监控系统、金融系统和线下专业的标准化服务体系，促进了物流各环节之间、企业之间的信息互通、流程对接和操作融合，逐步打破了物流领域传统的组织边界和技术束缚，实现了更大范围内的供应链体系整合。

运车管家 App 的不同版本如图 12－1 所示。

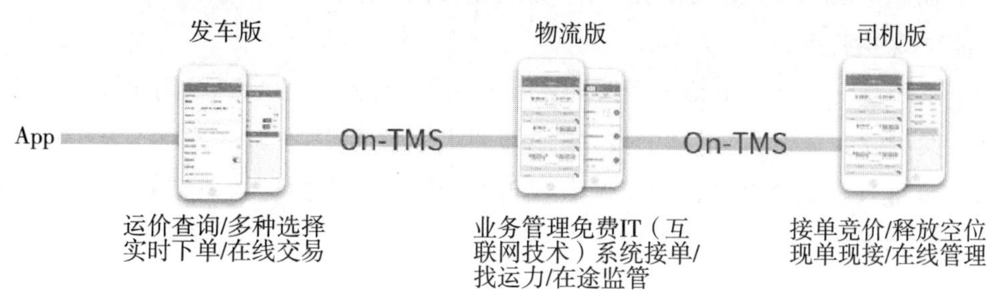

图 12－1 运车管家 App 各版本

三、项目创新点

运车管家利用互联网和物联网技术创新性打破传统汽车整车物流的服务模式和操作方式，倡导以用户体验为核心，提倡高效物流、绿色物流。在整车干线运输、仓储转运服务、“10 公里＋到门服务”（“最后一公里”上门送车和接车服务）三个主要环节最大化整合资源，利用互联网特点打通线上线下业务，构建了基于“互联网＋”的全新供应链服务能力，提供专业化、标准化、智能化、精细化的管家式服务，解决了汽车托运，特别是社会化散车托运过程的安全性、时效性、成本高、仓储难等问题。

经过两年多的实践和研发，运车管家形成了自己的独特的科技的物流算法体系，解决了困扰行业多年的全网价格标准化的问题，并得到广泛应用和认可。

1. 业务架构特点

（1）发车管理，针对不同的发车人，有不同的认证授权待级，拥有不同的操作流程，运作策略，满足不同客户需求。

（2）承运管理，实现物流公司及承运司机多级透明化管理和监控，解决多物流公司、多车队、多部门的业务协同。

（3）流程优化提供车辆分配、订单分拆合并、配送路线、存储优化等算法，是汽车物流行业第一家实现“秒回一口价方案”的公司。

（4）运输模式，结合汽车物流特点，编排合理的运输计划，实现干线、支线、最后一公里的有效整合与运营。

（5）物联应用，整合各种信息传感设备，如 RFID（射频识别技术）、GPS（全球定位系统）、条码扫描设备等，形成基于物联网的信息交互平台。

（6）财务核算，全面的物流业务计费管理，实现各业务系统的费用独立核算与一体化结算。

（7）服务体系，按照客户细分情况有效组织资源，培养以客户为中心的运营行为及业务流程，让客户之间实现有效互动，进行全方位服务。

2. 技术架构特点

（1）先进性。基于Java语言平台，采用面向服务架构（SOA），采用集群化数据存储解决方案和分步式部署方式，有较好的扩展性及继承性。

（2）专业性。结合自身在物流领域多年的开发经验专门针对汽车物流设计了完善的运输管理系统、仓储配送系统、财务结算系统等第三方物流（3PL）管理支撑软件。

（3）灵活性。系统采用模块化方式，可以方便用户进行灵活的调整，提供了强大的配置功能，可以对权限、操作规则、用户语言等多种业务模式进行灵活设置，单据和报表可以用户自定义调整、设计，以便适应业务变化的需要。

（4）高效性。采用集中式数据管理及多级技术部署架构，大并发及高负载的情况下也能获得最高效的系统处理。

四、项目收益

运车管家于2015年4月成立，经过两年多的发展，已经成为国内首家也是最大的汽车整车物流综合服务的互联网平台。项目业务覆盖800多个城市，有超过30000个大板车的运力，服务于二手车商、汽车经销商、汽车电商、租赁公司等多中业态的企业，服务客户已经超过30000家。

“互联网+汽车物流”是对汽车整车物流行业的一个有力互补，也迎合了大时代和汽车行业发展变革的需要，推进了汽车整车物流服务向深度和广度发展。

该项目解决了以下问题，并带来良好的社会效益。

（1）解决了社会化散车发运的难题，解决了汽车新型销售商的即时发运困难；加快了非主机厂汽车的流通效率，提高了交易率。

（2）解决了承运人，特别大板车司机空载率和散车配载难的问题，有效降低了承运人的运力空载率，让更多的司机能够及时配车及时发车，提高运力的运营效率和司机的收入，同时降低了客户的托运成本，一举三得。

（3）针对客户端，个人旅游、搬家、工作都需要车辆托运，且需求越来越多，平台能够全网对接客户端用户，并且全程为客户担保，保证透明，避免一些不良中小物流企业陷阱，解决了个人车辆托运的后顾之忧。

（北京运车网网络科技有限公司　张玏伟、马健）

第二节 VLM 商品车公铁联运物流信息系统 V2.0

一、项目背景

根据中集股份管理层提出的“强基达标，提质增效”的发展思路，该项目旨在通过大力推行企业标准化建设来带动整个企业内部管理升级。面对标准化建设推进过程中不断涌现出的各种各样生产作业规范和管理要求，如何建设出适合目前公司发展改革思路的信息系统，如何打破壁垒、提高反应速度、增加管理透明度成为了我们面临的重要课题。

经过大量的分析、论证，我们在原有信息系统的基础上，进行了精准化升级，同时在某些流程上最大限度地提升操作效率，减少或者直接用技术手段规避错误的发生。通过各类信息技术的运用及技术更新，形成了“VLM 商品车公铁联运物流信息系统 V2.0”（以下简称 VLM 2.0 系统）。

二、项目主要内容

VLM 2.0 系统属于网络信息技术领域的实际应用案例，系统采用的是现有的主流的软件开发框架。

系统设计以流程管理为核心的思想作为指导原则，结合公司实际应用，进行业务规范和设计。显示出业务流程中存在的突出问题，进一步提高工作效率和生产响应速度，从而整体提高公司管理、控制、协调能力。现代物流企业的终极目标就是客户的最高满意度，因此系统中所有事件的追踪和商品车的流转成为开发和应用的主线，全部的功能模块均围绕该主线而协同工作。

系统将铁路、公路等物流调度整合在一个平台上，最大化生产效益、降低公司运维管理成本。

系统可实时向全国办事处、发运基地发布主机厂指令，生产计划调度指令，并根据全国商品车库存情况进行二转业务调度。同时，我们还和中铁特货公司 OT 系统做了对接，每天定时自动进行数据交换。

硬件上，我们对数据机房进行了改造和升级，服务器采用业内先进的虚拟化技术，配备了双控制器的存储，所有硬盘均采用速度最快的 SAS 硬盘，所有的硬件包括服务器、存储控制器、电源、硬盘都为冗余配置。VLM 2.0 系统能在硬件部分发生故障时自动进行切换，有力地保障生产。

三、项目创新点

（1）由于系统的重要性，所有数据的传输全部采用 TLS 加密，部分核心数据的使用上，采用 RSA 实时动态验证码来保证信息安全。

（2）PDA 数据采集设备支持 4G（第四代移动通信技术）、Wi－Fi（无线宽带）、蓝牙多种登录方式，保证在各种极端情况下的不间断作业。

（3）项目设计方面，创造性地提出了装车数据实时监控、调度实时监控，不仅能让调度人员实时监控调度数据，检查调度数据，也可以使现场的操作人员能够根据系统提供的数据做到提前进行装车规划和安排，提升了现场的管理能力和生产效率。

（4）库房管理方面，没有采用传统的物联网技术，因为该技术会导致管理成本和流通成本的增加，VLM 2.0 创新地采用 c/s 离线加 LED（发光二极管）屏显技术，通过精准定位实现库房的高效管理和半精准装车。

（5）对于各种算法充分优化，包括最优化路径、最优化调度等。

四、项目社会及经济效益

物流行业中，由于现场人员的素质不高，且流动性大，这个通病造成了数据容易出现丢失或者混乱的情况，VLM 2.0 的应用则最大限度降低了人为因素的影响，保证了不同环境和人员素质情况下数据的规范性和完整性。

现代物流产业的发展非常之快速，并且开始走向社会化，物流产业热点层出不穷。“平台＋模块”的系统结构，能从容应对各种新兴物流项目，如现在新兴的自驾游、二手车物流领域。

与以往的信息系统相比，VLM 2.0 系统进行了一些新的突破、新的发展。以事件的追踪和商品车的流转作为一条开发和应用主线，全部的功能模块均围绕该主线而协同工作，从而实现全流程的透明化、精细化和流程优化。

系统已经在全国各个办事处和发运基地正式运行，通过不断地培训和推广，已经逐渐体现出经济效益，数据更准确，操作流程更规范。系统在实际应用中不断地根据现场作业的反馈进行动态的更新和优化，实现了效率和精准的最佳平衡。

在这个“互联网汽车物流”时代，关注 VLM 系统的微信公众号，客户就可以获得详尽的业务数据查询服务，达到了“实现客户的最高满意度”这一终极目标。

（重庆中集汽车物流股份有限公司　孔祥宁、邵强、王宇）

第三节　构建多元化仓储基地

一、项目背景

李克强总理在政府工作报告中提出“大众创业，万众创新”的战略指导思想，“人人创新，万众创新”便引领时代新思潮，公司顺应时代确立“创新、夯实”的工作方针，借此我们整车物流以“创新物流”为行动导向，借助成熟的RFID（无线射频识别技术）智能仓储管理系统，做到管理创新、模式创新，打破固有的“入缓存库（仅仅作为中转缓存使用）车辆必须移库入库至仓储库（发运仓库），方可进行出库”的传统作业思路；开创仓储基地多功能化，建立两个或者两个以上仓储基地之间的综合管理方式，进而实现多个仓储基地统筹发运的全新作业模式。

二、项目主要内容

信息系统框架多元化，可灵活配置。借助两个电子标签组合，触发地感及天线工作，发送并接收信号，控制器处理并反馈信号，自动打票箱体LED屏显示道号，同时打印机打出备车道号码，扩音器播报备车道号码，完成入库。(如图12－2所示)

1. 传统物流运作模式

车辆入缓存库（仅有中转功能）—接收销售计划（自提计划、铁路出库计划、公路出库计划）—内部短驳倒运—入仓储库（发运仓库）—接收系统备车指令（在所有销售计划范围内系统自动备车）—电子指示系统指导实物备车（备车地感＋LED红绿颜色指示）—完成车辆出库。

2. 全新物流运作模式

（1）车辆入缓存库（多功能仓储）—接收销售计划（自提计划、铁路出库计划）—接收系统备车指令（系统自动备车，按照物理仓库和运输方式筛选）—电子指示系统指导实物备车（备车地感＋LED数字指示）—完成车辆出库。

（2）车辆入缓存库（多功能仓储）—接收销售计划（公路出库计划）—内部短驳倒运—入仓储库（行驶过地感区域）—自动打票箱指示备车道号（自动打印备车道号码贴）—实车直接备车上道（电子指示系统校验实物备车）—完成车辆出库。

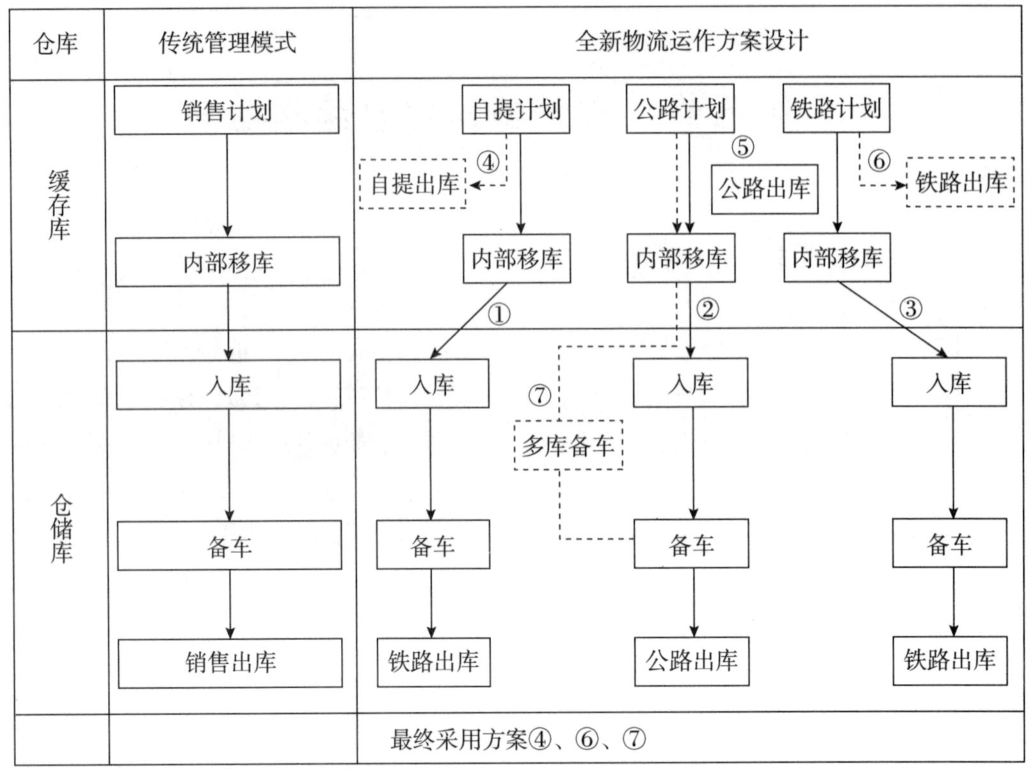

图 12－2　方案设计思路

注：图为详细的技术应用过程，实线框为原作业管理，虚线框为最终采纳方案流程。

3. 变化点及优势

（1）全新物流运作模式与传统物流运作模式相比，打破了对中转库的原定义，赋予其更多的使用功能，实现铁路与自提计划出库作业模式，通过搭载 LVCS 信息系统，依据计划类型，系统自动在中转库筛选备车、实物备车过程中，电子备车指示系统通过 LED 显示数字道号以及语音提示，进而指示备车路径和判断备车正确与否，最终实现快速而准确的出库；缓存库实现自提、铁路出库功能，减少仓储库短驳工作量，节省倒运成本及人工费用，提高备车、出库效率及准确率，进而达到权衡库存的作用，合理分布产品仓储布局。

（2）全新运作模式提及多仓储基地备车物流路径，实施后，可以在车辆从缓存库移库至仓储库后直接备车上道，有效地减少倒运路径，入库 LED 指示灯与自动打印的备车道号码相配合，智能指导物流作业，加之电子备车指示系统的校验，提升备车效率及准确率，提升库位利用率，优化入库倒运人员，达到降低倒运成本的目的。

4. 经济指标

出库效率、出库及时率、备车及时率、备车准确率、库位利用率、库存完好率、运输及时率、交付及时率。

三、项目创新点

（1）打破固有的物流运作模式，实现仓储基地多功能化。

（2）实现信息系统框架多元化，可灵活配置。

（3）有效统筹两个或者两个以上仓储基地之间的综合管理模式。

（4）结合创新思维六顶思考帽——平行思维法，开拓物流管理视野，促进物流管理模式的提升与变革。

四、项目收益

1. 项目经济效益

（1）效率：优化备车作业环节（原环节：车辆入库区缓存区—库区库位—备车区，优化为：车辆入库—备车区）。提高备车效率45%；提升库位利用率30%；缩短库存周期1天；缩短配载周期0.5天；提升交付和运输及时率5%。

（2）成本：实现缓存库（中转库）出库功能。年节省自提短途倒运费用约60万元；年节省铁路短途倒运费用约240万元；总计年节省短途倒运费用约300万元。年节省备车短途倒运费用约10万元。

（3）管理提升：优化物流倒运作业环节，有效减少物流质损5%；深化改革人员配置结构，提升劳动生产率；提升备车及出库准备率，增加目视化管理模块。

2. 项目社会效益及行业贡献

利用创新思维工具与方法，借助先进的物流技术，用PDCA循环方法去实施，建立一套最终能够实现打破常规、行业创新的管理思路。

多库资源统一出库，为目前拥有多个仓库同时出库的整车物流作业提供了更加节省成本、提升效率的解决方案。

随着城市化的迅猛发展，车企厂区所在的区域逐渐中心化，大型轿运车无法驶入，进而带来装车发运困难等一系列问题，为了避免及解决此类问题的发生，为了更好降低其企业的仓储成本，可以参考此前介绍的项目模式进行创新，建设有自己特色的物流模式，进而实现企业利益最大化。

（一汽轿车股份有限公司　杨留扣、周喜军、汤怀煜、常阵、于超、张哲铭、李慧军、华峰、王群、滕为堃）

第四节　长安福特整车物流智能化解决方案

一、项目背景

随着时间和空间成本的不断压缩，新时代的企业日益要求更加快捷、精准、智能的物流系统。基于RFID高效快捷、精准、智能的技术特点，长安福特整车物流团队通过深入研讨导入RFID智能化管理系统，实现了从整车仓储发运、在途运输和交付结算的智能化管理。

二、项目主要内容及创新

1. 整车仓储管理智能化

整车库房内商品车通过绑定RFID卡，取代传统人工扫描操作模式，实现商品车入库和出库自动化扫描验证，如拖挂车入场自动分配任务和建议停放道次、商品车出场自动验证放行等，加快了商品车流转速度和操作效率，并且各环节信息都会传到中央控制室，实现整车仓储全程可视化、智能化管理。

长安福特整车RFID仓储系统运行示意，如图12－3所示。

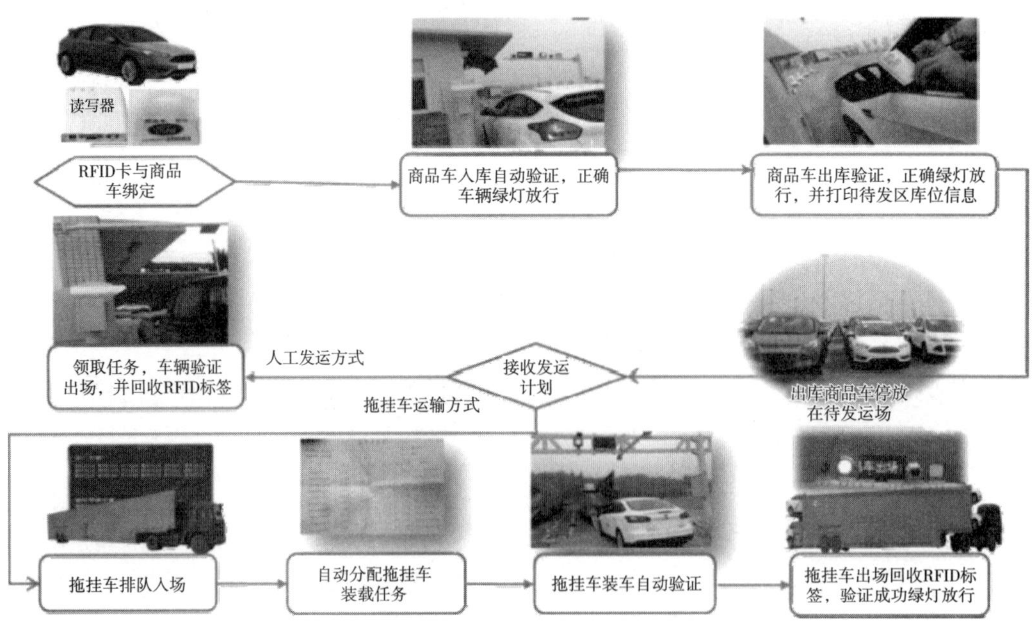

图12－3　长安福特整车RFID仓储系统运行示意

2. 在途运输管理智能化

厂外在途运输拖挂车安装 RFID 卡，使用 RFID 手持扫描设备扫描拖挂车 RFID 卡与商品车 VIN 码（车辆识别码）绑定，通过 GIS（地理信息系统）平台接收 RFID 扫描数据，实现电子化运力识别、任务预约、运输在途查询和监控等功能，提升了运力、运输监控的准确性和智能化管理水平（如图 12－4 所示）。

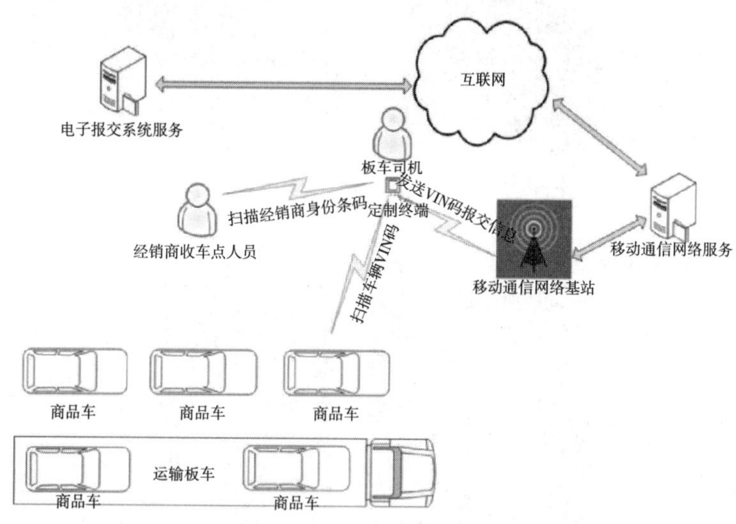

图 12－4 长安福特整车 RFID 中央控制室电子管理看板

3. 交付和结算管理智能化

商品车到达 4S 店（汽车销售服务店），扫描拖挂车 RFID 卡和经销商收车卡，准确反馈商品车到店信息和经销商收车信息。经销商收车后，收车信息立即进入结算系统，取代传统纸质运输结算单据，使用电子交车系统实现无纸化结算，有效提升结算效率，节省人力物力。

三、项目创新点

长安福特整车 RFID 智能化仓储管理系统具有以下创新点：

（1）通过 RFID 技术实现商品车入库、出库和出场自动扫描验证，代替传统人工扫描（如图 12－5 所示），避免人工错扫、漏扫风险，实现智能化管理（如图 12－6 所示）。

（2）拖挂车入场自动建议装车道次和分配装载任务，商品车装载自动验证，正确车辆绿灯放行，错误车辆系统报警并传到中央控制室，避免原来模式商品车装载错误风险。

（3）应用 RFID 天线矩阵，提升商品车识别效率：商品车停车场各扫描点安装 RFID 顶装天线和侧装天线，形成放射波矩阵，支持 RFID 标签快速识别，保证商品车顺利验证通行（如图 12－7 和图 12－8 所示）。

图 12－5 传统人工扫描验证

图 12－6 RFID 系统智能化扫描验证

图 12－7 商品车装载自动验证效果

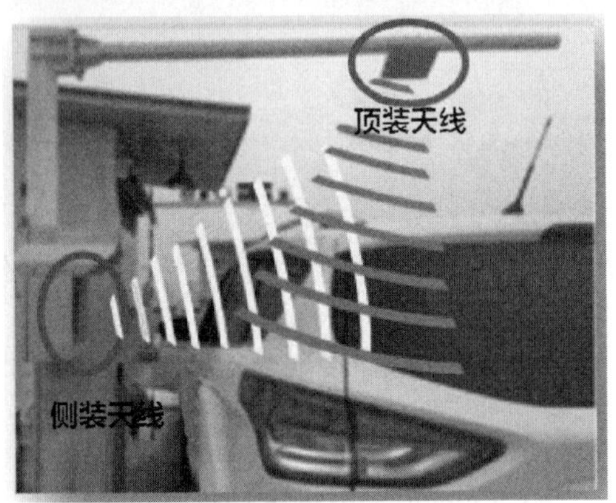

图 12－8 RFID 天线矩阵效果

（4）实时监控商品车在途信息和交车信息：通过 RFID 扫描枪扫描拖挂车 RFID 卡和所装载商品车 VIN 码，并发送至 GIS 平台，能实时监控每一台商品车的在途和交车信息，该模式取代传统手工报表滞后及不准确的缺点，实现在途及交车全过程信息化监控，结算效率有效提升。

（5）商品车从收车入库到交付经销商，RFID 各环节扫描信息通过 IT 信息平台传输到中央控制室，实现全程可视化管理。

四、项目收益

整车物流 RFID 智能化管理系统的运用，实现对业务操作的不断优化，从技术上提升业务操作效率和质量。仓储部分取代传统人工扫描的操作模式，使整车物流仓储成本降低了 10% 以上，取得了良好的经济效益。运输部分实现了从整车运力管理、在途监控和交付结算的智能化管理，提升了整车物流管理水平。

（长安福特汽车有限公司　余先伦、向月琴、邹凯、旷春鹏、王中煜、黄义乔）

第五节　共享经济时代——整车物流新模式

一、项目背景

当今时代物质丰富，经济形态从“短缺”向“盈余”转变，产能（运能）过剩是一种共识和常态。而过剩产能（运能）作为一种诱人的低成本原材料，如何对其加以运用，已成为各行业需要研究的课题。“共享经济”作为目前最有效利用过剩产能（运能）的运营模式，“诚信二手车、ofo（小黄车）、滴答拼车”等企业在这种模式下已取得了巨大成功，“共享经济”正逐步成为这个时代的主流。上汽通用汽车整车物流基于“共享经济”的理念，就如何利用整车运输中存在的富余运能展开了多项课题探索，其中以“江海联运”和“整车零件协同运输”最为典型。

二、江海联运项目介绍

共享多式联运中水路富余运能，首开“武汉—上海—沈阳”的江海联运模式（如图 12 –9 所示）。不仅有效缓解了陆运运能紧张问题，同时充分利用水路运输特点，将水路运输转变为“移动 VSC”，实现“成本/库存”的全新布局。在经济效益上，江海联运模式可降低单车运输成本约 221 元，2016 年为武汉节约备库成本近 70 万元。此模式推广性强，所有沿江港口到沿海港口的运输线路均可实行。

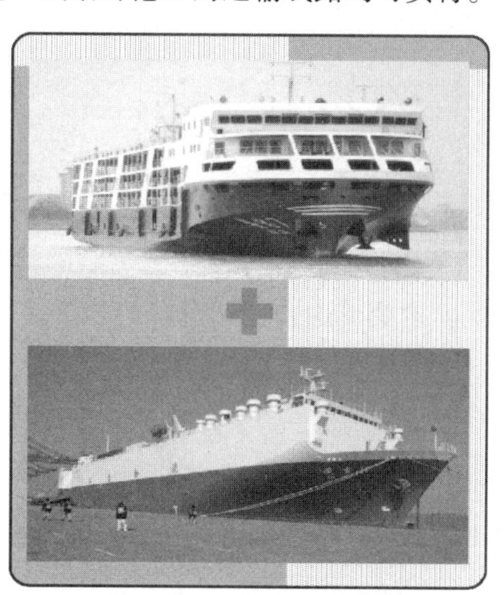

图 12 –9　江海联运船舶

三、整车零件协同运输项目介绍

利用共享整车运输中富余运输空间（如整车后备箱、板车配置货箱等，如图 12－10 所示），携带售后附件和配件至相应经销商，开创整零协同运输模式。完成整车运输过程中运能的二次开发，将单一的整车运输模式创新为整车零件协同运输模式，有效完成运输资源运能整合。2016 年试运行期间节约运输成本 150 万元，2017 年全面推广后，预计可节约运输成本 350 万元。整车零件协同运输模式推广性极强，对于所有需要送至经销商的整车及售后附加件、售后零件都可推行。

图 12－10　汽车后备箱空间利用示意

四、总结

我们所做的创新实践只是一个试点，更加值得在行业内推广的是一种在共享经济模式下的创新理念。共享经济正是当今时代所需要的解决社会问题的一个框架理念，它改变了竞争、创造的方式，改变着融合一切资源的方法，是我们未来生活方式巨变的起点。

（上汽通用汽车有限公司　耿炜、吴开峰）

第六节 万金油汽车物流移动业务管理平台项目介绍

一、项目背景

GB 1589 的推行倒逼轿运车物流企业进行管理变革，加强内部管理和流程优化、效率提升，在竞争越来越激烈、成本越来越透明、资源相对紧张的变革时代，采用移动互联网技术、结合现代化的管理手段和系统平台，助力企业持续推动降本增效，是行业领军企业的必然选择。

目前大部分轿运物流企业还在使用传统的电子表格 Excel 和沟通工具微信作为内部的业务管理方式，沟通和协同效率低、上下游响应速度慢，出错率高、实时查询统计困难，往往很多物流公司管理者或者老板并不清楚自己一年下来到底收入多少、发了多少台车、赚了多少钱，哪些品牌、哪些线路、哪些司机给公司赚钱了，大部分企业面对的现实问题如下：

（1）信息化基础薄弱，基本没有管理系统，缺乏专业的人才。

（2）企业角色划分不明确、业务流程交叉。

（3）存在一人多职、多人同时处理一件事情的情况。

（4）工作中的各部门衔接不通畅，导致工作效率低下。

（5）企业管理者不能实时、清晰、明确地看到真实的运营数据。

面对行业内客户的迫切需求、顺应行业变革大势、经过广泛的走访和调研、前期的需求梳理和设计开发，万金油汽车物流移动业务管理平台顺势而生。

二、项目内容

为满足物流行业对实物流、信息流、现金流的闭环管理，系统主要从整车、散车、零部件等主要业务模块出发，实现了计划管理、任务管理、预付管理、在途管理、运单管理、财务管理、车辆管理、司机管理、基础库管理、系统管理等功能模块（如图 12 - 11 所示），从而打造了一款真正快速高效、能够帮助汽车物流企业解决管理难题的利器。

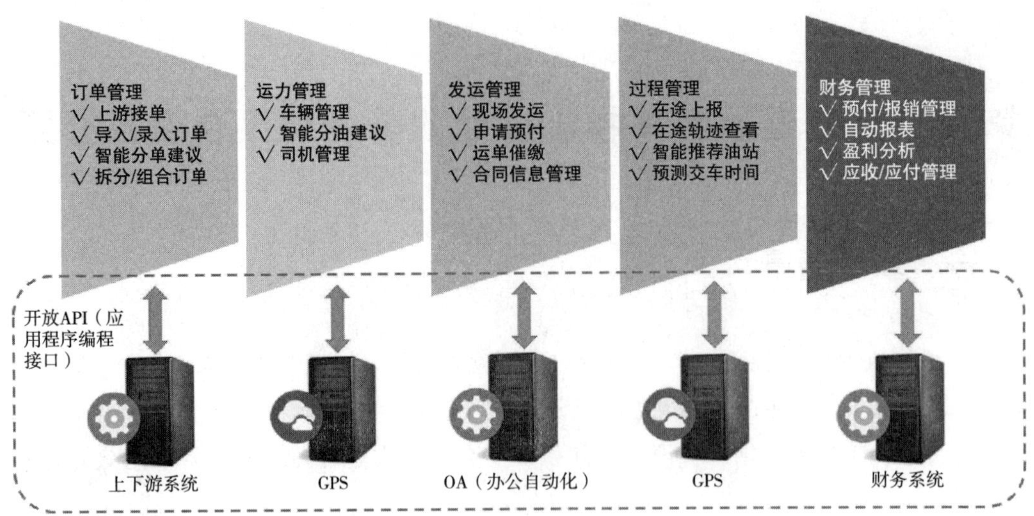

图12－11　各功能模块主要内容

三、项目主要亮点

（1）清晰的业务流程：从承接上游计划、创建任务、派车、确认装车、申请预付、在途管理、运单管理，一直到最后的财务管理，形成一个完整的流程，如图12－12所示。

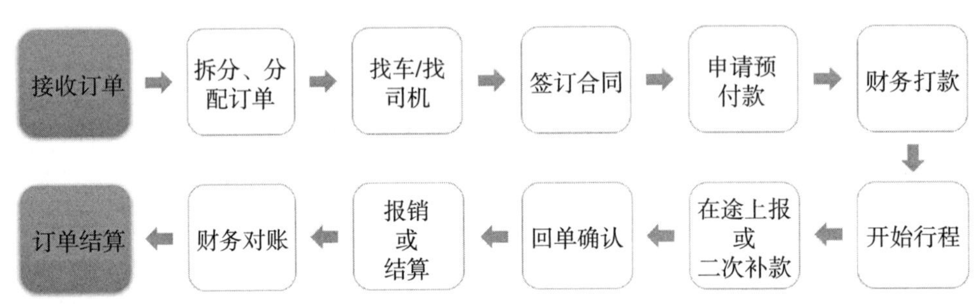

图12－12　操作流程

（2）明确的角色划分，如计划员、调度员、车务、车队长、司机、财务等，配合相应的权限，在各个工作环节进行无缝对接。

（3）移动化管理：实现手机在手、业务无忧，公司运营数据随时随地可见，一切尽在掌握。

（4）准确清晰的业务台账，大大减少了人工工作量、减少了出错率。

（5）标准化业务管理体系，系统计算代替人工计算，派车、预付、报销、结算实现自动化和智能化操作，沟通效率和准确性大幅度提高。

四、项目的主要业绩

从 2017 年 1 月产品开始进行设计开发，到 5 月开始推广试运行，短短不到半年时间，北京地区的万金油客户中，已经有近 10 家签署合同、2 家上线成功（大大优化了管理流程、提升了作业效率），实现了从发运到结算的全流程系统管理模式，企业的每个角色都可以用手机处理相关业务；还有一批有改善管理需求的客户在进行前期内部流程梳理，为系统尽快上线做准备。

项目对行业的贡献体现在以下几个方面：大大提高了企业的运营管理效率，为行业转型升级提供助力；能有效打通上下游数据对接，提升了行业链条的协同效率；采用大数据云平台架构，有助于行业的标准化和流程化改革推进；企业关键数据自动产生：如品牌、线路和车辆的运营成品、毛利率等；数据化、透明化的移动管理模式，为传统的行业业务管理模式变革提供了支撑。

（北京一点致远科技有限公司　陈兹武、王清泉、杨万芹、秦小磊、吴晓伟）

第七节　中联物流商品车运输的末端本地化智能配送

一、项目背景

中联物流依托其优势资源，打造优质商品车“最后一公里”末端本地化智能配送创新服务是多方合力、共同推进的结果，也是汽车物流行业发展的趋势所在。具体主要体现在以下几个方面。

1. 客户需求逐渐提升，商品车“最后一公里”物流市场剧增

在消费升级、互联网发展的影响下，主机厂及社会车辆的运输需求和服务要求也在快速提升。据国家有关统计数据显示，未来我国汽车消费具有巨大的发展潜力和空间。从汽车物流行业发展来看，运车需求的重要环节“最后一公里”物流的需求远远未得到满足。

在汽车物流服务迭代升级日益加快的局势之下，用户对服务要求逐步升级，从最初的汽车运输，再到送车检查、服务标准化、送车时效、全程可视等要求的增多，现已经升级到“速度+便捷+智能”的专业服务要求。一方面，国内汽车物流行业的龙头企业多为第三方物流管理类型，管理下属众多小型物流企业，采用统一承接业务、分区分承运商合作的模式，造成一定的服务标准、服务质量不统一及一定的配送过程管理难度；另一方面，汽车物流市场竞争局势胶着，由于各种原因始终没有形成业内统一且强有力的物流服务标准，运输服务同质化严重，价格竞争激烈，并未有目的、大规划地进行末端配送业务建设，造成一定市场空缺。

2. 差异化物流服务，末端物流配送成趋势

近年来，顺应国家发展多式联运的号召，汽车物流行业从传统的单一公路运输，逐渐过渡到公铁水联运发展，凸显铁路、水运体量大的集约物流特性。随着中铁特货布局商品车运输行业，以中铁特货联合主机厂和各地汽车物流企业合作为主，以铁路干线运输、公路短驳的铁路运车的服务模式逐渐在汽车物流业内发展壮大。

目前国内“最后一公里”的服务能力在“量”上和“质”上都是存在一定程度的缺陷。例如，在GPS定位上服务区域存在盲区，无法覆盖乡镇村网络；在服务范围上送货无法实现“端到端”，或者多段不连续运输的情况也常见。问题背后即是市场机会，在解决以上问题基础上，差异化发展末端配送，既可避免同行之间的激烈竞争，也可为企业带来一定的收益。

3. 企业发展与服务延伸

为积极应对主机厂、汽车代理商、社会车辆及其他运输车需求客户对汽车物流服务需求的日益增长，中联物流在深入理解国内、国际汽车物流需求的基础上，借鉴国际先进汽车物流的服务模式并创新发展，充分发挥自身资源优势，并积极整合社会优质物流资源，为客户提供多样化、一体化、定制化的“最后一公里”末端配送物流服务解决方案，形成了以常规运输、人送、“互联网+”代驾配送以及公铁水联运等汽车配送服务类型，发展了集仓储、货代、运输、“互联网+”为一体的“物流+信息流”的综合物流服务模式。中联物流作为主导单位和管理者，以全程管控为核心，以定制化、便捷性的末端配送为服务目标，由“点”及“面”，丰富汽车物流服务内容，增强汽车物流行业的服务延伸性，促使行业高标准发展，并在业内起到良好的带动作用。

二、项目主要内容

1. 中联ILS智慧物流平台：信息化智慧配送

前瞻研发ILS汽车物流信息系统，通过将GPS、云计算等信息技术广泛应用于汽车物流运输、仓储、配送、信息服务等各个环节，实现物流系统的智能化、网络化、高效化、信息透明化、成本优化等的集成管理。目前已具备TMS（运输管理系统）、WMS（仓库管理系统）、ERP（企业资源计划）、CRM（客户关系管理）多个业务处理信息系统，且与多个主机厂客户运输系统成功对接，实现货源与运力大数据的及时、完整同步；物流信息即时共享，可实时掌握库存、在途情况和每日发货等情况。跨平台对接，更为“互联网+”智慧O2O（线上到线下）物流系统建设、配送环节精细化管理提供新的契机和合作模式。跨平台对接将为智慧O2O物流系统建设、配送环节精细化管理提供新的契机和合作模式，可谓行业领先。

2. “互联网+”代驾合作：实现高效智能化人送服务

跨界合作滴滴代驾、爱代驾等代驾平台，基于在“互联网+汽车物流”领域的服务革新，利用互联网平台，充分整合双方优势资源，通过专业汽车物流服务+专业代驾服务的整合，扩大代驾服务的业务范围，实现了To Customer（对顾客）到To Business（对企业）的汽车物流服务新模式。

作为一种全新的“最后一公里”和“互联网+”汽车末端配送模式，以中联物流为整车运输的主体承运人，负责订单的接收、调度与运输全过程的质量保障、在途跟踪与客户服务，以代驾合作方作为运输过程中的末端人工送车环节，负责将车从中联各地分拨中心配送至经销商和4S店，为大家带来更便捷、高效、灵活的“最后一公里”送车服务。

3. 多式联运：无缝对接端到端配送

“中联物流一纵一横公铁联水联运项目”以中联物流为总牵头单位，以中铁特货汽车物流有限责任公司、民生轮船为战略合作单位，共同运营公铁公水多式联运，自开展以来进展顺利。在汽车物流领域前瞻性地开创了新的多式联运运输模式，在集约化、规模化、现代化的物流发展上形成了创新的多式联运项目。整个项目为江铃集团、昌河集团从江西省向全国辐射的公铁和公水联运服务；为上海大众、长丰集团、吉利集团从全国向江西省内的公铁和公水联运服务；综合公路运输、铁路运输、水路运输和中转库资源，为提升物流效率、降低物流成本做出了示范性成绩。

中联物流多年来一直致力于运输模式综合化和服务全程全网络化发展，无论线路规划、运输管理还是仓储配送都有一套高效联动的智能化管理体系，体系自身充分发挥了网络布局和货源配送服务能力，统筹运力资源，优先保证铁路商品车配送需求，为汽车物流联运事业献策出力。

4. 创新升级：标准化提升服务质量

中联物流融合企业管理优化及物流服务平台建设，致力打造一个高效、标准、精益的差异化服务体验平台。其中核心运营模式的具体创新如下：

（1）流程优化。作为国内最早从事汽车物流运输的第三方物流企业之一，中联物流在2015年9月起，与全球知名信息技术和业务解决方案提供商IBM（国际商业机器公司），联合启动了“中联物流优化业务管理流程项目”。以信息化集成手段，打造卓越运营体系，从而实现构建全国领先的汽车物流业流程管理体系的目标。项目实施一年来，以物流配送流程为切入点，结合中联发运高峰实际情况，重建运营管理体系。通过职能定位重塑与能力建设，建立强矩阵组织职能架构和跨部门职能沟通机制，推进流程标准化、信息化建设。而产销协调平台、运营质量多级指标回顾体系的建立，更是提升了运营管理的精细度及长效性。

（2）全局调控。面对一个错综复杂的运输网络，中联物流从全局角度出发，全面考虑客户需求，以提升客户满意度为重心，推进GPS全网覆盖，建立客诉与交车争议受理与判责机制，实现基于数据库实现对订单的即时管理，提高交付期回应的精确度，为客户提供用心的标准化服务。致力打造融合智能化、网络化、标准化运营及精细可视管理的更高效、更协同、更整合的客户服务体系。

（3）质量管理。2010年通过ISO 9001认证。2008质量体系认证以来，中联物流通过强化贯彻实施质量管理体系，形成了质量管理持续改进的领先机制，严慎细密，保障服务质量：

①通过升级内部运营管理及信息系统，实现车辆的在库、计划发运、待发运、在途等信息报表从人工录入到“报表IT化”转变。

②对车辆在途等信息进行监控，及时发现异常数据，强化全网时效管理。

③通过建立考核机制，强化人员管理，对运输各环节实施监控，提升运输服务质量。

三、项目社会及经济效益、社会贡献

1. 经济效益——差异化服务，拓展新蓝海市场，发掘新型行业盈利点

据不完全统计，截至2017年上半年，中联物流“最后一公里”商品车配送车数量超20万辆，占总业务量的20%左右，预计到2018年，配送数量将达到近40万辆，逐步成为中联物流业务来源的重要分支。

中联物流“最后一公里”商品车配送的高差异化服务体验，创造了良好的用户口碑，开放的信息平台和差异化的“最后一公里”解决方案竞争力吸引了更多运车需求合作，大量的社会化订单带来物流收入的增加。

2. 社会效益——全网全程可视体验，提升客户满意度，发挥行业内示范效应

中联物流“最后一公里”商品车配送以“高效、精益、标准”的汽车物流服务、专业的一站式配套解决方案、实时在线的全网全流程智能化用户信息互动，塑造了用

户高差异化的服务体验竞争力，实现了用户体验最佳，极大地提升了客户满意度。

［中联物流（中国）有限公司 张宇光、钱丹］

第八节 缩短商品车平均发运周期项目

一、项目背景

2013年东风汽车股份有限公司（以下简称DFAC）本部轻卡月均库存1.6万辆，从客户提报购买需求到经销商交付客户，整个周期在35天以上，“消除无主库存，准确交付，缩短全过程交付周期至15天”（以下简称“缩短‘C－C’交付周期”）成为DFAC本部未来3年最大的生产系统改善课题。在此基础上，东风襄阳物流工贸有限公司作为DFAC全资子公司，承担着缩短商品车物流环节交付周期的任务，“缩短商品车平均发运周期”课题也应运而生。

二、项目内容

DFAC“缩短‘C－C交付周期’”课题经过3年的持续推进，到2016年年底，已经具备订单最长周期控制在15天以内的能力，得到了上级总部的一致认可，并为DFAC本部库存的消减和生产经营的持续改善提供了有力的保障。由物流公司承担的“缩短商品车平均发运周期”课题也圆满完成，在一系列系统支撑和制度规范后，成果得以固化。目前商品车平均发运周期控制在5天以内，在国内行业处于领先水平。

三、项目创新点

（1）把日产道程表运用到项目改善中，效果明显。

（2）把QCD（质量、成本、交付期）方法运用到项目改善中，在完成交期的同时，商品车物流环节质量改善和成本改善（主要体现在流程优化带来的人员缩减）也较为明显。

（3）“四个计划”联动，即物流发交计划与DFAC零部件采购计划、生产制造计划和销售订单计划有效联动，提前获知物流发交信息，安排好运力资源，减少运力资源浪费。

（4）全过程透明化系统运用，主要包括三方面内容：一是 ETC（不停车电子收费系统）扫码运用，减少各环节时间等待和人员浪费；二是开发商品车客户服务平台，精准掌握商品车实时状态，精准把控各环节时间预警，精准回复经销商实时需求；三是实现司机交车环节手机 App 确认。

四、项目收益

商品车平均发运周期的大幅度缩短，使得 DFAC 本部库存周转天数也大幅度减小，库存量下降，截至 2016 年 12 月底，DFAC 轻卡本部库存 1100 台，相比较 2013 年年初的 5000 台减少 3900 台，下降 78%，减少库存资金占用 2.73 亿元。

五、项目对行业的贡献

国内商品车（商用车）运输业是个劳动密集型行业，60% 以上靠人工驾送的方式运输，运力资源不匹配、司机等货带货、路况不良、各地执法不统一等原因导致商品车运输周期一直偏长，是各汽车厂商一直诟病已久、难以解决的问题。东风襄阳物流工贸有限公司在母公司 DFAC“缩短‘C－C 交付周期’”大课题的统一推进下，务实创新、因地制宜，充分运用道程表、QCD 等方法，并与主机厂“四个计划”联动，提前合理安排运力资源，全过程动态透明化信息管理，使得商品车平均发运周期达到 4.5 天，达到行业最好水平。在运力资源匹配、客户服务水平提升、业务流程优化、系统（软硬件）运用、制度完善等方面对行业起到很好的示范、引领作用，可以作为一种模式在行业内推广。

（东风襄阳物流工贸有限公司　罗小泉、张志旭、陈晨、许国华、吴涛、侯文佳、邹端、徐修国、李涛、闪翱）

第九节　整车生产及出口物流一体化管理系统

深圳民生捷富凯物流有限公司（简称 SMGL）是一家新型的现代化第三方物流企业，公司于 2012 年 4 月 16 日注册成立，是由民生实业旗下的民生轮船股份有限公司与捷富凯国际物流（中国）有限公司合营组建。

公司主要为汽车生产厂商及相关汽车零部件供应商提供第三方物流服务。服务内容主要包括：国内外零部件运输、散杂货运输、大型设备运输、仓储管理、生产配送、模块化分装、厂内物料操控、保税库管理、商品车仓储管理及发运、售后件仓储及发运、物流方案设计、包装规划设计制作等全方位的物流服务。公司致力于提供高度一体化的专业汽车物流服务，目前有上海、成都、广州等分支项目部，为沃尔沃、蔚来和长安标志雪铁龙等汽车厂商提供服务。

一、项目背景

随着全球经济化及“互联网 +”的浪潮的快速推进，市场对物流服务提出了新的要求，同时，随着国内汽车行业的竞争日益激烈，市场日益国际化，制造企业和物流企业寻求新兴市场的愿望日益强烈，对计划预测和下发、生产制造、整车仓储管理及发运通关等操作提出了新的要求，尤其是在平台的整合和衔接协作等方面提出了更高的要求，不像之前只停留在功能的实现上。以上形势倒逼企业不断创新，积极探索，企业在寻求自身物流服务能力提升、降低运营成本、提高运作效率等方面做了很多尝试。深圳民生捷富凯物流有限公司（以下简称 SMGL）基于对业务操作的深刻理解及对提升能力的不断追求，努力提升服务质量，力争在激烈的竞争中脱颖而出，实现操作的精细化管理及一体化，定制开发了一套集桌面系统、App（苹果及 Android）于一体的整车生产及出口物流一体化管理系统平台（以下简称一体化系统平台），着力提供一套能为企业带来显著效益的综合技术管理方案。

二、项目内容

基于以上背景，为解决整车物流企业“一多、二高、三低”的问题（“一多”是承运商较多，社会资源与专业运输资源并存，发运资源分散；“二高”是发运成本高，通关成本高；“三低”是发运效率低、通关准时率低、信息化资源共享及传递效率低）。SMGL 着力研究和实现以下内容：

1. 流程的梳理和优化

流程是标准化的作业步骤，是企业业务运作必须遵循的标准性指导文件，处于非常重要的位置，在总结过去多年的操作经验的基础上，结合客户的反馈，重新对业务流程进行梳理和优化，形成整个业务流程信息的闭环，实现整车入库、仓储、发运、通关及结算流程的连贯性。整车生产及出口物流流程如图 12－13 所示。

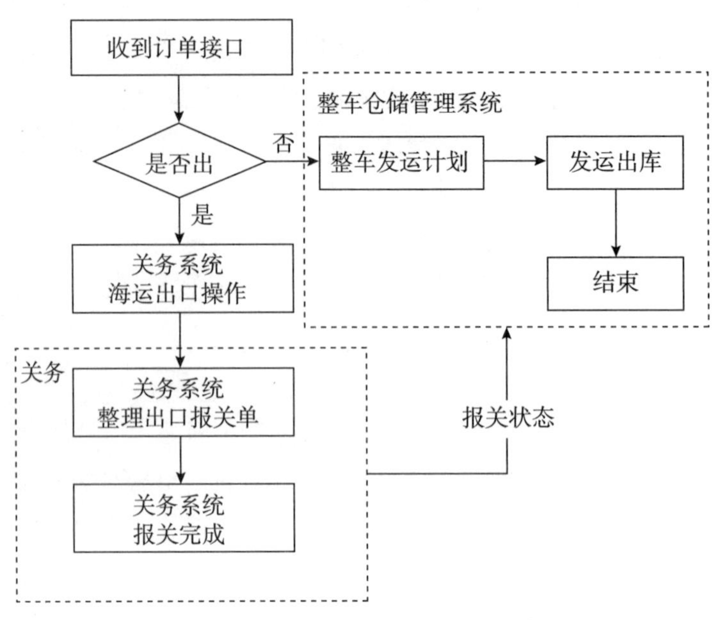

图 12－13　整车生产及出口物流流程

2. 信息系统的设计与实施

一体化系统平台建设是以流程管理为核心，结合公司实际运行情况而进行的业务规范和设计。着力打通入库、仓储、运输及报关、结算的各个环节，如库存进出管理、PDI（汽车出厂前检查）维护管理、在途信息监控和异常情况反馈处理、报关文件自动生成、业务结算等，进一步提升企业的管理能力和操作效率，从而提高企业的整体服务能力及经济效益。

3. 系统运行及服务保障

信息传递的稳定性、及时性、持续性取决于系统的平顺运行，并要求系统具备一定的抗灾容灾能力及超并发访问能力，因此，我们将系统平台部署云端，建立全国的数据库系统，集中收集和共享业务数据，确保系统 7×24 小时不间断服务，同时，平台系统结合基于 B/S 和 C/S 系统构架，便于部署和推广使用。

4. 信息的及时传递及共享

一体化系统平台确保信息在主机厂、第三方（承运商、船公司）及公司内部各部门之间传递，实时实地接受订单和分配订单，订单运输转台，报关状态及到港状态等信息的及时传递和共享，便于资源调配。

5. 各环节的及时掌控

一体化项目设计初衷是出于对业务环节的整合进而提升管理和操作效率。传统的以电话或邮件传递信息方式效率低下、出错率高、信息严重不对称；各业务系统彼此独立，存在“人”和“系统”的操作分离；业务环节存在管理盲点。此平台的目的就是为了实现对运输出口各个环节的全程监控（如图 12－14 所示），及时发布和分享物流状态信息。同时，将主机厂、经销商及第三方整合在同一个平台，使管理的深度和广度得到扩展。

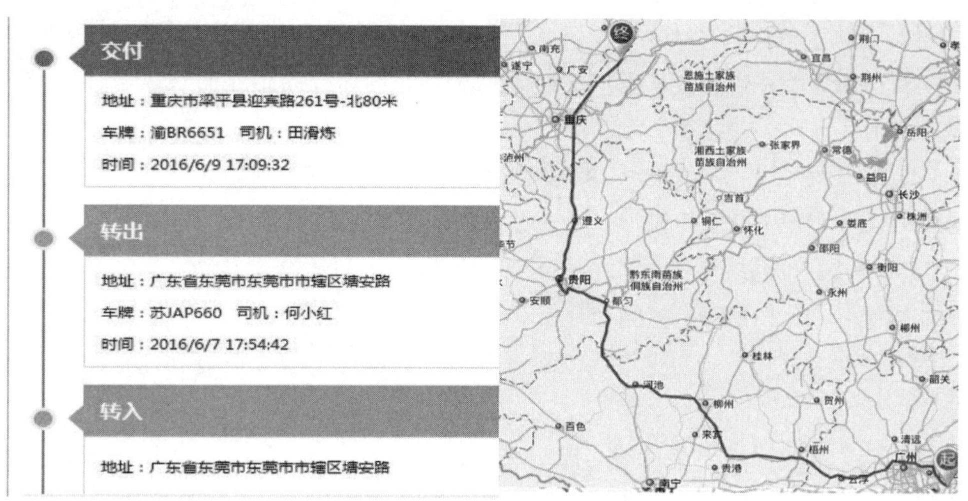

图 12－14 全程监控示意

三、项目创新点

一体化系统与以往的信息系统相比，有了一些新的突破、新的发展。主要体现在以下几方面：

（1）业务的高度整合。通过一体化系统平台将入、管、运、结四者进行整合，“入”即生产计划管理及入库管理；“管”即库内库存库位管理；“运”即配板、发运及通关管理；“结”即财务结算管理。实现业务物流、信息流和资金流的高度整合。

（2）供应链各环节的高度融合。平台从主机厂生产计划、订单分配、发运、港口报关及船公司运输、结算等供应链各重要环节高度融合，消除信息孤岛，实现信息闭环。

（3）业务环节的高度可视化。平台实现了对车辆实物的库存库位的可视化，在途运输的可视化管理，便于及时监控，降低安全风险。

（4）结合基于 C/S 及 B/S 的系统架构和云端服务，降低运维成本和管理成本。通过架设云端服务器，基本实现 7×24 小时不间断服务，有力地保障生产。

（5）条码技术的运用，车辆全程实现条码技术的应用，结合无线扫描枪和手持无线 PDA（手持式数据采集终端）实现远程操控，基本实现无纸化操作。

（6）虚拟化技术的使用，实现故障的快速响应、恢复和迁移。

四、项目对行业的贡献

（1）系统平台规划设计方面。以客户为中心、高起点、高标准规划设计系统平台，实现系统与操作的紧密结合，增加操作的连贯性，确保提高企业的整体服务能力及经济效益。

（2）信息传输方面。在骨干网上利用互联网，在终端上利用无线通信，确保数据在移动终端和管理端高效传输。

（3）模块化的系统结构。系统采用平台加模块化的建设，来解决当前及未来的业务功能拓展和优化，如数据挖掘和分析等。

（4）虚拟化技术。通过架设云端服务器，实现故障的快速恢复和迁移，有力地保障生产。

（5）可监控性。该系统可对入库、仓储、出库、运输、报关及结算等各业务操作进度及各操作人员的岗位效率进行监控，能轻易实现各板块的实时跟踪和调整。另外，系统基于操作岗位的权限分配，根据作业量随时作出调整，有利于对突发的业务量的监督和管控。

（深圳民生捷富凯物流有限公司　范峻、周洋）

第十节　东风日产整车物流在途可视化信息平台

目前，东风日产经销店遍布全国有1000多家，平均日订单3000台（商品车），日在途车辆约1.5万台，由5家一级承运商进行运输（一级供应商下存在多家二级、三级等供应商），采用汽运、铁运、海运3种运输模式，商品车在途时间平均6.8天，并且分布在运输过程的各个环节，使用传统的客服在途跟踪服务模式（如图12－15所示），已经无法满足客户的实时需求。从2015年开始，东风日产整车物流开始着手对商品车在途信息进行系统整合管理的研究，拟开发统一的整车在途信息平台（如图12－16所示），改变供应商各自独立管理的局面。

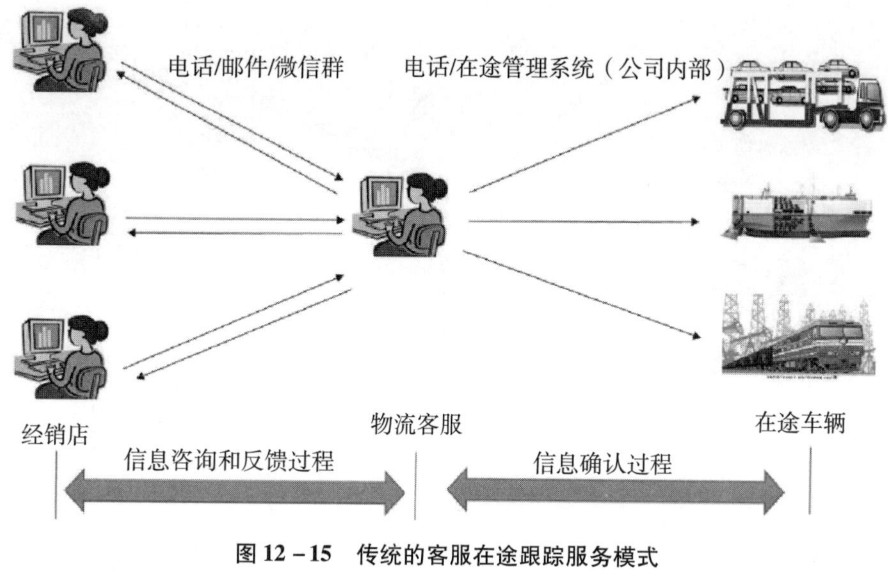

图 12－15 传统的客服在途跟踪服务模式

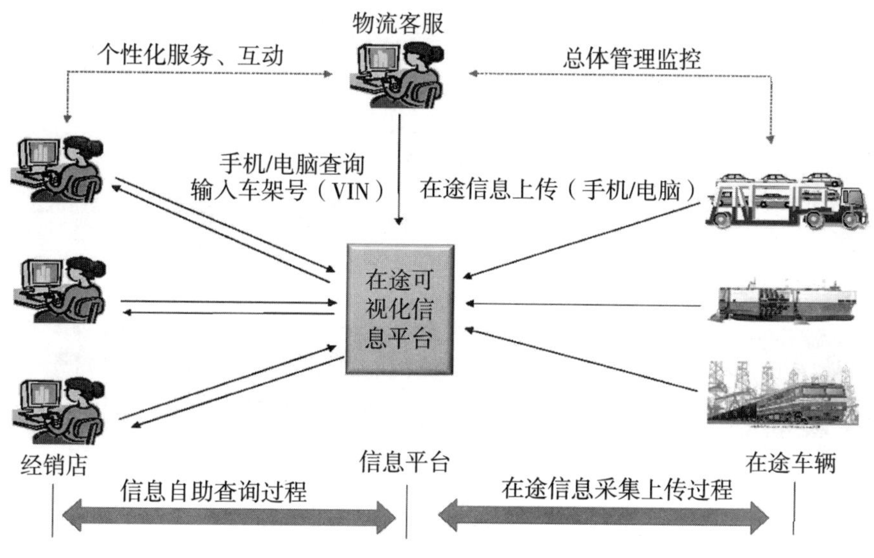

图 12－16 信息自助服务——在途可视化模式

整车物流在途可视化信息平台，通过仓库扫描作业、汽运在途信息移动 App 采集、铁运水运信息供应商上传等途径，通过统一的规划设计，实现整车物流全过程的信息可视化，向全国经销商开放，并且开发移动终端，便于客户随时随地进行商品车的实时状态查询（如图 12－17 所示），并且同时为东风日产整车管理监控提供信息数据支持（如图 12－18 所示）。

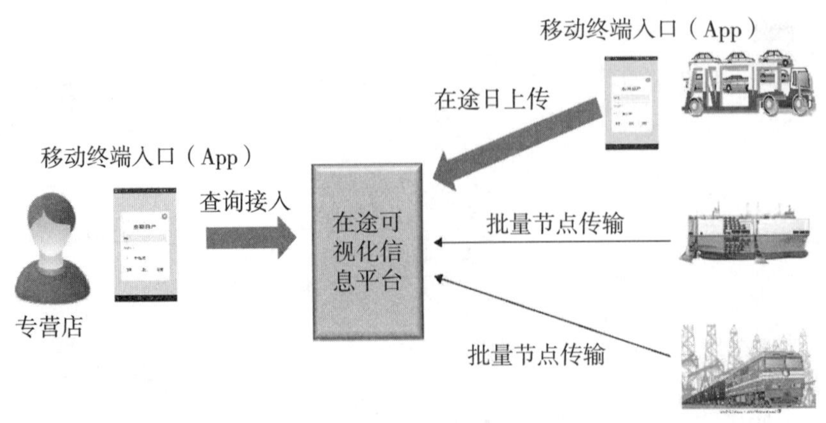

图 12－17　App 技术应用示意

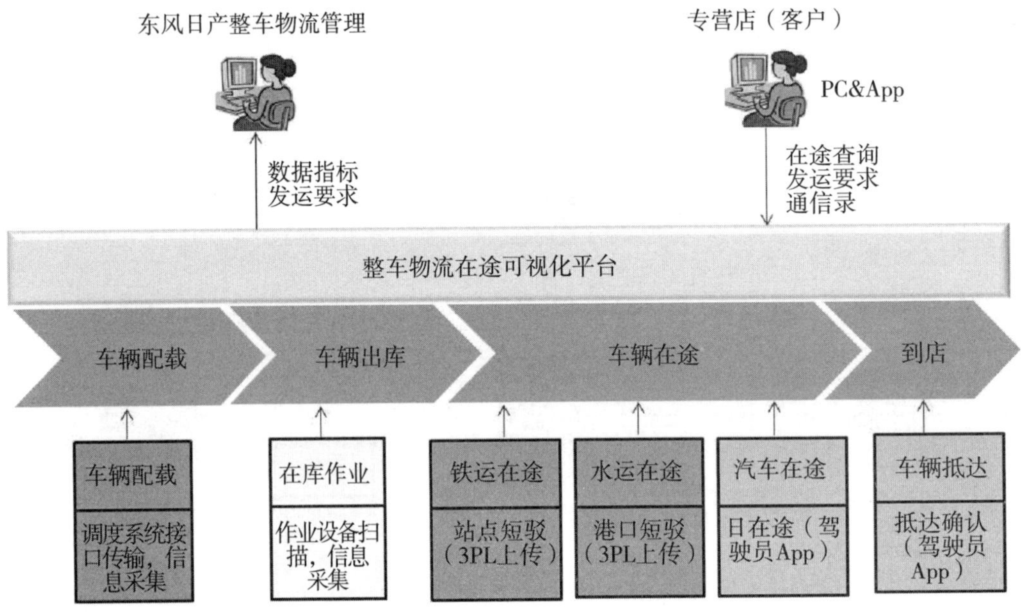

图 12－18　全物流过程的信息采集示意

本项目的创新点在于，以统一的信息平台，取代了供应商各自分散的在途信息服务，整合了车辆物流全过程的环节，全面掌握车辆实时动态，提升车辆在途安全性和运输的准点率，提升管理效率，更加全面、规范、标准。在平台入口方面，开发移动终端 App 作为信息接入口，一方面，取代传统的 GPS 采集，驾驶员通过移动终端（手机）实时上传车辆在途信息，不受使用外协资源的限制，只要承运东风日产车辆运输任务，都可即时安装、即时使用，提升覆盖率；另一方面，经销店使用通过移动终端（手机），随时随地可实时获取车辆在途状态。

本项目实施以来，东风日产在途车辆信息上传比例达到95%以上，经销店每天使用App获取在途车辆动态，反馈给终端客户。在传统的客服在途跟踪服务中，每事件消耗15分钟，改善为实时自助服务后，提升客户对于东风日产整车物流快速、精准服务的体验，满意度在2016年获得显著提升。由于平台的建设，同时减少客服人员的投入，减少2人，每年节省人力成本24万元。由于在途车辆管理的加强和效率的提升，平均在途时间从原来的6.8天缩短到6.3天，按照100万元/年的运输量测算，为全国经销店在途车辆的资金占用利息节省700万元/年。

东风日产整车物流在途可视化信息平台由车辆厂家自主开发，能够向行业提供一种车辆在途信息整合管理方案和信息采集新思路。

（东风日产乘用车公司　魏建彬、罗党育、王勇、吴芬芬、李舸、郭曦晖）

第十一节　商品车光伏仓库应用分析

一、项目背景

郑州日产汽车有限公司常州分公司于2015年起进行改造，对商品车仓库重新进行规划。规划前面临课题：商品车仓库由于占地面积大，存放条件要求低，一般为露天硬化地面存放；常州工厂位于常州市新北区，属于化工工业区，而且紧邻化工厂、钢铁厂，化工废气和钢铁厂铁屑，极容易对露天存放的商品车造成质损，降低了商品车的质量，同时也增加了维修成本。如果要解决以上课题，车辆需要在室内或车棚下停放，但是建设成本同比室外露天要增加几倍。常州商品车仓库物流规划立足长远，以环保、改善为规划出发点，按照将常州工厂建成为绿色环保工厂的方针，在规划商品车仓库方案时，提出商品车光伏仓库的规划建议，希望通过商品车仓库光伏，助力常州工厂成为绿色环保工厂。

作为清洁能源，光伏发电在近几年得到了广泛的应用。为解决以上课题，最终常州工厂商品车仓库规划建立光伏仓库，通过与第三方光伏公司的合作方式，发挥了双方的资源和能力优势，达到双赢。

二、项目主要内容

常州工厂提供第三方光伏公司安装光伏设备的商品车仓库场地，光伏公司搭建建筑物和放置节能设备，场地仍属常州工厂所有。项目投资收益由双方共享，光伏项目所需资金由光伏公司解决。

光伏公司提供节能项目的解决方案（应尽可能少地占用停车位，尽可能多地布局光伏板）、设计方案和施工方案，并负责项目涉及的申报、建设、购置、运输、安装调试等，项目涉及费用全部由光伏公司承担。

1. 光伏所发电能的使用

优先保证常州工厂的使用，光伏公司按照常州工厂所在地现行电网工业电分时电价优惠给常州工厂使用。节能项目相关碳排放指标归常州工厂所有。

2. 光伏仓库实施方案

（1）商品车停车场：在商品车库位不变的基础上，增加组件钢构及基础，光伏板敷设在钢构檩条上。将光伏板作为车棚，一举多得。

（2）仓储照明：采用荧光灯照明。荧光灯数量多，将其设置成隔两行常开，其余的采用感应式，既满足了照明需求，又解决了电能，增加了荧光灯的使用寿命。

（3）仓库监控：采用夜视功能摄像头，满足感应式照明区的光照，作为光伏板的状态监控，同时用作仓库车辆的监控。光伏仓库示意图如图 12 – 19 所示。

图 12 – 19　光伏仓库示意

三、实施效果

1. 间接收益

（1）新能源工厂，有助于提升企业形象和品牌。

（2）绿色能源，减少环境污染，体现企业社会责任。

（3）自发自用，确保综合能耗指标达成。

（4）光伏组件隔热避免新车直晒，商品车内降温5～10℃。

2. **直接收益**

（1）电价使用优惠，年度电费降低上百万元。

（2）避免了化工厂酸雨与钢铁厂铁屑容易对车辆造成的质损，同时避免了质损车辆返修增加人工、材料等成本。

（3）为新车遮风挡雨，有效抵挡冰雹，保护商品车质量安全。

四、创新成果

（1）资源利用创新：郑州日产常州工厂商品车仓库，主要用来停放商品车，具有大量的土地资源和空间优势。建立商品车光伏仓库，充分利用了场地优势，实现资源利用的创新。

（2）合作方式创新：郑州日产提供场地，第三方投资和运营。发挥了双方的资源和能力优势，达到双赢。

（3）收益方式创新：光伏所发电优先用作常州工厂内使用；剩余电量并作市政电网。

（4）仓储风险创新：狂风暴雨等不可抗力因素可能损害光伏车棚，外加上光伏电路故障等原因，均可造成商品车质损。这些是光伏仓库的问题风险点。为降低以上风险，第三方购买保险，降低光伏仓库造成的损失风险。

（5）降成本创新：光伏所发电量，白班电费降低。在不增加成本的条件下，完成了工厂能源降低指标。

（6）节能减排创新：提供了清洁电能，年均碳排放减少上万吨，可以满足郑州日产常州分公司节能减排的需要。

（7）发展方式创新：汽车制造厂不仅仅作为制造企业，还可改善环境，节能创收，降低成本，实现企业可持续发展，为企业发展提供了发展方向。

（8）项目可推广创新；保证产品质量，降低商品车质损，改善员工工作环境。可向其他仓库推广。

（郑州日产汽车有限公司　翟永兴、张亚航、王庆东、许飞、刘道杰、胡乃强、肖晨晨）

第十二节　基于物流建模的整车物流规划工具应用

一、项目概述

1. 整车物流新模式下的网络规划问题

GB 1589 新标准的发布实施，对于物流运输装备的供给侧结构性改革而言，是有力的支撑，对运输车辆超载超限、车辆非法改装等行为，是有效的规范。新规的实施，也促进了更先进、更优质的车型推广，为加强道路交通安全管理、规范运输市场发展、实现社会运输资源科学配置、提升经济秩序稳定发展等方面发挥重要作用。

对整车物流行业来说，新规意味着公路运输面临着新的挑战，公、铁、水协同发展的需求越发紧迫；根据运输工具的不同特性和分属不同空间领域，进行不同整车运输任务的适配，形成铁水运输与公路运输竞争、互补共存的模式，已为行业所公认。

发展多式联运，必须有高效可靠的区域分拨中心。整车物流企业服务多主机厂和全国销售终端的特性，决定了实施库前移的必要性，用滚装船和火车进行整车干线运输，在主要节点城市形成多功能的区域物流中心，由公路进行末端分拨，最终实现物流成本与服务时效的平衡。这既是行业发展的趋势，也是新规引导的方向。在这种情况下，区域分拨中心的选址及配套问题在物流网络规划工作中显得尤为重要。

2. 信息化手段解决规划问题的必要性

在《“十三五”国家信息化规划》当中，明确提出了要以信息化改造提升传统动能，推动社会生产力水平整体提升。在多式联运的物流网络规划工作中，利用信息化工具，可以弥补人力测算的局限性，提高规划方案的效率和质量。

整车物流网络设计包括物流战略决策和物流策略两个部分。物流战略决策包括确定分拨中心选址和服务范围等，通常每年做出一次决策；物流策略决策则包括不同运输方式的比例，库存策略等，通常每个季度或是每个月做一次决策。根据物流业务的实际运营情况进行分析，转化为对以下问题的求解：

（1）整车物流网络结构，分拨中心的数量和选址（到地级市层次）。

（2）分拨中心年均存储商品车的数量。

（3）分拨中心服务范围（到地级市层级）。

（4）整车运输网络中基地到经销商的运输路径、运输方式。

（5）分拨中心的设计面积。

（6）全局整车运输网络中不同运输方式比例。

传统的人工测算方法显然不能满足需求，那么建立合适的规划模型，结合信息化手段，进行新的规划方法实施势在必行。本着满足业务需求、提升公司竞争力的目的，从策划、立项到执行，物流建模项目沿着模型设计——软件封装的实施路线，完成了项目的落地。下面就模型构建及封装软件的应用内容进行解析和阐述。

3. 轴辐式网络概念

轴辐式网络（Hub and Spoke Network）是基于大型枢纽节点构成的运输网络，从其名字也可知该网络拓扑结构是由“轴”（Hub，即枢纽节点）和“辐”（Spoke，即非枢纽节点与枢纽节点间的连线）构成，如图 12 - 20 所示。最初轴辐式网络主要用于解决航空运输的成本优化问题，20 世纪 60 年代，航空运输业快速成长，虽然航空出行需求不断增加，但航空公司发现小城市间的航线客座率一般不高。航空公司为了探索更高效的运输组织模式，应对快速增长的市场需求和其他对手的竞争压力，逐步形成“依托大城市为轴建立枢纽机场并配备大型客机开展干线运输，小城市间的航空客运则通过大城市进行转载构成辐线”的轴辐式运输服务网络，大量的支线需求集中到干线运输后利用形成的规模经济实现整个运输网络运营成本的降低。之后，随着国内外学者对轴辐式网络的研究不断深入与完善，这种典型高效的网络结构已被广泛应用于邮政、计算机通信、农产品流通、快递业、应急资源调配系统等领域。

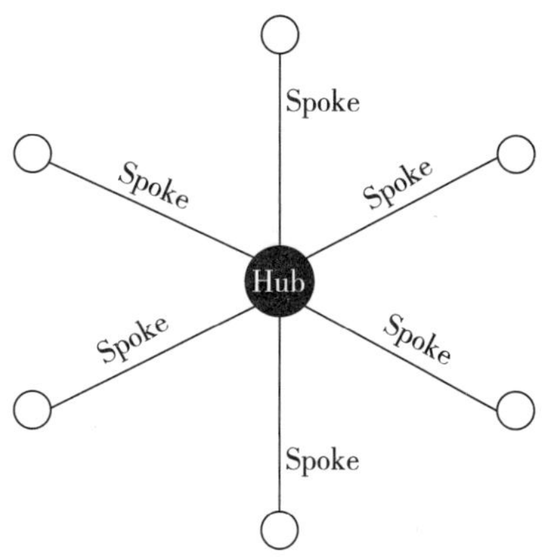

图 12 - 20　轴辐式网络概念

4. 轴辐式网络与多式联运

轴辐式的网络结构可以有效解决多式联运网络的结构局限性以及物流成本与服务时效之间的背反问题，轴辐式网络与多式联运运输组织模式的耦合关系如图 12 - 21 所示。

第一，轴辐式网络的研究对象可以是多个发运点与多个需求点，节点是“多对多”的关系，区别于当前研究中，大部分多式联运网络起讫点间均是“单对单”的对应关

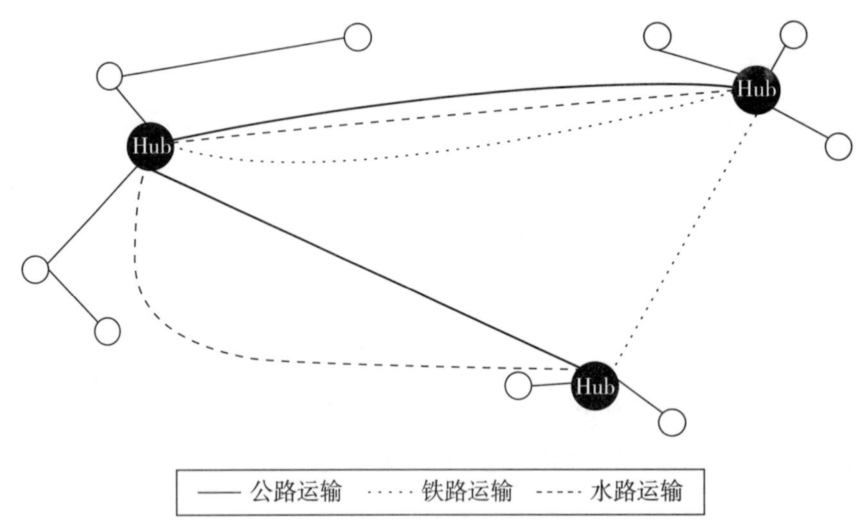

图 12－21 轴辐式网络与多式联运的耦合关系

系，轴辐式网络可以解决规模较大且复杂的实际问题。

第二，在混合轴辐式网络结构下，服务提供者可以为客户提供多元化的运输服务模式，平衡物流成本与服务时效。由于混合轴辐式网络中非枢纽节点之间存在直接连接，那么对服务时效更敏感的客户，提供公路快速直达的运输产品；对物流成本更敏感的客户，则提供基于多式联运组织模式的运输产品。依托网络中的枢纽节点，利用各运输方式的技术经济特点进行组合，以大容量的运输方式完成枢纽间的干线运输，末端辅以小批量、高频次的公路运输完成供应区域到需求区域的运输。

二、整车物流网络规划需求

将一汽物流的整车运输业务进行抽象概括，需要将商品车从 N 个汽车生产基地运输至 M 个销售目的地，生产基地设有基地库（Vehicle Service Center，VSC），便于商品车下线后的流转、储存与集中发运。

由于 GB 1589 新规下公路运输方式的成本较高，且涉及限行限载等因素，原有运输网络以及运输组织模式已无法适应日益增长的商品车运输需求，发展公、铁、水协同的联运模式，需要对商品车运输网络进行优化，在靠近运输目的地的若干区域选择 P 个节点（城市）建立整车区域分拨中心（Vehicle Regional Distribution Center，RDC），在 VSC 与 RDC 之间形成适于铁路或水路大运量运输的商品车干线运输网络，通过规模效应来平衡全局物流网络的运营成本，如图 12－22 所示。

假设 VSC 与 RDC 节点所在城市存在 k 种运输方式可供选择，可实现商品车在不同运输方式之间的转换，在运输计划支持的前提下，实现满足主机厂与 4S 点到货准时率，使运输网络总物流成本最低。确定 P 个 RDC 的布局位置，确定商品车从 N 个汽车生产基地运输至 M 个销售目的地的运输路径以及各运输路径上所需的运输方式，最终实现整个运输网络的优化。

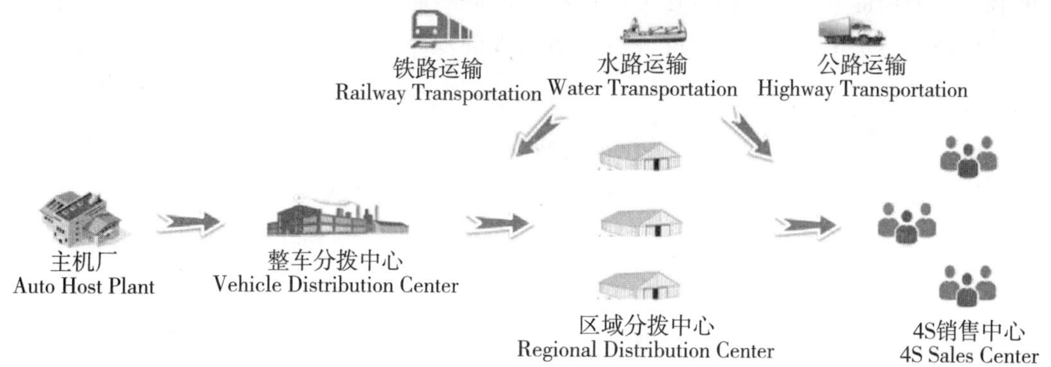

图 12－22　整车物流运输网络

问题描述从以下三个方面切入：

（1）枢纽节点的选址布局问题。此问题主要是解决如何确定运输网络中枢纽节点的布局位置，这些枢纽节点等价于一汽物流实际运输网络中的整车区域分拨中心。因此，在已知起讫点的情况下，如何构建具有 P 个区域枢纽节点的商品车运输网络，是此部分亟待解决的问题，属于战略层规划。

（2）运输路径的最优选择问题。在起讫点已知，枢纽节点既定的情况下，如何确定连接以上节点的运输路径是此部分要解决的问题，属于战术层面的运输服务规划。

（3）运输方式的组合优化问题。多式联运的运输组织模式中，节点间的运输方式与运输路径是相互依存的关系。选定某种运输方式是选择该运输方式所对应的运输路径的前提；而某种运输方式所选择的运输路径是衡量该运输方式优劣的重要依据。在既定的枢纽节点布局基础上，对不同的运输方式进行组合，最大限度发挥不同运输方式的经济特点，最终得到运输方式与运输路径相适应的整体最优的运输组织方案是此部分需要解决的问题。

三、物流网络规划模型建立

1. 整车物流运输网络拓扑结构确定

由于需求是驱动运输网络形成的外在动力，一汽物流所提供物流服务的核心是配合商品车订单交付模式满足主机厂的物流时效需求，在不影响交付时间的基础上，更大程度地降低物流成本是一汽物流最期望的。目前，主机厂并没有采取单一的商品车订单交付模式，BTF 与 BTO 两者共存于汽车行业，相辅相成。一方面，在经销商对物流时效敏感的情形下，无论是 BTO 模式还是 BTF 模式，为保证起讫点间商品车的准时交付，运输网络中“绿色直达通道”的布置是必要的；另一方面，在 BTF 模式物流时间较充足的情形下，一汽物流在可邻近需求市场的地区布局整车区域分拨中心，将下线后的商品车集中运输至整车区域分拨中心再进行二次分拨运输至经销商，利用规模优势降低物流成本，因此“干线 + 支线”的连接形式也是存在的。

综上所述，一个完整的商品车运输网络中，起讫点之间可能存在不同的运输组织模式与连接方式：一种是起讫点间的快速直达运输，起讫点间直接相连；另一种则是起讫点基于枢纽节点进行运输方式转换的多式联运，起讫点间的运输线路上还存在枢纽节点。

根据轴辐式网络的分类，本书选择单分配多枢纽的混合轴辐式网络进行阐述。根据图论思想，可构建一个无向网络 $G = (N,A,S,L)$ ，分别代表轴辐式网络中节点的集合、节点间边的集合、运输方式的集合以及边的属性集合。其中，网络中节点个数为 n ，枢纽节点个数为 p 。非枢纽节点最多只可与一个枢纽节点相连，也可以不和枢纽节点相连，直接与另一非枢纽节点相连，而且枢纽节点间存在连线，因此，以上所有节点之间存在的路段（边）集合记为 A 。轴辐式网络中运输方式的集合以及节点之间边的属性集合与多式联运网络中相同，因此不再过多赘述。特殊说明的是，在枢纽节点之间的运输线路上存在规模效应，枢纽节点间运输成本的折扣系数为 α ，且 $0<\alpha<1$，故混合轴辐式网络拓扑结构如图 12－23 所示。

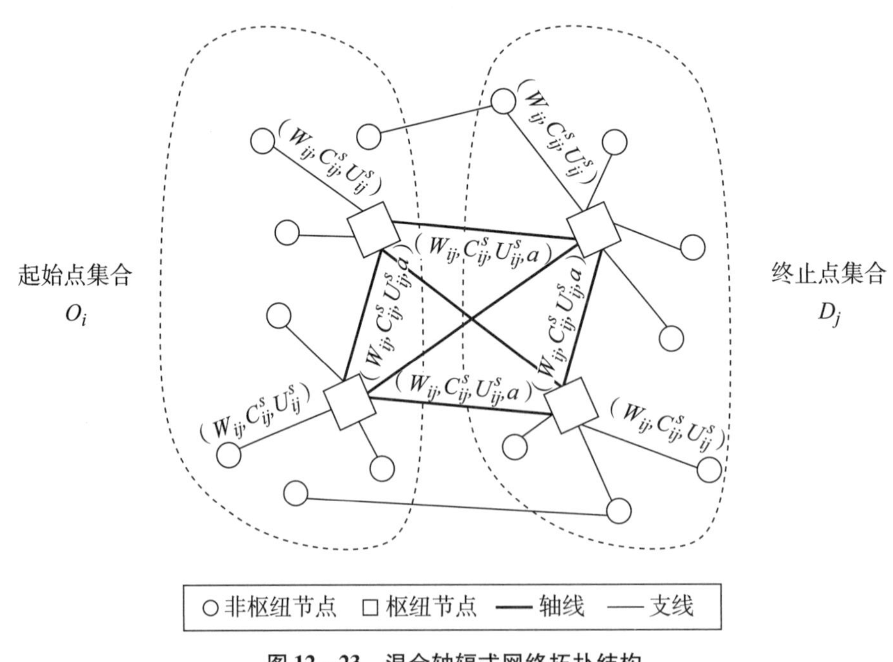

图 12－23　混合轴辐式网络拓扑结构

在基于枢纽节点间进行运输方式转换的多式联运模式下，商品车的运输过程大致可以分为三个阶段：第一阶段，商品车由起始地（生产基地）向起始枢纽节点（VSC）汇集的过程；第二阶段，商品车在起始枢纽节点（VSC）与末端枢纽节点（RDC）间选择经济合理的运输方式所形成干线运输；第三阶段，商品车由末端枢纽节点（RDC）分拨配送至各个销售目的地。由于一汽物流在临近主机厂的地区均设有整车分拨中心，因此暂不考虑商品车由生产基地向整车分拨中心的流转，在基于枢纽节点间进行运输方式转换的多式联运模式下，商品车的运输过程只有后两个阶段，如图 12－24 所示。

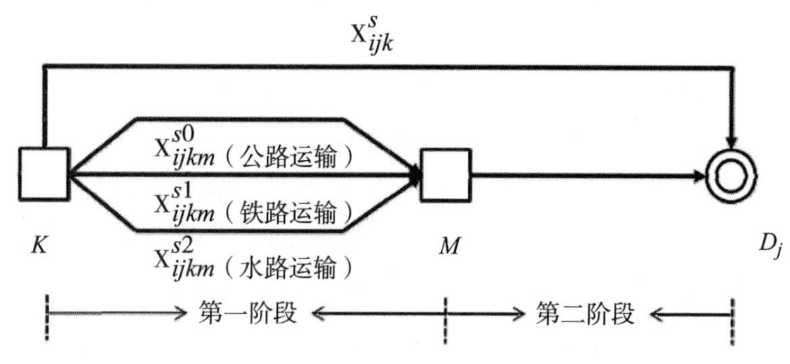

图 12－24　基于枢纽间接驳运输模式下的运输过程

为了研究和模型构建的方便，可以将整车物流运输网络以简化图的形式表现，如图 12－25 所示。

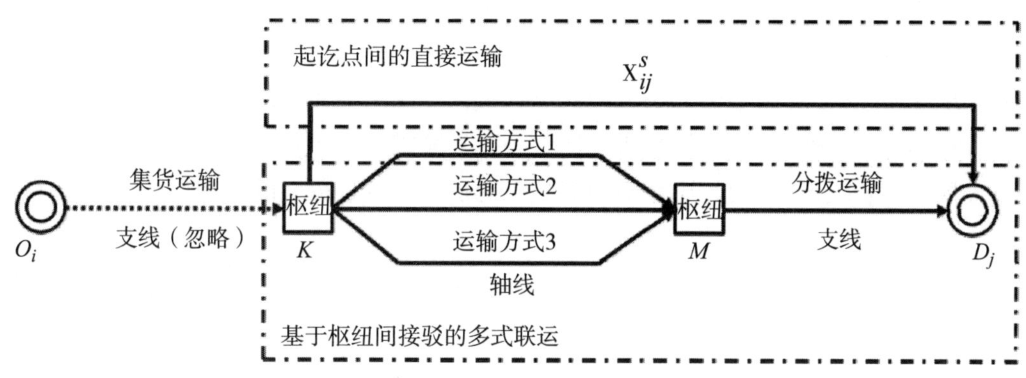

图 12－25　整车物流运输网络简化

2. **物流运输网络模型要素建立**

根据对商品车运输网络拓扑结构的确定，现需要建立适合商品车运输的物流网络。整车物流运输网络主要包含以下三个基本要素：节点、边和边上的权。

（1）节点。节点是物流服务产生和结束的基本源，对于商品车运输网络，物流服务的产生节点对应为商品车运输的起始地，物流服务的结束节点对应为商品车交付的目的地。因此，一汽物流运输网络中的起讫点，可以依据其服务主体的实体销售网络进行确定，起点即为其临近主机厂布局的整车分拨中心，而终点则为各经销商。

此外，由于整车物流运输网络的优势在于重点打造依托枢纽节点进行运输方式转换的多式联运物流服务，枢纽节点是整个网络的核心，其选址决定了网络的结构和规模大小，也决定了整个运输网络的服务能力与成本效益。需要注意的是，整车物流运输网络中枢纽节点的类型有两种：第一种是临近出发节点的起始枢纽，相当于一汽物流的整车分拨中心，布局位置既定；第二种是靠近需求点的末端枢纽节点，即整车区域分拨中心，其位置待定。末端枢纽节点的选址与布局需要综合考虑节点的发展情况，网络中枢纽节点的数量与布局需要构建一套科学合理的方法才能确定。

（2）边。边是物流服务在起讫点之间实现的基础载体。两个节点之间的连线即可成为边，节点间若存多种运输方式，在相同的节点之间可以形成多条边，提供不同的运输服务。本项目研究的商品车运输网络中存在两种运输组织模式：第一种，对于起讫点之间的公路直达运输，在当前第三方整车物流企业的运输网络中这种“边”已经存在，能够实现运输服务，不需要重新确定；第二种，对于基于枢纽节点间进行运输方式转换的多式联运，由于铁路和水路运输方式对节点和线路上基础设施设备的要求较高，节点间是否存在满足铁路或水路的运输线路，需要查询我国铁路运输网络和水运航线并确定。与此同时，虽然节点间存在铁路或水路运输的线路，但枢纽节点处是否具备保证商品车运输的装卸等相关设备，才是决定一汽物流是否能够提供多式联运服务的关键，因此，枢纽节点的确定是前提条件。

（3）边上的权。权代表节点间相互作用的强度差异，反映节点间边的属性。在论文研究的商品车运输网络中，边上的权主要包含节点间的物流量、时间和成本三大属性。节点间的物流量反映了运输规模的大小，是完成商品车物流服务的实际目标，可以从服务主体处获得不同起讫点间的商品车运输需求量。边上的时间属性反映了主机厂对商品车运输的物流时效要求，会影响节点间运输组织模式的选择，主机厂对一汽物流的物流时效考核可以参考现行标准。边上的成本属性反映了提供物流服务的运营费用支出，也是衡量网络物流服务的关键指标之一，是一汽物流关心的重点，此部分数据可以通过历年的实际运营情况以及对铁路或水运等运输企业的调研获得。

综上所述，以上节点、节点间满足不同运输方式的所有边和边上的权构成了整个商品车运输网络，为满足客户不同物流服务的需求提供了可能性。然而，针对网络中的各起讫点间具体通过哪些节点选择哪种运输方式，需要通过对枢纽节点的选址布局、路径优化与运输方式组合子问题的求解，才能得到最终的运输网络。而且在不同的参数设计情境下，运输网络中枢纽节点的位置、运输路径和运输方式组合也会发生变化。

四、基于模型的封装工具应用

以枢纽为依托的整车物流运输网络分为两个层级网络，如图 12－26 所示。第一层级网络是少数枢纽节点构成的“轴网络”，第二层级网络是枢纽节点与非枢纽节点及非枢纽节点间构成的“辐网络”。

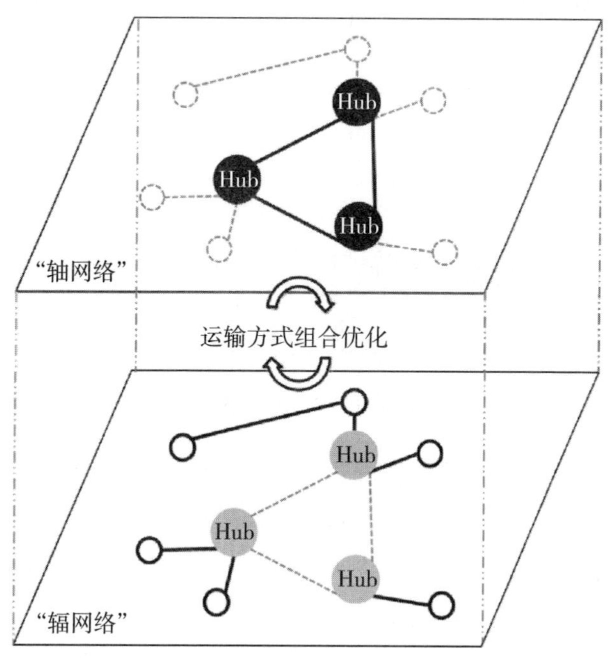

图 12－26　整车物流运输网络的“轴网络”与“辐网络”

轴辐式网络引起的规模经济效应主要发生在第一层，枢纽节点数量与分布位置将决定整个运输网络的结构与效益，由此枢纽节点的选址布局是第一层级网络设计的核心；而非枢纽节点是否与枢纽节点连接、连接时非枢纽节点选择哪一个枢纽节点相连以及选择什么样的载运工具完成运输，则决定了运输网络中货物的运输路径与运输方式，因此这两部分内容是第二层级网络优化的内容。

整车物流运输网络优化问题的输入要素与输出结果如图 12－27 所示。由于整车物流运输网络优化的核心问题是枢纽节点的选址布局，而枢纽节点作为输入要素部分是未知的，即整车区域分拨中心所在城市的位置是未知的，需要首先确定枢纽节点的位置。然而，枢纽节点的选择又必须以运输网络的经济效益最大为目标，进行核算后才能确定其最终的布局位置，并得到节点间的运输路径和多式联运的组合方案。因此，需要先确定能成为枢纽的节点会有哪些，然后作为输入要素代入模型中，最后求解得到整体的最优方案。

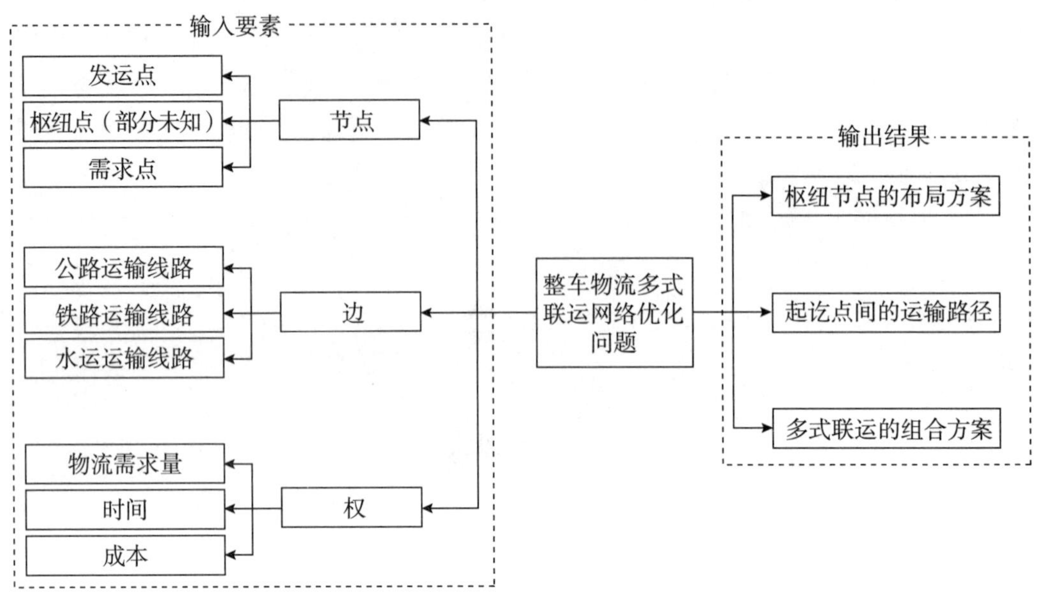

图 12－27　整车物流运输网络优化问题的"输入"与"输出"

综上所述，整车物流运输网络优化问题的解决可以分为两个步骤实现：第一步是对运输网络中的节点是否具备开展多式联运的基础条件进行分析与讨论，建立备选枢纽节点选取的综合评价模型，为之后的网络优化模型奠定基础；第二步是以实现运输网络总物流成本最小化为目标，构建整车物流运输网络优化模型，完成枢纽节点的布局、非枢纽节点分配和运输方式组合的协调性与适应性优化。至此，项目应用科学理论，结合业务实际，可实现在不同价值观下，对全局战略规划、物流路径选择、服务范围划定等内容进行模拟测算，为整车物流网络布局提供决策支持工具。通过对模型参数的不断修正，模拟外部环境变化，逐步实现面向全国整车物流网络的规划输出。

五、模型封装应用

1. 界面概览

规划模型建立完毕，但过程数据的计算量超过千万级，结合实际应用场景，将模型进行定制化软件封装，形成可在线访问、计算、输出的规划工具（如图 12－28 所示）。

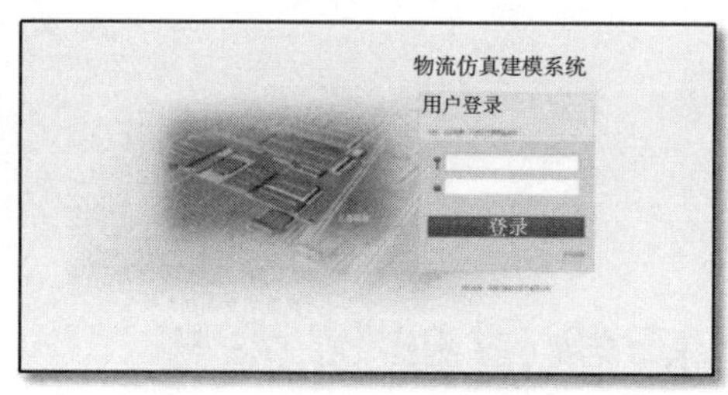

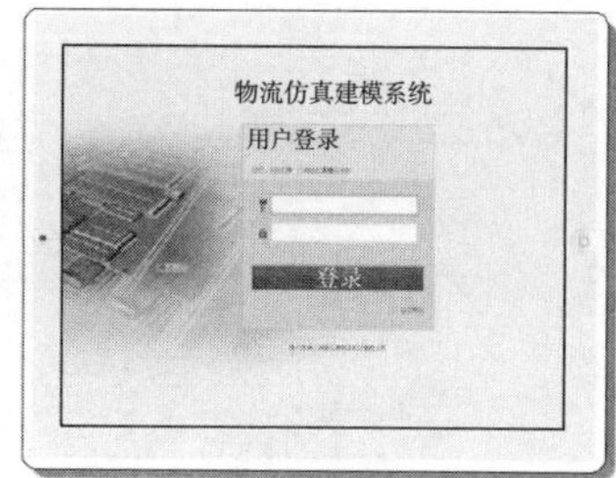

图 12－28 界面概览

2. 应用测试与应用效果

模型建立，完成软件封装后，以历史发运数据进行验证，用预估未来销售数据的整车物流网络做测试，针对业务需求，对主机厂的分拨中心项目方案、整车物流基地规划方案等规划工作进行了有效支持。

建立模型、进行定制化的软件封装进行应用，是以信息工具解决业务问题的一种新尝试，目前模型的过程数据挖掘、可视化展示、高灵敏测算等内容正趋于完善。整车物流网络仿真建模项目作为公司物流信息管控平台的先行项目，为推进公司的信息化建设做出了一定贡献。

（一汽物流有限公司　于文龙、宋乔、位鹏
一汽启明公司　胡海峰、李春阳）

第十三章　汽车售后物流创新成果

第一节　实现全体系、全过程控制的备品包装信息系统建设

一、项目背景

（1）按照一汽集团“十三五”规划，将信息系统的建设作为一项重要目标，专业的包装信息系统能够提升备品物流服务水平。

（2）一汽物流有限公司作为一汽集团公司的物流承包商，整体承接一汽轿车备品物流业务，包括仓储、运输及包装业务。

（3）为了提高备品包装效率，保证包装材料的供应，提升包装工艺的科学性和适用性，一汽物流有限公司研发了包装材料信息服务平台（以下简称包装材料系统）。

二、项目主要内容

1. 包装材料月度需求计划模块

在包装材料系统中导入备件月度计划及包装工艺，自动匹配出月度包装材料需求，供应商在系统中能够查询包装材料的需求计划，建立当月原材料、半成品及成品储备。

通过备件到货计划带动包装材料供应商的生产节奏，提高供应商备货的针对性，特别是纸箱质保期受季节和温度的影响较大，纸板在潮湿环境下的质保期较短，不利于对备件的防护。供应商在当月备件到货计划的指导下，能够按照备件到货节奏安排生产及送货，不仅能提高包装材料的响应速度，还能防止无效库存的产生。

实现包装材料与备件同步到货，降低包装材料库存水平，优化出包装材料的仓储面积，在备品中心推行了包装材料零库存项目，取消了以往的包装材料储备库存，包

装中心只存储“$N+1$”日包装所需的包装材料，将优化的场地及设备，全部转化成备件接货场地，提高了备品中心的产能，提升了包装场地利用率，加快了备件周转速度。

2. 与备件预约送货系统实现数据对接

为了提高备件入库的标准，一汽物流有限公司与一汽轿车销售公司共同开发了供应商关系管理系统，供应商送货的“$N-2$”日前，对送货品种、数量、送货时间、接货通道进行预约，备品包装中心根据预约系统对收货场地、人员及备件入库所需的包装材料进行准备，目标状态为备件和包装材料在 N 日同步到达包装中心，进行商品化包装。

为了便于预约数据的采集，包装材料系统目标实现与预约系统、TDS 系统的数据对接，保证数据的实时性和准确性，通过信息系统对备件数据进行全程跟踪，改变利用线下 Excel 表格进行数据处理的方式，发挥了信息系统的优势。

3. 包装材料采购单管理模块

包装材料系统能够按照到货备件自动匹配包装工艺，通过包装材料代码识别供应商，并自动在系统中形成订单。包材订单发起后，供应商同步接收订单，关注一汽物流有限公司官方平台后，可以实现订单微信提醒，供应商在第一时间处理包装材料订单。

包装材料采购订单即为包装中心的预排产计划，按照备件前端市场需求的紧急程度排序，包装材料供应商按顺序生产，提高了生产的针对性。订单能够识别出每条状态的完成时间，便于对供应商进行日常考评。

4. 包装作业排产模块

包装中心通过系统中的收货信息能够识别出供应商已送货包装材料，可以根据包装材料库存，制订包装作业排产计划。改变了传统包装材料保管员接货后与包装计划员电话沟通到货情况、人工传递单据的现象，缩短了包装排产时间、提高了作业效率和准确性。

系统还实现了包装工时考核的功能，将备件包装的额定工时录入系统，包装计划员在系统中进行包装排产时能够自动计算出当天的包装工时，能够掌握包装作业的劳动负荷情况。包装中心采用绩效考核制度，包装工的绩效奖金直接和包装工时挂钩，备品包装中心可以通过提高包装排产的工时系数，激励员工的包装积极性。

5. 包装工艺查询模块

包装材料系统还支持包装工艺查询及包装材料基础信息查询操作，通过系统可以查询到包装工艺的新设备及变更情况，为包装工艺改善及包装材料的采购提供依据。

包装计划员能够在系统中查询到包装工艺规格书，明确每种包装材料的适用范围及匹配的备件代码，避免了以往包装工艺查询烦琐、变更工艺后由于信息传递不及时造成采购包材的浪费现象。

6. **数据中心模块**

包装系统还开发了数据中心模块，可以根据结算金额及入出库数量查询设定时间节点内的包装材料采购及使用情况，统计方式按时间或者供应商识别，查询结果以趋势图的形式表现，简单清晰、一目了然（如图 13－1 所示）。数据中心便于进行月报统计，分析包装材料费用情况，是编制包装材料费用预算及优化包装材料费用的数据支撑，是信息系统的独特优势。

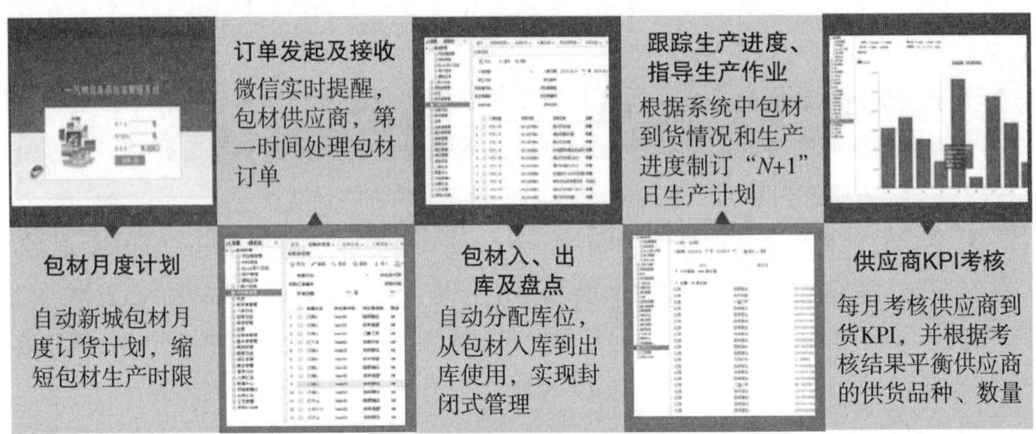

图 13－1　包装材料系统主要功能及界面介绍

三、项目创新点

1. **通过信息系统实现包装材料直线管理**

一汽物流包装材料信息系统的开发优化了包装作业流程，改变了原有物流信息依靠纸质单据传递的现象，各环节的作业人员通用信息系统查询相关的信息，实现了包装材料采购及包装作业的直线化管理。

通过系统能够准确、及时地查询包装中心包装材料的信息，供应商的生产、送货节奏也尽在掌控，能够实现卸车到排产的零等待。通过作业流程的优化提升了供应商的供货能力，包装材料的紧急程度可以通过系统排序体现，备品中心可以调整供应商的供货节奏，实现全体系、全过程的管控。

2. **包装材料与包装作业计划、包装工时关联，与绩效考核挂钩**

一汽物流包装材料信息系统的开发提升了包装中心内部运作效率，取消了传统的通过电话、QQ 等沟通包装材料采购及供应的现象，提高了仓库的工作效率。通过系统对包装排产的负荷度进行控制，能够清晰地掌握包装中心每天的计划包装工时以及实际完成情况，便于考核包装中心的产能及劳动负荷度。

一汽物流包装材料系统能够从容处理各种复杂物流业务，提高企业物流综合竞争力，通过与客户的实时信息共享，提高了客户服务质量，在对大量的客户业务数据进行统计分析的基础上，使得向客户提供增值服务成为可能，提高了市场反应速度和决策效率。

3. 通过信息系统实现包装作业精细化管理

一汽物流包装材料信息系统的开发提高了备品中心及包装材料供应商的生产计划性，实现了精细化管理。备品中心可以通过细化分解的备件到货月计划、与备件供应商预约送货的周计划来安排生产节奏，使包装作业及包装材料清晰可控。包装材料供应商的库存准备即为备品中心“$N+1$”日的包装需求，保证了包装材料的及时供应，避免了供应商的库存积压，节省了双方的仓储面积。

一汽物流包装材料信息系统的开发简化了作业人员日常工作中大量的信息传递，使一些过程烦琐且数据量大的数据收集工作得以高效的进行。信息系统还可以通过对数据的有效控制，实现对工作流程的控制、协调和改善。

通过数据中心对包装材料数据的收集、整理和分析，可以为管理者提供有利于决策的决策模型，包括管理改善的方向和依据。管理信息系统中的数据仓库，可以对大量日常数据进行挖掘操作，发现一些不为人知但是切实可用的规律。

四、项目收益

一汽物流轿车备品包装材料信息系统的研发，取得了客观的经济效益。备品中心不仅局限于自身物流能力的提升，还非常重视与汽车物流同行进行技术交流，推广包装材料信息系统，引导备品售后物流朝着精细化、可持续化的方向发展，在行业内引起了强烈的反响。

作为轿车备品母库，一汽物流备品仓储中心发挥了积极作用，将包装材料信息系统开发建设方面的经验推广到全国其他九个地区中心区，包括北京、郑州、济南、长沙、西安、成都、南京和广州，覆盖了全国主要的汽车制造地，形成了以长春为中心，以点带面的立体化拓展趋势。

一汽物流有限公司作为一汽吉林汽车的售后备品物流服务方，还提供R7、森雅全系车型的备品物流服务，一汽物流包装材料信息系统的开发，也为一汽吉林汽车理顺了包装材料管理的思路，可以通过信息系统的对接，将包装材料信息与一汽吉林备件包装信息同步，一汽物流备品业务科应邀对一汽吉林备品中心库进行技术培训和现场指导，共同研发一汽吉林的包装材料信息系统。

（一汽物流有限公司　孙士生、杜钢、夏岩峰、董艳）

第二节　新终端营销模式下的物流运营平台

一、唯智信息 vTradEx

唯智信息创立于2001年，是国内首屈一指的将私有云和公有云集于一身，提供智能和移动互联的供应链全面解决方案的领导品牌。唯智信息的物流链公有云（56linked. com）源于移动应用，提供 SaaS（软件即服务）模式的运输管理、仓储管理、路径优化等产品，连接企业及上下游，实现物流作业执行监控、供应链可视化功能；唯智信息的私有云 ELOG 应用套件提供从优化到执行的供应链解决方案，具备开发灵活的技术架构，快速响应不同客户诉求，适应客户业务发展变化。

唯智服务的旗舰客户有沃尔玛、联合利华、国药物流、中车集团、上汽通用汽车、富士康、日日顺物流、中粮我买网、京东、亚马逊和世能达物流等一大批企业，被 APAC CIO Outlook 杂志评为“亚洲物流科技公司25强”。凭借丰富的行业经验和先进的技术，唯智信息提供最智能的物流管理能力，为客户在万物互联的时代，提升竞争优势。

二、汽车街

汽车街（www. autostreets. com）成立于2014年，是专注于汽车新零售领域的电商平台，也是汽车线上线下整合服务解决方案供应商，秉承“高效、便捷”的宗旨，成为汽车新零售一站式营销及服务解决方案的引领者。

汽车街由国内近40家百强地位的汽车经销商集团、美国第5大家族 COX 集团（旗下拥有全球最大的汽车在线交易和服务平台 Auto Trader、KBB、Manheim、Ex－time）以及深耕汽车领域的金融机构等共同发起和出资成立。

汽车街主要包含以下几个方面的业务：

（1）新车交易。汽车街搭建消费者与授权经销商间的全品牌、全车型链接平台。卖方真车实价，买方一键查询，所见即所得。买卖双方信息充分对称，从而提高交易效率，降低交易成本，开启新车交易全流通新时代。

（2）二手车交易。传承 COX 集团旗下全球最大机动车拍卖公司“美瀚”拍卖模式的同时，根据中国国情实现跨区域拍卖、线上线下同步拍、及时拍卖升级，开创中国汽车二手车2.0拍卖模式，打造中国线上线下领先汽车交易大平台。

（3）二手车检测与评估。汽车街EQS（Evaluation Quality System）二手车自主评估体系，是以2014年6月1日实施的《二手车鉴定评估技术规范》为基础，参考美国“美瀚”车辆评估标准及国内近百家著名4S店维修规范，自主研发的二手车评估标准体系。

（4）超值优选车交易。汽车街以全国一体化布局为依托，协助汽车厂商以及经销商实现车辆快速周转，批量流通库存车辆及慢销车辆，从而降低经销商的库存压力，提升资金流转速度，盘活汽车流通市场。

（5）维修保养。作为多家汽车经销商集团共同打造的专业汽车服务平台，汽车街在全国的自营店及加盟店都提供车辆的维修、保养服务。

（6）整车物流。汽车街为汽车经营者和车辆运转需求者提供完善的整车物流解决方案，提供全国各地乘用车系列的长途和短途运输。

汽车街自2014年成立至今，二手车拍卖业务已经在全国多个城市落地布局，并已在全国范围内展开固定且成熟的二手车拍卖服务，与国内40余核心经销商集团合资、合作、共建拍卖平台。目前汽车街在全国范围内近80个城市平均每天有3场二手车拍卖。

三、项目要求

唯智信息为汽车街打造了先进的仓储物流系统，从而可以打通汽车街公司的ERP系统、官网、商家客户App、C端客户App多个平台，形成了全流程、可视化、一体化、标杆考核的互联互通系统，将汽车街、合作伙伴、商家、散户、4S门店、仓库、维修中心等各个系统角色连接成一体，构建创新型的国内先进的汽车电商平台系统。

1. 实现车辆库存精细化管理及数据共享

汽车街传承了全球最大的线上线下电商平台——美国COX集团的车道拍卖的运作模式，拥有线上车库与线下车库两部分。汽车街信息平台的目标是车源信息共享，以便对集团、门店车辆库存做到精细化管理，并应用到线上的车辆拍卖活动，从而达到车辆间的快速移位、快速分流，最终实现经销商和4S店内部体系的循环共享，形成完整产业闭环。

2. 实现内部车辆流通可视化管理

汽车街设有专门的维修、整备业务，内部车辆各岗位间流转建单，可实时高效管理企业内部各个岗位作业情况，并完成绩效评比与排名。

3. 实现仓储与运输联动管理

系统可以对合作伙伴、商户、普通用户的车辆进行运输管理与实时监控，完成仓库数据的实时对接，同时配合汽车街已有的拍卖系统，提前按拍卖计划将所需车辆快速移位到指定的仓位，实现拍卖过程中按拍卖订单成交或流拍的结果同步快速分流，实现全程 RFID 条码扫描，协助库存查询、库存盘点、车辆移位以及维修整备出入库，实现仓储管理和运输全程管理的无缝连接。

四、详细解决方案

1. 仓储管理系统（WMS）

汽车街仓储管理系统主要包括完成数据对接、入库管理、出库管理和整备管理。

（1）完成数据对接。通过对接“汽车街”自有的 DMS（汽车经销商管理系统）中的车辆信息，完成仓储物流系统数据的收集与整理，并按照统一指令操作出入库管理。

（2）入库管理。入库可以采取两种方式：一种是简便方式，不用扫描标签，直接在仓储物流系统中登记停车库位；另一种是入库时用 RFID 扫描新车标签条码并选择停车位。具体入库管理流程如图 13－2 所示。

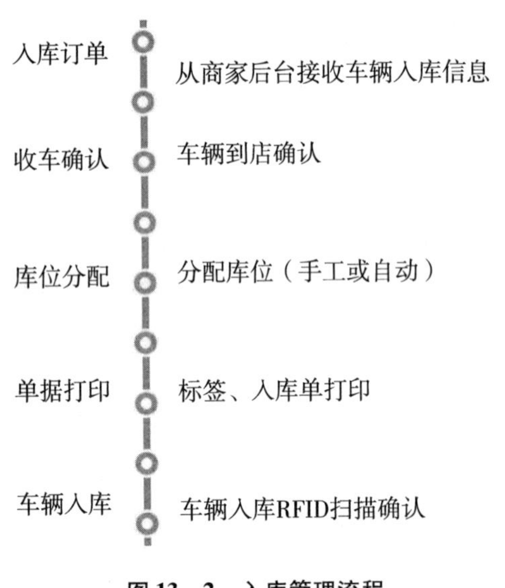

图 13－2　入库管理流程

二手车入库有实车入库和虚拟入库两种方式，当委托销售车主实车不进入 4S 店时需要做虚拟入库处理。

（3）出库管理。出库计划一车一单，必须包含商品车车型、颜色、配置等必要信息。可以包含 VIN 码信息，如包含 VIN 码则按指定 VIN 码发运；如不包含 VIN 码则由 4S 店销售人员随机挑选任意符合客户要求的商品车发运。二手车出库前需要完成办证验车转籍等手续，这些信息需要在汽车街平台登记，并经审核后才能出库。出库管理流程如图 13－3 所示。

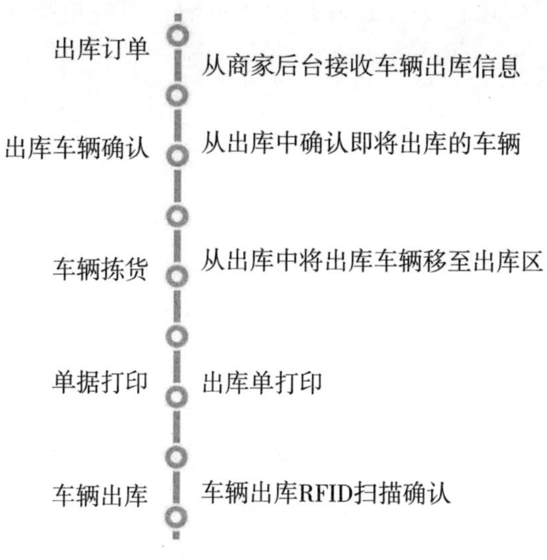

图 13－3 出库管理流程

（4）整备管理。如果车辆需要整备，入库信息需要备注整备项目，并由主管确认建立整备计划单，此车辆便被锁定，进入整备库存管理。车辆整备完成确认后通知汽车街平台将车辆解锁，方可进行销售。整备管理流程如图 13－4 所示。

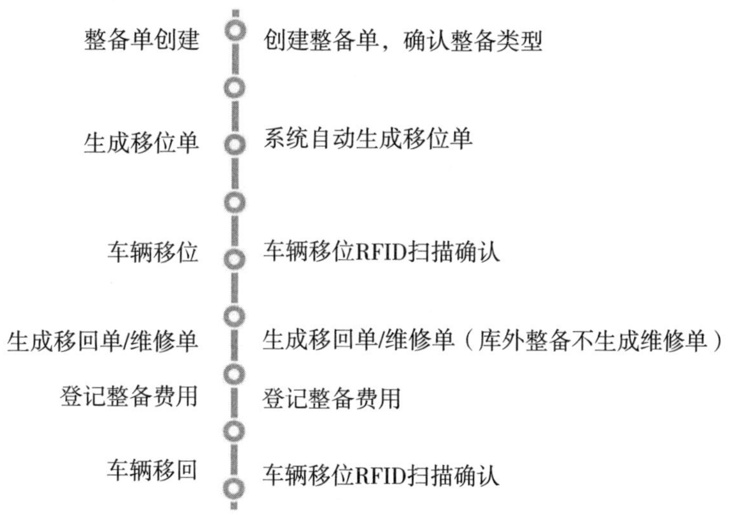

图 13－4 整备管理流程

2. 运输管理系统（TMS）

（1）运输订单的建立。销售经理在仓储物流系统中创建销售出库计划时，需要确认是否需要物流运输以及物流运输的模式，如拖车、代驾、板车等。

（2）运输调度。“汽车街”可通过线上竞价方式确定承运商接单承运，也可以由物流主管选择承运商进行运输；寄售或者是拍卖车辆，需要根据系统目录清单来创建移位计划，同时严格按照拍卖清单位置序号停泊车辆。

五、社会效益

（1）唯智为汽车街开发的项目是线上与线下仓储同步化的尝试。基于多种业务模式产生的库存，做到实时更新，新车寄售、二手车拍卖、二手车寄售、车辆整备等方面进行业务的全联通，这种模式在行业内处于领先水平，可供参考。

（2）仓储与运输联动反应。汽车街首创的线上线下的拍卖模式需要将车辆进行快速分流及移位、快速盘点库存及出入库，同时全程可视化管理，帮助企业实现智能化、现代化管理，让模式领先行业，从而提升企业竞争力。

（3）实现企业内部管理可视化。逆向物流是现代物流的重要组成部分，提升逆向物流的实效，将为企业降低成本，提升品牌竞争力。汽车街项目中对于整备车辆的可视化管理，不仅提升了企业内部岗位的 KPI（关键绩效指标）考核，同时也为企业创造了一个良性的竞争环境。

［唯智信息技术（上海）股份有限公司　刘成云、朱立、姚振工］

第十四章　汽车物流综合类创新成果

第一节　数据监控体系建设项目

一、项目背景

安徽江汽物流有限公司信息系统（整车物流、零部件物流）自上线以来一直运行稳定，与上下游系统交互良好，各模块功能基本可以满足每日实际业务需求。但是对于各业务系统产生的大量数据以及潜在价值，还无法深刻洞察并加以有效运用。

二、项目主要内容

本项目围绕整车物流和零部件物流生产经营状况及业务运行效率，从不同维度提取各信息系统关键业务指标，针对现有大量业务数据进行相关统计分析，找出内在的逻辑关系及规律，并且搭建部署数据监控平台，实现数据报表的多样展示、填报录入、交互分析、权限管理、定时调度、移动应用等。同时，为进一步优化数据监控管理，充分发挥数据监控平台作用，本项目还以搭建数据监控平台为契机，逐步建立数据监控管理体系，真正实现为公司领导决策提供数据支撑，为各业务运作提供监控指导。

1. 根据业务属性识别关键指标

本项目共识别出业务关键指标 53 项，其中，整车物流（商用车物流、乘用车物流）29 项，内容涉及时效、质量、成本等，如表 14－1 所示。

表 14－1　整车物流关键指标

序号	类型	名称	定义	计算公式	事业部	级别
1	时效类	在库超期率	针对额定发车时间，下了订单没有及时出库的车辆的比例	超过规定发车时间（48小时）的在库商品车数/订单接收数量	乘储	一级
2		收车准时率	在额定的交货时间内送达货物的比例	当期系统准时收车台数/当期收车总台数×100%	商储、乘储	一级
3		库龄	商品车在库的额定天数	固定值	商储、乘储	二级
4		订单未执行时效	已有订单商品车在规定时间内未完成调度	拣货出库时间－订单下达时间	商储、乘储	二级
5		平板配载比例	商品车以平板的形式完成发运的比例（订单下达计）	平板发运的商品车数/商品车总数	商储	二级
6		发运组织时效	从接收发运订单到离开集中发运中心	实际出发时间到下单时间	商储	二级
7		平板配载比例	可配平板资源合格证打印至调度单生效下达的时间	调度单生效时间－扫描合格证时间	商储	三级
8		出库调度时效	调度单生效下达至出库单打印的时间	捆扎单打印时间－调度单生效时间	商储	三级
9		提车出库时效	出库单打印至商品车出库扫码的时间	出库扫码时间－捆扎单打印时间	商储	三级
10		整备时效	出库扫码至捆扎前点检的时间	捆扎前点检时间－出库扫码时间	商储	三级
11		平板（人工）绑扎时效	平板（人工）发运的商品车捆扎前至捆扎后点检的时间	捆扎后点检时间－捆扎前点检时间	商储	三级
12		待发时效	捆扎后点检至离开集中发运中心（也叫中心库，扫码）时间	实际出发时间－捆扎后点检时间	商储	三级
13		离境准时率	商品车出门扫码后，在额定时间内准时离开中心库所在地（目前主要是合肥市行政地理辖区，以 GPS 电子围栏为准）上路行驶的比率	准时离境台数/离境总台数	商储	三级

续 表

序号	类型	名称	定义	计算公式	事业部	级别
14	时效类	GPS 使用率	GPS 正常使用的效率	GPS 合格使用台数/应使用 GPS 调度单总数 ×100%	商储 平台安质部	三级
15		未达超期率	商品车出门扫码后，在额定时间内没有收车的比率	在途超期数/在途总数	商储	三级
16		收车时效	到达采点至系统收车的时间	经销商收车时间 - 车辆到达 GPS 踩点回传时间	商储	三级
17	质量类	客户满意度	投诉数	以投诉到平台安质部客服科为准（次/万台）	商储 平台安质部	一级
18			投诉问题处理及时结案率	各类类型在额定时间内结案数/客户投诉问题总数		
19		质损率	在物流环节（仓储和运输）造成质量损伤或者发现有争议的质量缺陷，影响上下游交接的商品车台数占运输总台数的比例。安质部每月月底统计上个月的数据	损伤台数/运输总台数	乘储 商储	一级
20		重大事故率	安质部每月月底统计上月重大事故发生率	降级损伤台数/运输总台数	乘储	二级
21	成本类	平均公里数	每月 26 日到次月 25 日统计，所有预核算的公里数总和与总台数的比值（分产地、分车型）	所有预核算的公里数总和/总台数（分产地、分车型）	商储、乘储	二级
22		预核算收入	预估当期的收入	核算部上报	商储、乘储	二级
23		预核算成本	预估当期的成本	核算部上报	商储、乘储	二级
24		收入完成率	预核算收入与业绩合同的比值	实际收入/业绩合同收入	商储、乘储	二级
25		回单及时率	核算部每月统计上月收车的车辆回单是否本月回收	准时回收小票数/应回收小票数	商储、乘储	三级
26		自有车辆行驶里程	月度单台自有车辆平均里程数	自有车辆月度行驶总里程/自有车辆数	乘储	三级

续 表

序号	类型	名称	定义	计算公式	事业部	级别
27	成本类	捆扎设备利用率	当期商品车捆扎设备使用的效率	当期每车道累计捆扎时效/当期总时间×100%	商储	二级
28	其他类	运量占比	业务部从系统导出上月各承运商运输台数占总运输台数的占比，超过10%即该承运商运量占比较大	运输台数/总运输台数	商储、乘储	二级
29		装载时效	板车现场装载所用时间	板车进场时间－出场时间	乘储	三级

零部件物流（以发动机仓库为例）关键指标内容涉及收货、发货、库存、账务等，如表14－2所示。

表14－2　零部件物流关键指标

序号	指标名称	指标定义	计算公式	级别
1	生产停线时间	因自身原因造成主机厂停线时间	每月提供数据手工录入	一级
2	空间利用率	仓库利用率	总托盘数×托盘面积/总面积数（地堆区暂定义为三层）	一级
3	循环盘点准确率	循环盘点准确率	盘点准确数/盘点数	一级
4	上架时长	以单托物料收货时长衡量零部件收货时长	上架完成时间－扫码上架时间	二级
5	生产计划	每日生产计划	每日提供数据手工录入	二级
6	配送准确率	实际配送与需求一致的比例	每月提供数据手工录入	二级
7	描述性指标	供应商数	手工录入	二级
8	描述性指标	部品种类	手工录入	二级
9	部品库存周期	正常库龄部品数、超库龄部品数、低于安全库存周期部品数	系统定义规则，直接取数	二级
10	货损率	按零部件数量考核运输、仓储当中的货损比例		二级
11	货差率	按零部件数量考核运输、仓储当中的货差比例		二级

续　表

序号	指标名称	指标定义	计算公式	级别
12	账实符合率	按零部件品种考核仓库账实相符比例		二级
13	交付及时率	按零部件数量考核交付的及时率		二级
14	运输车辆装载率	按体积考核运输过程中的装载比例		二级
15	仓储库位摆放准确率	仓库内零部件按照正确库位摆放的比例		二级
16	物资类单据异常次数	摆放、存取、传递、签字等		三级
17	到货物资未按要求送检			三级
18	库存不足未按要求报缺			三级
19	系统损伤规范	WMS 系统各环节责任人未按要求损伤（扫码、移位、质检等）		三级
20	异常物料上线	擅自配送不合格品、不明状态物料上线		三级
21	物料混放、乱放			三级
22	送检物料清理不及时			三级
23	物资安全	WMS 系统、日报表无有效单据支持私自出入库物料		三级

根据识别出的各项关键业务指标，从正式业务系统中按照一定主题将海量业务数据进行提取，实现空间维度上多角度、多层次信息的交叉呈现。

2. **报表分析**

对业务数据库中的业务数据进行提炼、归纳，并通过报表形式进行分析，找出各关键业务指标的内在规律和发展趋势。本项目通过搭建数据监控平台来实现数据报表的多样展示、填报录入、交互分析、权限管理（公司级、部门级）、定时调度（日报、周报、月报）、移动应用（PC、手机）等。

3. **集成数据监控平台**

提供数据报表的统一访问接口，对业务报表集成展示，通过多样形式实现对业务数据的实时监控。

4. **建立数据监控体系**

基于识别出的关键业务指标，建立监控体系流程，明确数据监控管理制度，搭建完善的数据监控体系。其中，整车物流流程涉及计划、仓储、发运、在途、收车五个环节。收车准时率异常处理流程如图 14－1 所示。

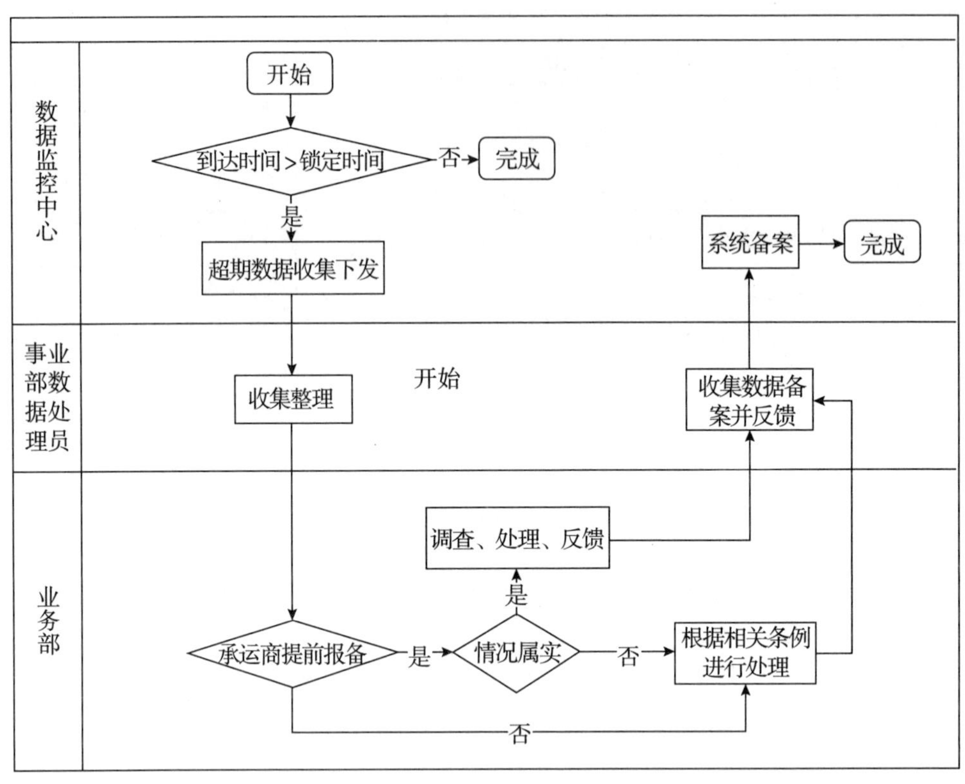

图 14－1　收车准时率异常处理流程

零部件物流流程则包括系统发现异常流程、现场发现异常流程两种情况，其中系统发现异常流程主要针对系统可以自动提取的指标，在发生异常情况下主动提示报警，该流程适用的指标有：空间利用率、循环盘点准确率、上架时长、部品库存周期；现场发现异常流程主要针对系统目前无法自动提取的指标，在发生异常情况下先由现场业务部门处理后，再上报，该流程适用的指标有：生产停线时间、生产计划、配送准确率、描述性指标（部品种类、供应商数量）、货损率、货差率、账实符合率、交付及时率、运输装载率、仓储摆放准确率。系统发现异常时的处理流程如图 14－2 所示。

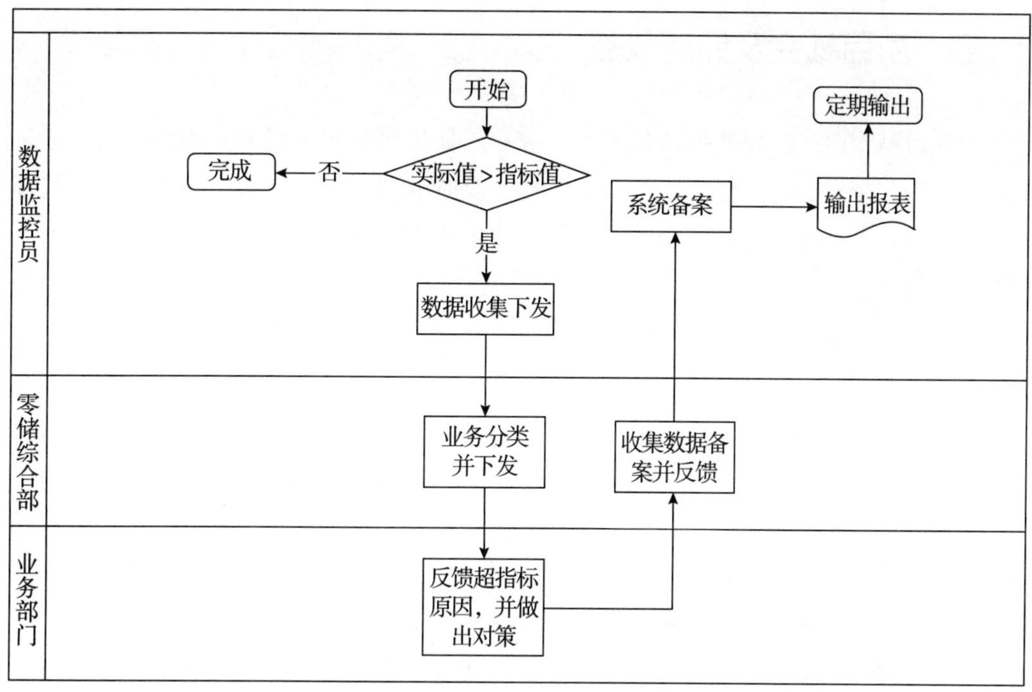

图 14－2 系统发现异常时的处理流程

三、项目创新点

1. **数据仓库**

从不同业务系统的数据库中进行数据抽取，并且经过一定程度的加工、筛选，汇总整理形成具有特定主题的数据仓库，可以为用户提供统一的入口，可以同时快速访问多种数据源，基于历史大数据帮助领导进行管理决策，并且能够在不破坏原始数据结构和安全的前提下保证数据的质量和一致性。

2. **报表分析**

针对不同时期和不同业务系统产生的大量历史数据，通过集成报表的方式进行分析展示，可以清晰、直观地呈现各关键业务指标的运行状态和未来趋势，为企业决策提供数据支撑，不断提升公司的业务管理水平。

3. **数据监控平台**

搭建灵活的报表展示中心，可以实现报表的统一访问和管理，让更多的业务数据应用于日常经营分析和业务管控中。

四、项目社会及经济效益

本项目基于服务搭建数据监控平台，进一步促进服务水平提升和创新；同时通过数据的穿透实现对业务的整体监控和问题业务及时的纠错，实现事后管理向事中管理转变；通过对数据统计分析输出三类简报，便于管理层实时掌控经营指标，为管理和决策提供数据支撑。

江淮汽车整体上市后，产销运协同机制建立条件成熟，物流环节应纳入江淮汽车整体供应链管理中，统一规划，协调控制。供应链各环节成为利益共同体，各参与方充分协同，实现订单计划、生产计划和发运计划的无缝对接，强化订单计划管理及对接工作；强化多基地协调发运的计划和调度能力，集中调度配载管理。

本项目不仅仅建立了数据监控平台展示公司视频监控、在途监控以及业务各项经营业务数据等，实现对公司各业务数据的过程管控；更重要的是围绕公司各业务关键指标建立监控体系流程，明确数据监控管理制度，搭建完善的数据监控体系，真正实现为公司领导决策提供数据支撑、为各业务运作提供监控指导，给行业中其他兄弟企业提供了借鉴。

（安徽江汽物流有限公司　盛勇、程立望、孙小静、宫文娜、梁保坤、张程、王琴）

第二节　第三方物流企业物流品质管理体系建立及信息化实现

一、项目背景

武汉东本储运有限公司（以下简称东本储运）自2004年成立以来，已有12年之久。随着客户东风本田产量和销量的不断攀升，东本储运作为东风本田最大的物流供应商，在近几年发展迅猛，2013—2015年连续3年年产值均突破11亿元。东本储运经过十多年的不断尝试和探索，已基本形成自己独特的业务运作模式和管理风格，公司负责的五大块物流业务，即零部件入厂物流、零部件厂内物流、售后备件物流、整车销售物流和空容器返还物流，均按照既定的成熟业务模式正常运转。经过这些年业务的跳跃式发展，公司深刻认识到：如何实现高效、快捷、准确、安全、经济的物流服务，直接影响物流企业的生存和发展。加强物流品质管控，提升物流服务质量，已成为公司面临的巨大挑战。公司在品质管理方面的问题主要表现在：第一，各领域、各部门对品质分散管理，管理范畴、方法不一；第二，部门间较少协同处理异常，信息传递不及时；第三，无法评价整体的物流服务质量；第四，品质数据收集困难，收集方法完全靠手工统计；第五，质量文件体系庞大，电子化程度低，建立、更新耗时长，处理效率低；第六，过程审核的计划、审核要素、跟踪等不明确、不及时。

为此，公司秉承着“一手抓业务，一手抓品质，两手都要抓，两手都要硬”的信念，不断尝试各种品质管控方法和手段，积极探索改善自我，以寻求更优质的服务质量和更大的客户满意度。

二、项目主要内容

经过多次研讨，最终确定本项目的解决思路如下：

（1）建立起针对专业物流运作的物流品质体系。

（2）针对物流品质管控体系，开发基于移动互联网及物联网的品质管理系统。

根据以上思路，东本储运逐步展开和细化品质管理工作，创新性地设计了正序循环和逆序循环立体质量管理思路，建立起统一的物流品质管理体系，并在此基础上开发实施了物流品质管理系统。系统采用 B/S 架构，开发采用 . Net 统一的 Web 开发模型中的 C#语言，数据库采用 DB2 10. 5 关系型数据库，前端应用发布在 Window 2008 64bit 应用服务器上，后台数据库运行在 AIX 小型机服务器上。系统应用的关键技术包括手机 App 应用、企业总线实现与业务系统数据共享、物联网技术采集现场品质异常信息、自动抓取 GPS 异常报警信息、兼容多种提醒方式等。

从质量信息管理过程来看，系统主要包括四大模块：质量信息收集、质量信息追溯管理、质量信息进度跟踪、质量问题统计报表。通过四大模块的综合运用，紧密联系运输、仓储、配送、质量、售后等部门，主动参与到戴明模型工作模式中。系统总体设计如图 14 －3 所示。

质量信息收集是进行质量管理的第一步工作。信息搜集的来源主要有现场各个作业环节（五大物流领域）、ISO 质量体系内审组、品质检验技术员等。采取实时上报形式，将质量问题信息录入系统中。在信息收集过程中，应尽量利用原有的信息收集渠道，避免重复开发。信息收集模块架构如图 14 －4 所示。

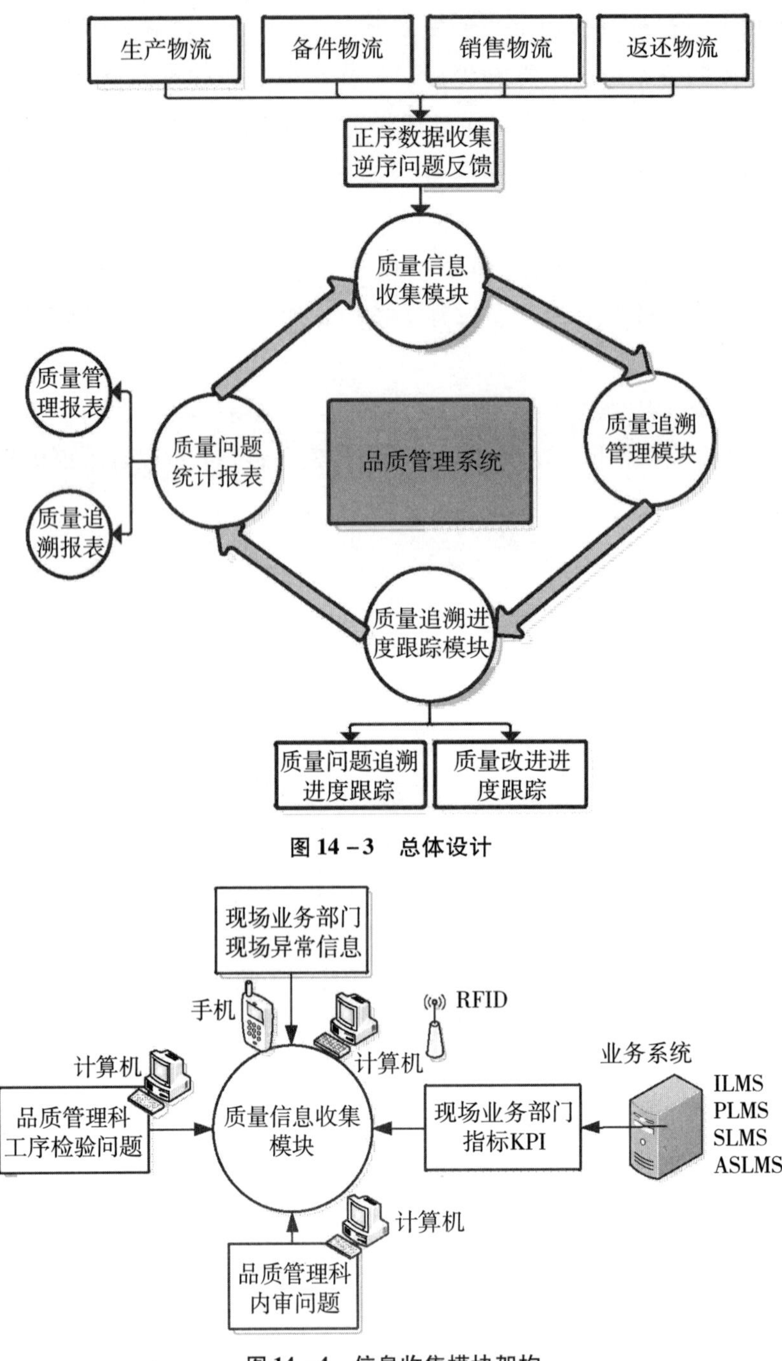

图 14－3 总体设计

图 14－4 信息收集模块架构

三、项目创新点

（1）本项目以汽车物流为例深入剖析了工业物流领域展开的一系列品质管理工作，

分析了存在的问题，提出了解决方向。

（2）本项目创新设计了正序循环和逆序循环，通过整体管理戴明模型和具体实施6σ（六西格玛）循环模型的激活循环，创新了双层线路，双向循环的立体质量管理思路。

（3）本项目开发并实施了品质管理系统，其设计理念和系统架构均为在无外界参考的前提下自主创新，开创了第三方物流企业品质管理的先例。

四、项目社会及经济效益

本项目以国家“两化融合”政策为指导，以戴明循环模型和6σ循环质量模型为理论基础，将物联网技术、移动互联网技术与品质管理相结合，实现第三方物流企业的品质管理信息化，开创了第三方物流企业的品质管理先河。

项目实施后，生产物流货损金额平均下降50%，出货差错率下降50%，整车销售物流商品车交付品质异常下降25%，备件售后物流货损下降22%，打印成本每年减少2万余元，提升了物流服务质量，树立了良好企业形象。

该项目的成功运行，能够推动国内第三方物流企业对物流品质的思考，带动行业主动追溯品质异常，进行全方位分析，主动提升服务质量意识，为国家“两化融合”政策推广及物联网技术应用开拓了渠道，对第三方物流企业的物流品质管理有较强的示范及借鉴意义。

（武汉东本储运有限公司　蒋晖、王琳、陈茜、柯军、刘玲）

第三节　长久物流 OTM 运输管理系统

一、项目背景

北京长久物流股份有限公司（以下简称长久物流）成立于2003年，主营业务涵盖商品车整车物流、零部件物流、二手车物流和国际物流四大板块，服务商品车品牌53家，是国内规模最大的第三方商品车整车物流企业。

长久物流2016年商品车发运量超过300万辆，年产值42亿元，同年8月，北京长久物流股份有限公司作为国内唯一的汽车物流企业，成功登陆国内上交所A股主板。

长久物流通过聘请技术专家及与信息企业合作的方式设计长久物流 OTM 运输管理系统。通过先进的技术手段，建立商品车物流一体化信息交换管理平台，整合商品车物流信息资源，充分发挥市场导向、信息导向的作用，实现物流信息资源网络化，信息交换专业化，实时完成供需双方信息的对接，缩短待运车和运输车等待的时间，减少运输车辆返程空驶率，提高汽车物流资源的利用率，提高物流效率，有效降低物流成本，节能减排，推动汽车物流行业持续快速稳定健康发展。

二、项目主要内容

OTM 系统总体建设方案，系统功能架构可分为多个层次进行设计，包括：基础架构层、现场信息采集层、系统基础管理层、系统应用层、ESB（企业服务总线）协同作业层、企业综合管理层、决策分析层、客户服务层以及 EDI 数据交换平台等几部分组成，系统总体架构蓝图如图 14－5 所示。

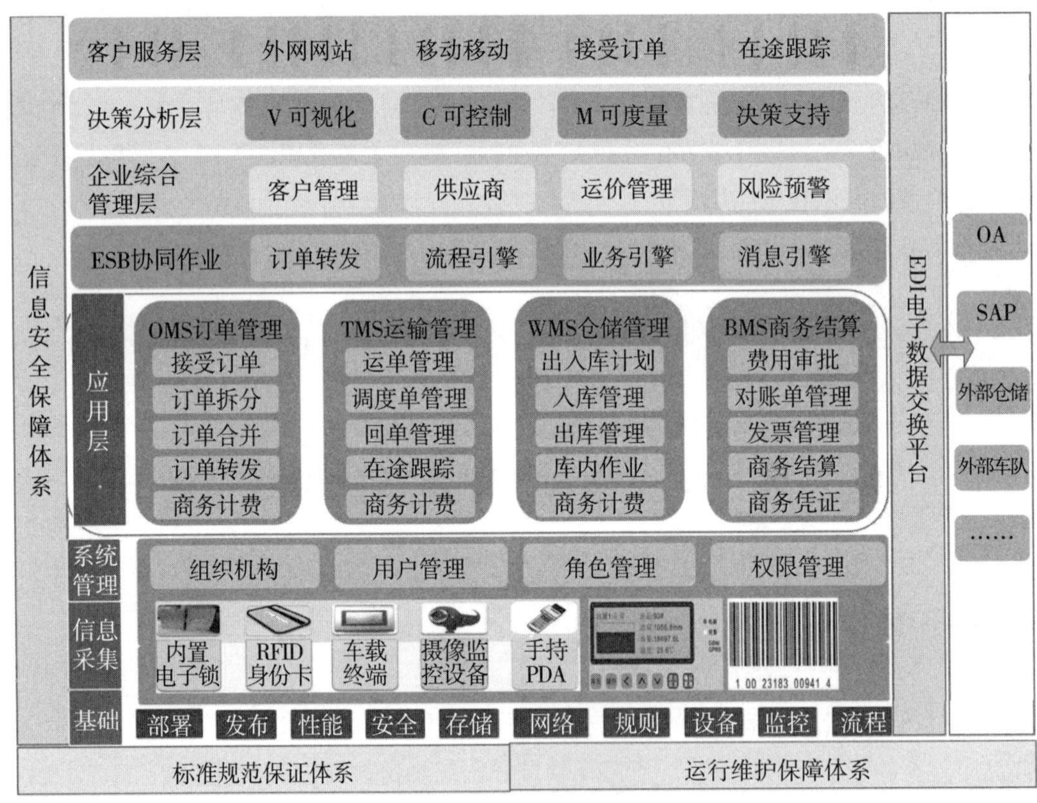

图 14－5　系统总体架构蓝图

注：SAP 是 SAP 公司的一款名为“企业管理解决方案”的软件产品；PDA 是掌上电脑。

1. **客户服务层**

系统对外部客户提供外部可访问的客户服务功能模块，客户登录在线客户服务平台，可自己注册账号，账号提交后台审批通过后，客户可直接在线提交订单，查询系统后台发布的运价及物流相关产品，客户选择系统发布的产品后，可直接生成在线订单。

在线下达订单可以根据如下几种方式进行操作：一是可以根据已有订单进行复制，然后更改相关信息，或根据已提交的订单生成自定义订单数据模板，后续可以根据订单模板直接导入生成一票新的订单，然后更改关键信息即可完成订单的快速录入操作；二是直接导入 Excel 模板来生成订单，如果外部客户条件许可，还可以支持通过上传 EDI 报文的方式来生成订单。

2. **决策分析层**

系统决策分析层为企业管理者提供企业决策支持，它包括各作业子系统相关的统计报表，还包括协同业务分析报表及比较深层级的数据挖掘与分析功能，系统提供了不同类型的报表，以满足不同的用户的统计分析的需要。

（1）报表实现机制。

①实时报表：随时可能使用的报表可以开发成实时报表，随时供用户调用。

②定时报表：定期需要使用的报表可以按定时报表的机制来进行开发，可以通过设置，使报表成为年报、月报、周报、日报等，定期定时生成相应的报表，并且通过邮件附件自动发送给需要的用户。

（2）报表展现形式。

①表格：对于查看明细和合计数据的报表，系统提供表格的形式来进行展现，如作业明细、作业量汇总等。

②图表：对于一些涉及走势以及环比、同比等数据的报表，系统通过提供图表的方式来实现，包括饼图、柱状图、折线图等。

3. **企业综合管理层**

（1）客户管理。维护主机厂、经销商相关的详细信息，根据市场部与主机厂签订的合同信息，可以把全年业务指标进行分解并与实际发生业务进行对比，维护客户相关的物流操作要求，如时效性、质损次数等，还可以维护客户的拜访计划和拜访记录等。

（2）供应商管理。维护承运商相关的详细信息，根据合作发展部与承运商签订的合同信息，可以把全年业务指标进行分解并与实际发生业务进行对比，对承运商进行分级管理，区分核心运力，对承运商要有严格的进出把控程序。

（3）财务管理。公司的财务管理是企业的核心，运价包括与客户的应收运价和与承运商的应付运价，对于主机厂的业务来讲，不同的品牌、车型和不同的目的地，对应的运价也不同；对于二手车与业务来讲，每次给客户的对外报价可能都会存在差异，需要有成本价、公司底价、客户成交价、对外公开报价等多层运价体系，其中公司成本价、公司底价都需要根据实际发运情况及车辆的返程情况来进行综合分析生成，存在一定的不确定性。

4. EDI 电子数据交换层

整个物流运输过程中，系统需与外部其他系统进行数据交换，外部接口通过 EDI 电子数据交换方式实现，可以进行 EDI 基础系统搭建，如 EDI 的基础代码映射、EDI 报文发送的邮箱、FTP 地址、EDI 报文的格式设置等。还可以通过 EDI 方式实现与主机厂 ERP 系统、承运商 TMS 作业系统等进行对接。

（1）系统应用——OMS 订单管理。可支持订单类型包括：①陆运业务：传统承运车陆运运输业务。②水运业务：滚装船进口水运业务。③铁路业务：通过中铁快运铁路发运业务。④多式联运业务：通过水陆、铁路等多式联运业务；支持多式联运总单管理及分段订单的操作；支持两业务中心互为客户和供应商进行结算。

（2）系统应用——TMS 乘用车管理。完成从陆运运输业务的相关操作，包括从主机厂订单计划下达、运力调度、在途监控、运单管理、车辆交付等一系列运输管理流程。

（3）系统应用——BMS 商务结算。通过协同作业平台的订单管理系统，内外部客户通过合同或订单将委托下达到相应的业务部门，并进行后续对账、货物跟踪等功能操作，协同作业平台的订单管理和商务管理作为紧密关联的两大功能，运单号物流业务操作的依据，也是作为商务处理的主要凭据，运单号是将二者紧密联系的关键信息，还可以通过物流订单与业务贸易订单结合，进行综合管理和查询统计。

各类型业务操作都会产生应收/应付费用，每个业务子系统可以有单独的商务功能，可以独立完成费用录入、稽核、登账开具发票、核销等操作，也可以统一经 BMS 商务结算子系统完成商务结算。无论哪种方式，所有的商务数据都必须进入协同作业平台，生成财务系统凭证报文，然后导入财务系统，实现财务统一管理。

5. 系统基础管理层

（1）组织结构管理。系统包含的功能包括：支持完整的企业组织机构模型设定；增加、修改、查询、删除基本功能；支持对于银行账号维护。

（2）用户及分配角色。系统包含的功能包括：基于组织结构增加、修改、查询、删除基本功能；提供复制功能；提供为用户分配角色功能；提供功能权限和数据权限管理功能；提供用户列表导出功能。

（3）角色及角色权限。系统包含的功能包括：增加、修改、查询、删除基本功能；提供复制功能；提供功能权限和数据权限管理功能；提供权限导出和角色导出功能。

（4）用户功能权限和数据权限。系统开发过程中已经对功能权限进行了相关的维护，针对系统的每一个操作都维护对应的功能点，新增用户或者角色后，需要对用户或者角色赋予功能权限和对应的数据操作权限，其中数据权限可支持多维度设置，如根据组织机构、根据所属公司、人员角色、无限制等方面继续设置。

6. 现场信息采集层

（1）PDA手持终端设备。完成主机厂装车现场、发运站装车现场、发运站仓库的车辆VIN扫描，可及时掌控主机厂发车数量、发运站发车数量，可及时了解各业务中心的压板情况，同时根据PDA设备在发运站装车现场采集的发运系统，可直接生成调度车信息，便于后续的车辆动态信息跟踪。

（2）GPS车辆定位设备。GPS设备安装在每一台承运车上，可及时掌控承运车当前位置，TMS系统通过与GPS平台对接，把调度单和运单等信息与车辆进行绑定，可了解车辆重驶和空驶状态，便于调度中心及时调度与派车作业。

三、项目创新点

OTM系统作为长久物流业务定制的核心主干信息系统，具有以下创新点：可通过订单接口集成不同主机厂的数据，对数据进行直接集成，保证数据及时进入系统；可进行PDA数据采集，全流程反馈每台商品车的流转信息，如压库时间等；与GPS集成，实现了实时获取订单在途监控信息，监控每台商品车运输情况，实现了份额管理、调度管理等业务操作的透明化；与财务软件——EAS对接，实现了系统自动生成账单，使业务流与资金流同步，可及时获取每天的财务数据，并可及时跟踪订单暂估、对账、开票、收付款等业务节点。

四、项目社会及经济效益

OTM系统在长久物流32个业务中心完成上线，对于长久物流具有深远的意义。从业务的管理上，更加精细化、系统化，业务流程实现了从订单获取到财务结算的闭环；从业务控制上，实现了业务流、信息流、财务单据流的最大限度的统一；从人效比提升上，更多地利用系统逻辑、系统规则指导业务，大大提升了工作效率；从业务的拓展空间看，鉴于OTM系统的灵活的扩展性，对于未来业务的支撑也是水到渠成的。具体表现为：

（1）每年节约了上千万元的运输成本。

（2）减少库存成本达5%～10%。

（3）全局物流可视性的提高。

（4）降低了安全库存（约3天的库存）。

（5）提高了对异常时间的响应速度。

（6）一个基于互联网技术的运输管理系统取代了多个已有的系统，大大降低了运作成本。

（7）提高了对客户及业务部门的服务水平。

（北京长久物流股份有限公司　王永强、侯兵兵）

第四节　物流自动化及智能物流新技术在汽车物流领域的应用

一、项目背景

“工业4.0”把21世纪全球产业带入到机器人时代，《中国制造2025》立足我国转变经济发展方式实际需要，开启了新一轮科技革命和产业变革，提出了加快制造业转型升级、提能增效的重大战略任务，力争到2025年从制造大国迈入制造强国行列。

上汽通用成立至今，从接收、仓储、上下线等物流环节同步推进智能物流的发展，在行业内已达领先水平。机运链的应用大大提升了接收端效率，目前已覆盖轮胎、座椅、仪表盘和副车架；试点使用堆垛机实现高效的出入库作业，大幅提升仓储系统出入库效率；基于现有自动化水平不断拓展AGC（自动发电控制）应用范围，在冲压、车身、总装及动力总成持续推进自动化上线。

针对物流自动化现状，上汽通用并不满足，通过对当前情况的系统分析，发现在整个供应链环节，入厂、分拣、发运、出厂等环节自动化水平仍然有较大提升空间；另外，从智能物流发展的历程分析，数字化方面的推进仍然是当前业务推进的薄弱环节。

结合以上业务痛点，上汽通用结合物流最新自动化及新技术，采取了适用于上汽通用特定物流业务的智能物流发展“两条主线”：一方面，致力于长期推进自动化技术在供应链领域的全面应用，进一步提升物流自动化水平；另一方面，不断探索物联网技术以及优化算法等智能决策技术在上汽通用物流领域的试点研究，为实现智能物流全数字化打下坚实基础。

二、项目主要内容

在自动化推进方面，上汽通用从入厂、接收、仓储、分拣、上线、下线、发运、整车物流八大环节持续推进物流自动化。运用自引导小车、机运链等成熟自动化技术不断提升现有工厂自动化水平，同时创新性地研究和试点自引导叉车、各类自动立体库、机器人、自引导拖车等新技术在物流各环节的应用，不断拓展自动化应用范围，旨在实现物流环节的全自动化运作。

以下例举几个近期推动实施中的自动化创新项目。

1. 移动式立体库

当前，部分零件的存放具有频次低、存储面积大的特点，且为人工铲运，效率较低；而移动式立体库技术具有较高的存储密度，同时由于货架移动速度较低，对出入库频次有一定要求，结合这一业务需求和立体库技术优势，创新性地在冲压检具存储区域运用移动式立体库技术，在提升面积利用率的同时，提升人员效率，降低物流成本。

目前移动式立体库正在金桥总装车间 LOC 区域试点，以节省场地面积。由于移动式立体库对出入库频次有一定要求，当前在汽车行业应用案例较少，上汽通用创新性地结合低频周转的零件存储区域试点移动式立体库，开辟了该技术在汽车物流行业的新的应用点，为实现移动式立体库在汽车行业的全面应用推广奠定了坚实基础。

结合公司智能制造战略，通过运用移动式立体库（如图 14－6 所示）技术的试点实施，有助于解决汽车物流特定区域（频次低、面积需求大等）的效率提升和问题解决，具备行业推广的应用价值。

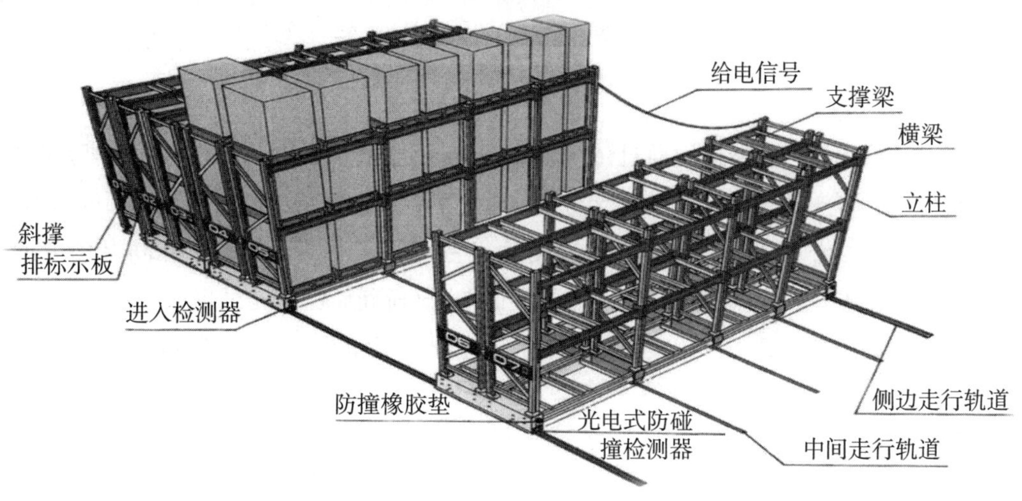

图 14－6 移动式立体库示意

2. 机器人自动排序

随着消费者需求的多元化，排序业务不断增加，随着人力成本的不断上升，问题也日益显著。上汽通用在排序业务中引入机器人操作，大大提高了分拣操作的准确性，节省了人工成本。

目前，已在金桥新厂总装区域率先试点机器人排序项目，最大限度地利用七轴机器人的空间优势，节省排序人员，优化排序面积。

通过此次项目的试点，上汽通用将应用经验推广至四地工厂，同时推进油箱、前后风挡等零件的机器人排序试点工作，这对机器人在行业内物流区域的推广应用具有巨大的正面推动作用和积极影响。

移动式立体库操作示意，如图 14－7 所示。

图 14－7　移动式立体库操作示意

3. **自动发运**

目前，整车厂际间驳运均通过传统卡车或拖车进行。自引导拖车通过不同导航技术综合应用，可实现物料自动运输及装卸；通过位置信息采集，可实现智能调度。

上汽通用结合自动驳运技术，实现发动机变速箱、油漆支架的厂际间自动驳运，实现工厂发运端及厂际间驳运环节“零的突破”。金桥新厂已率先试点这一技术，该项目可进一步推广到四地工厂，实现四地各工厂之间的厂际无人自动化驳运。

三、项目成效

上汽通用汽车通过此次自动化及新技术在供应链领域的应用，能够实现在入厂、接收、仓储、分拣、上线、下线、发运、出厂 8 个供应链业务环节的全面自动化，在行业内具有巨大的推广价值和正面推动作用。

（上汽通用汽车有限公司　生产控制与物流部）

第五节　可拆卸物流箱——捷特箱

一、项目背景

物流业是支撑经济社会发展的基础性、战略性产业，物流成本高也是当前我国经济社会发展中的突出短板。苏州优乐赛供应链管理有限公司以专注之力、专业之道研发出 JITBox™捷特箱（如图 14－8 所示），真正实现了从传统物流行业管车管人方式到管箱管货方式的转变，同时畅通各种交通方式间的衔接，使物流设备周转更便捷，降低物流成本、提高流通效率。

图 14－8　捷特箱

二、项目主要内容

优乐赛 JITBox™捷特箱的特点主要有以下几个方面：

（1）创新的载荷单元。将杂散物品组合成小型集装箱单元包装形态进行装载。

（2）物流设备轻量化。JITBox™捷特箱由铝合金底盘框架和复合蜂窝板材料制成，相比传统钢制集装箱减轻了 50% 的重量。

（3）实现了小型集装箱可折叠。JITBox™捷特箱采用符合人体工程学的折叠设计，不需要额外的设备，能够轻松折叠及展开。

优乐赛采用“互联网+”思维，打造物流智能化，具体体现在：

（1）借助物联网、云端控制、人工智能系统等技术，苏州优乐赛供应链管理有限公司研发出 Bluecore 智能云盒。

（2）通过 GPS/GPRS（通用分组无线服务）解决箱体的在途管理和货物实时追踪。

（3）内置智能传感器，可随时监测物流箱温湿度。

（4）通过 RFID 读写扫描实现货物进出的自动管理。

（5）可按照客户需求在 Bluecore 智能云盒内加入不同功能的传感模块。

三、项目创新点与社会及经济效益

苏州优乐赛供应链管理有限公司通过在物流设备和物流系统创新上的显著优势，为客户和社会创造最大价值。JITBox™捷特箱在装载货物后可使用叉车从四面展开装卸作业，广泛应用于许多行业，非常适合多式联运，畅通公路运输、铁路运输、航空运输等多种运输方式的转运衔接；取出货物后 JITBox™捷特箱可折叠堆码将 80% 的体积压缩，节省物流空间，减少空驶，同时降低了物流行业揽货数量的门槛，增加了多点运输的灵活性，为社会降低物流成本至少 10%。

JITBox™捷特箱循环周转利用及专业维修管理延长了其使用寿命，复合蜂窝板材料、底盘框架铝合金材料可回收再生利用，由此可大幅减少对原材料的消耗，有利于保护环境。JITBox™捷特箱箱体的轻量化、低风阻和可折叠设计，减少了二氧化碳排放，有利于节能、减排。

（苏州工业园区安华物流系统有限公司　孙延安、丁国持、徐建华）

第六节　汽车零部件包装管理精确度问题解决方案

一、项目背景

中久物流在 2015 年取得了 RFID 应用与包装管理方面的创新成果，在实际应用中，发现精确度不能达到 100%。据了解，这一问题也是 RFID 的应用暂时不能大范围推广的原因之一。为此，中久物流成立了专项课题组，通过对硬件设置、软件优化等多方面的途径，使包装管理系统的精确度得到了提升，从而使其能够在汽车零部件包装领域得到真正的大规模推广应用。

二、问题分析

经调查分析，现有的汽车零部件包装管理系统精确度之所以达不到100%，主要由于以下几方面的原因：①小包装堆码时，堆放在中间的包装部分信息被金属零件屏蔽，使其不能被有效识别；②RFID标签信号接收面不足，导致读取率降低；③信息系统不能判断包装过点扫描时的方向；④RFID标签失效，系统不能及时辨别；⑤订单信息未被执行时，不能及时追踪确认。

三、方案设计

针对现有汽车零部件包装管理系统中所存在的问题，专项课题组一一制订了解决方案。

1. 小包装问题解决方案

在堆放托盘或打包时，将一级包装（零件原包装）与二级包装（托盘、围板箱等）的信息编码在系统中进行捆绑，读取二级包装信息时即认为所有一级包装的信息已被读取；人工确认包装的完好性，分拣结束时，分拣完毕的一级包装编码从捆绑关系中解除。如此，可避免因部分一级包装信息被屏蔽而引发的系统中信息录入不准确的问题。

2. RFID芯片读取率问题解决方案

每个包装在对角线上安装两个抗金属RFID标签，以保证包装在过点扫描时，至少有一个RFID标签的信号接收面是垂直于信号读取设备的，可以有效降低金属零件对信号的干扰。

3. 方向信息采集问题解决方案

通过在库区安装红外线装置，当包装器具通过扫描点时，触发红外线装置，系统则根据红外线装置被触发的顺序来判断包装流转的方向，从而实现同一个物流门双向扫描。

4. 标签缺失及包装不规范问题解决方案

对于作业对象较为简单（一般以一个托盘作为作业对象）且打包标准统一的情况下，可以在系统中设置包装标准序列，过点扫描时，一旦读取的数量不在序列中，系统就会发出警报，操作人员则需对警报进行确认。这对标签失效、尾箱、不规范作业等情况起到了有效的监控作用。

5. 订单未执行问题解决方案

将订单与包装编码进行关联，当过点扫描的编码不在订单范围内，或订单执行时间超出后仍有编码未完成扫描，则系统发出警报，弹出对话框提醒操作人员即时处理异常。

四、实施成果

精确度提升完善后的中久物流包装管理系统，已在部分包装管理项目上试点，经过近半年的实际应用，一直未再出现包装信息采集错误的问题，精确度问题得到了解决。这一系统在后续将逐步向其他项目扩展应用，日臻完善包装管理体系。

（中久物流有限公司　丁海军、严传兵、周王汇、丁婷）

资料汇编篇

第十五章 汽车物流行业重要文件汇编

2016 年全国物流运行情况通报

在国民经济稳中提质的同时，2016 年社会物流总额增速小幅回升，社会物流总费用与 GDP 的比率稳步下降。

一、社会物流总额小幅回升

2016 年全国社会物流总额 229.7 万亿元，按可比价格计算，比上年增长 6.1%，增速比上年提高 0.3 个百分点。分季度看，一季度 50.7 万亿元，增长 6.0%，提高 0.4 个百分点；上半年 107.0 万亿元，增长 6.2%，提高 0.5 个百分点；前三季度 167.4 万亿元，增长 6.1%，提高 0.3 个百分点；全年社会物流总额呈现稳中有升的发展态势。

从构成看，工业品物流总额 214.0 万亿元，按可比价格计算，比上年增长 6.0%，增速比上年回落 0.1 个百分点；进口货物物流总额 10.5 万亿元，增长 7.4%，提高 7.2 个百分点；农产品物流总额 3.6 万亿元，增长 3.1%，回落 0.8 个百分点；再生资源物流总额 0.9 万亿元，增长 7.5%，回落 11.5 个百分点；单位与居民物品物流总额 0.7 万亿元，增长 42.8%，提高 7.3 个百分点。

二、社会物流总费用低速增长

2016 年社会物流总费用 11.1 万亿元，比上年增长 2.9%，增速虽比上年提高 0.1 个百分点，但明显低于社会物流总额、GDP 增速。其中，运输费用 6.0 万亿元，增长 3.3%，提高 0.2 个百分点；保管费用 3.7 万亿元，增长 1.3%，回落 0.3 个百分点；管理费用 1.4 万亿元，增长 5.6%，提高 0.6 个百分点。

2016 年社会物流总费用与 GDP 的比率为 14.9%，比上年下降 1.1 个百分点。

三、物流业总收入稳步增长

2016 年物流业总收入 7.9 万亿元，比上年增长 4.6%。

国家发展改革委
中国物流与采购联合会

交通运输部办公厅　公安部办公厅　工业和信息化部办公厅关于做好车辆运输车第二阶段治理工作的通知

交办运函〔2017〕546 号

各省、自治区、直辖市、新疆生产建设兵团交通运输厅（局、委）、公安厅（局）、工业和信息化主管部门：

按照交通运输部、公安部、工业和信息化部等五部委办公厅 2016 年联合印发的《车辆运输车治理工作方案》（交办运〔2016〕107 号，以下简称《工作方案》）的部署，各地交通运输、公安、工信等部门联合行动，强化治理，各乘用车制造企业和汽车整车物流企业积极支持配合，顺利完成了第一阶段“双排车”变“单排车”的治理目标，整车物流市场环境明显改善，运输安全、效率显著提高。根据《工作方案》治理进度安排，第二阶段治理工作的重点是分期退出在用不合规车辆运输车，全面完成“单排车”变“标准车”的工作目标。为确保在用不合规车辆运输车按期退出，现就做好车辆运输车第二阶段治理有关工作通知如下：

一、工作目标

2018 年 6 月 30 日前，全面完成所有不合规车辆运输车的更新改造。其中，2017 年 6 月 30 日前完成总数的 20%，9 月 30 日前完成 40%，12 月 31 日前完成 60%，2018 年 3 月 31 日前完成 80%。

2018 年 7 月 1 日起，全面禁止不合规车辆运输车通行，符合《汽车、挂车及汽车列车外廓尺寸、轴荷及质量限值》（GB 1589—2016）要求的标准化车辆运输车比重达到 100%，中置轴车辆运输列车等先进车型得到广泛应用。

通过综合治理，道路交通安全水平明显提升，运输效率明显提高，运价合理回归，重塑整车物流市场优胜劣汰、公平竞争的市场机制，行业进入规范、有序、健康发展的轨道。

二、重点任务

（一）督促落实退出计划，确保不合规车辆按时退出

各地整车物流企业要进一步细化退出计划，在现有 20%、60% 退出计划的基础上，

细化制定2017年9月30日前完成40%、2018年3月31日前完成80%的不合规车辆运输挂车的计划，并于5月2日前在“在用不合规车辆运输车信息申报录入系统”（以下简称申报系统）中填报，逾期不填报的，申报系统将自动分配退出计划。

各地道路运输管理机构要根据企业申报信息对本辖区车辆运输挂车信息及退出计划逐一进行核查，并及时将退出计划通报经营业户，抄送公安机关交通管理部门，核查过程中发现信息不准确的，于5月31日前反馈至交通运输部通信信息中心。公安机关交通管理部门要将需退出车辆的详细信息录入公安交通管理相关信息系统，在核发检验合格标志环节预警提示，不得直接核发检验合格标志，一律先转入嫌疑车辆调查程序核查。各地道路运输管理机构要在运政管理信息系统做好车辆退出时间备注，对于达到淘汰退出期限的不合规车辆运输挂车，要按照《公路安全保护条例》第六十六条，依法进行处罚。

（二）做好车辆更新购置，确保运力均衡稳定

各整车物流企业要按照车辆运输车退出计划，根据运输合同，及早制订车辆更新购置计划，合理安排运输生产，优化运输组织模式，保障运力均衡稳定，确保乘用车及时运销。乘用车制造企业要按照整车物流企业制订的车辆更新计划，及时调整运输价格和运输合同，保障整车物流市场有序运行。

各地工业和信息化主管部门要加快推动车辆运输车制造企业形成规模产能，保障市场需求，并鼓励企业加强研发，开发具有低底盘、空气悬架、自动升降等先进装置的中置轴车辆运输车；要按照《关于开展货车非法改装专项整治行动的通知》（工信厅联装函〔2017〕21号）的要求，加强对所辖区域内车辆运输车产品生产一致性监督检查，对生产不合规车辆运输车的企业及时上报，依法严肃处理。

各地公安机关交通管理部门、道路运输管理机构要加强对车辆注册登记、市场准入的监管，依法受理合规车辆运输车注册登记、市场准入申请，强化对新增车辆运输车外廓尺寸的实车检测，凡不符合国家标准的，各地机动车安全技术检验机构不予通过检验，公安机关交通管理部门不予注册登记，道路运输管理机构不予配发《道路运输证》。

（三）强化源头管控，防止不合规车辆出场（厂）

各地交通运输主管部门要会同工业和信息化主管部门、公安机关交通管理部门督促乘用车制造企业采取有效措施，防止未在申报系统申报的、与申报信息不符的、超出退出期限的、不符合载运标准的不合规车辆运输车出场（厂）上路；对于强迫、指使、暗示汽车整车物流企业违法超限运输的乘用车制造企业，依法追究其法律责任。

各地道路运输管理机构要加强对乘用车集中装车点、物流场站的监督检查，严禁未在申报系统申报的、与申报信息不符的、超出退出期限的、不符合载运标准的车辆运输车出场（厂）；要根据本地乘用车制造企业厂区分布，有针对性地开展源头执法检查，及时发现、查处违规车辆。

（四）加强路面执法检查，严禁不合规车辆上路行驶

各地公安机关交通管理部门、交通运输部门要充分发挥全国机动车缉查布控系统和全国道路货运车辆公共监管和服务平台的作用，针对车辆运输车行驶主要通道，加强路面联合执法，严查未在申报系统申报的、与申报信息不符的、超出退出期限的和不符合载运标准的不合规车辆运输车，依据各自职责依法进行处罚。公安机关交通管理部门按照《道路交通安全法》等法律法规，对非法改装的车辆一律责令恢复原状并依法处罚，对于拼装的车辆一律予以收缴，强制报废。交通运输部门按照《公路安全保护条例》和《道路运输条例》等法律法规，依法吊销车辆《道路运输证》、责令道路运输企业停业整顿。

2017 年 5 月 1 日起，重点查处不在申报系统中的不合规车辆运输车。要以 2017 年 7 月、10 月及 2018 年 1 月、4 月、7 月五个时段为重点，严查超过退出期限的不合规车辆运输车。对装载 14 位及以上的车辆运输车，要重点进行检查。对于中置轴车辆运输车，装载高度暂参照载运集装箱的车辆执行。

对于在整改期内的不合规车辆运输挂车，整车物流企业要严格落实安全生产管理制度，加强对挂车出车前的安全检查，确保挂车转向、制动、轮胎、灯具等安全性能符合要求。各地公路管理机构、公安机关交通管理部门不得以车辆超长、超宽、超高、非法改装、未经道路运输证年度审验、未进行安全技术检验等理由禁止其驶入高速公路或者进行处罚。各地公安机关交通管理部门要严厉打击假牌套牌违法行为，严格依法进行处罚。发现企业所属车辆运输车存在假牌套牌违法行为的，将调整该企业不合规车辆运输车退出计划，缩短过渡期限。

（五）实施联合惩戒，增加违规失信成本

各地交通运输管理部门要按照《交通运输部办公厅关于界定严重违法失信超限超载运输行为和相关责任主体有关事项的通知》（交办公路〔2017〕8 号）的要求，将不遵守过渡运行政策的严重违法失信超限超载的乘用车制造企业、整车物流企业、车辆运输车及其驾驶人等相关责任主体违法失信信息汇总报送至交通运输部。交通运输部定期汇总后提供给签署备忘录的各部门，由各相关部门按照《关于对严重违法失信超限超载运输车辆相关责任主体实施联合惩戒的合作备忘录》（发改财金〔2017〕274

号）约定内容，依法依规对失信当事人实施联合惩戒。

三、保障措施

（一）做好执法管控信息保障

各地交通运输主管部门、公安机关交通管理部门、工业和信息化主管部门，以及乘用车制造企业可以通过申报系统、微信公众号及不合规车辆运输车治理 App 查询不合规车辆运输车状态。中国交通通信信息中心要做好申报系统、微信公众号和不合规车辆运输车治理 App 的系统维护工作，确保信息系统运行通畅。

（二）联合开展重点督查

各省（区、市）交通运输主管部门、公安机关交通管理部门、工业和信息化主管部门要协调行动，共同推进治理工作，联合开展督导检查，对执法不严、滥用职权等现象予以通报查处。交通运输部将会同公安部、工业和信息化部不定期对治理工作任务比较重的重点省（区、市）、重点企业、重点路段开展联合督导检查，公布督查结果，通报各省治理工作情况。

（三）建立健全投诉举报机制

各地交通运输主管部门、公安机关交通管理部门要借助报刊、广播、网络等多种媒体平台，广泛开展宣传引导，宣传车辆运输车治理政策，正确引导舆论，争取社会理解与支持。积极引导社会大众利用微信公众号，及时举报违规装载、超出淘汰退出期限、未在申报系统申报的车辆运输车和不规范执法等违法违规现象，形成社会共治的良好氛围，确保治理工作平稳有序推进。

交通运输部办公厅

公安部办公厅

工业和信息化部办公厅

2017 年 4 月 24 日